21 世纪特殊教育创新教材

主编单位
华东师范大学学前与特殊教育学院
南京特殊教育师范学院
华中师范大学教育科学学院
陕西师范大学教育学院
总主编：方俊明
副主编：杜晓新　雷江华　周念丽

学术委员会
主　任：方俊明
副主任：杨广学　孟万金
委　员：方俊明　杨广学　孟万金　邓　猛　杜晓新　赵　微
　　　　刘春玲

编辑委员会
主　任：方俊明
副主任：丁　勇　汪海萍　邓　猛　赵　微
委　员：方俊明　张　婷　赵汤琪　雷江华　邓　猛　朱宗顺
　　　　杜晓新　任颂羔　蒋建荣　胡世红　贺荟中　刘春玲
　　　　赵　微　周念丽　李闻戈　苏雪云　张　旭　李　芳
　　　　李　丹　孙　霞　杨广学　王　辉　王和平

21世纪特殊教育创新教材·理论与基础系列
　　主编：杜晓新　　　　　　审稿人：杨广学　孟万金
- 特殊教育的哲学基础(华东师范大学：方俊明)
- 特殊教育的医学基础(南京特殊教育师范学院：张婷、赵汤琪)
- 融合教育导论(华中师范大学：雷江华)
- 特殊教育学(雷江华、方俊明)
- 特殊儿童心理学(方俊明、雷江华)
- 特殊教育史(浙江师范大学：朱宗顺)
- 特殊教育研究方法(华东师范大学：杜晓新、宋永宁)
- 特殊教育发展模式(纽约市教育局：任颂羔)

21世纪特殊教育创新教材·发展与教育系列
　　主编：雷江华　　　　　　审稿人：邓　猛　刘春玲
- 视觉障碍儿童的发展与教育(华中师范大学：邓猛)
- 听觉障碍儿童的发展与教育(华东师范大学：贺荟中)
- 智力障碍儿童的发展与教育(华东师范大学：刘春玲)
- 学习困难儿童的发展与教育(陕西师范大学：赵微)
- 自闭症谱系障碍儿童的发展与教育(华东师范大学：周念丽)
- 情绪与行为障碍儿童的发展与教育(华南师范大学：李闻戈)
- 超常儿童的发展与教育(华东师范大学：苏雪云；北京联合大学：张旭)

21世纪特殊教育创新教材·康复与训练系列
　　主编：周念丽　　　　　　审稿人：方俊明　赵　微
- 特殊儿童应用行为分析(天津体育学院：李芳；武汉麟洁健康咨询中心：李丹)
- 特殊儿童的游戏治疗(华东师范大学：周念丽)
- 特殊儿童的美术治疗(南京特殊教育师范学院：孙霞)
- 特殊儿童的音乐治疗(南京特殊教育师范学院：胡世红)
- 特殊儿童的心理治疗(华东师范大学：杨广学)
- 特殊教育的辅具与康复(南京特殊教育师范学院：蒋建荣、王辉)
- 特殊儿童的感觉统合训练(华东师范大学：王和平)

21 世纪特殊教育创新丛书·发展与教育系列

自闭症谱系障碍儿童的发展与教育

周念丽　编著

图书在版编目(CIP)数据

自闭症谱系障碍儿童的发展与教育/周念丽编著. —北京：北京大学出版社，2011.11
(21世纪特殊教育创新丛书·发展与教育系列)
ISBN 978-7-301-19776-9

Ⅰ.①自… Ⅱ.①周… Ⅲ.①缄默症－儿童教育：特殊教育－高等学校－教材 Ⅳ.①G76

中国版本图书馆CIP数据核字(2011)第234189号

书　　　名	自闭症谱系障碍儿童的发展与教育
著作责任者	周念丽　编著
丛书策划	周雁翎
责任编辑	李淑方
标准书号	ISBN 978-7-301-19776-9/G·3262
出版发行	北京大学出版社
地　　　址	北京市海淀区成府路205号　100871
网　　　址	http://www.pup.cn　新浪微博:@北京大学出版社
微信公众号	通识书苑（微信号：sartspku）　科学元典（微信号：kexueyuandian）
电子邮箱	编辑部 jyzx@pup.cn　总编室 zpup@pup.cn
电　　　话	邮购部 010-62752015　发行部 010-62750672　编辑部 010-62767346
印　刷　者	河北滦县鑫华书刊印刷厂
经　销　者	新华书店
	787毫米×1092毫米　16开本　13.25印张　260千字
	2011年11月第1版　2024年7月第8次印刷
定　　　价	49.00元

未经许可，不得以任何方式复制或抄袭本书之部分或全部内容。
版权所有，侵权必究
举报电话：010-62752024　电子邮箱：fd@pup.cn
图书如有印装质量问题，请与出版部联系，电话：010-62756370

顾明远序

去年国家颁布的《国家中长期教育改革和发展规划纲要(2010—2020年)》专门辟一章特殊教育,提出:"全社会要关心支持特殊教育"。这里的特殊教育主要是指"促进残疾人全面发展、帮助残疾人更好地融入社会"的教育。当然,广义的特殊教育还包括超常儿童与问题儿童的教育。但毕竟残疾人更需要受到全社会的关爱和关注。

发展特殊教育(这里专指残疾人教育),首先要对特殊教育有一个认识。所谓特殊教育的特殊,是指这部分受教育者在生理上或者心理上有某种缺陷,阻碍着他的发展。特殊教育就是要帮助他排除阻碍他发展的障碍,使他得到与普通人一样的发展。残疾人并非所有智能都丧失,只是丧失一部分器官的功能。通过教育我们可以帮助他弥补缺陷,或者使他的损伤的器官功能得到部分的恢复,或者培养其他器官的功能来弥补某种器官功能的不足。因此,特殊教育的目的与普通教育的目的是一样的,就是要促进儿童身心健康的发展,只是他们需要更多的爱护和帮助。

至于超常儿童教育则又是另一种特殊教育。超常儿童更应该在普通教育中发现和培养,不能简单地过早地确定哪个儿童是超常的。不能完全相信智力测验。这方面我没有什么经验,只是想说,现在许多家长都认为自己的孩子是天才,从小就超常地培养,结果弄巧成拙,拔苗助长,反而害了孩子。

在特殊教育中倒是要重视自闭症儿童。我国特殊教育更多的是关注伤残儿童,对于自闭症儿童认识不足、关心不够。其实他们非常需要采取特殊的方法来矫正自闭症,否则他们长大以后很难融入社会。自闭症不是完全可以治愈的。但早期的鉴别和干预对他们日后的发展很有帮助。国外很关注这些儿童,也有许多经验,值得我们借鉴。

我在改革开放以后就特别感到特殊教育的重要。早在1979年我担任北京师范大学教育系主任时就筹办了我国第一个特殊教育专业，举办了第一次特殊教育国际会议。但是我个人的专业不是特殊教育，因此只能说是一位门外的倡导者，却不是专家，说不出什么道理来。

方俊明教授是改革开放后早期的心理学家，后来专门从事特殊教育二十多年，对特殊教育有深入的研究。在我国大力提倡发展特殊教育之今天，组织五十多位专家编纂这套"21世纪特殊教育创新教材"丛书，真是恰逢其时，是灌溉特殊教育的及时雨，值得高兴。方俊明教授要我为丛书写几句话，是为序。

中国教育学会理事长

北京师范大学副校长

2011年4月5日于北京求是书屋

沈晓明序

由于专业背景的关系,我长期以来对特殊教育高度关注。在担任上海市教委主任和分管教育卫生的副市长后,我积极倡导"医教结合",希望通过多学科、多部门精诚合作,全面提升特殊教育的教育教学水平与康复水平。在各方的共同努力下,上海的特殊教育在近年来取得了长足的发展。特殊教育的办学条件不断优化,特殊教育对象的分层不断细化,特殊教育的覆盖面不断扩大,有特殊需要儿童的入学率达到上海历史上的最高水平,特殊教育发展的各项指标均位于全国特殊教育前列。本市中长期教育改革和发展规划纲要,更是把特殊教育列为一项重点任务,提出要让有特殊需要的学生在理解和关爱中成长。

上海特殊教育的成绩来自于各界人士的关心支持,更来自于教育界的辛勤付出。"21世纪特殊教育创新教材"便是华东师范大学领衔,联合四所大学,共同献给中国特殊教育界的一份丰厚的精神礼物。该丛书全篇近600万字,凝聚中国特殊教育界老中青50多名专家三年多的心血,体现出作者们潜心研究、通力合作的精神与建设和谐社会的责任感。丛书22本从理论与基础、发展与教育、康复与训练三个系列,全方位、多层次地展现了信息化时代特殊教育发展的理念、基本原理和操作方法。本套丛书选题新颖、结构严谨,拓展了特殊教育的研究范畴,从多学科的角度更新特殊教育的研究范式,让人读后受益良多。

发展特殊教育事业是党和政府坚持以人为本、弘扬人道主义精神和保障人权的重要举措,是促进残障人士全面发展和实现"平等、参与、共享"目标的有效途径。《国家中长期教育改革和发展规划纲要(2010—2020年)》明确提出,要关心和支持特殊教育,要完善特殊教育体系,要健全特殊教育保障机制。我相信,随着我国经济的发展,教育投入的增加,我国特殊教育的专业队伍会越来越壮大,科研水平会不断地提高,特殊教育的明天将更加灿烂。

沈晓明

上海交通大学医学院教授、博士生导师

世界卫生组织新生儿保健合作中心主任

上海市副市长

2011年3月

丛 书 总 序

特殊教育是面向残疾人和其他有特殊教育需要人群的教育,是国民教育体系的重要组成部分。特殊教育的发展,关系到实现教育公平和保障残疾人受教育的权利。改革和发展我国的特殊教育是全面建设小康社会、促进社会稳定与和谐的一项急迫任务,需要全社会的关心与支持,并不断提升学科水平。

半个多世纪以来,由于教育民主思想的渗透以及国际社会的关注,特殊教育已成为世界上发展最快的教育领域之一,它在一定程度上也综合反映出一个国家或地区的政治、经济、文化和国民素质的综合水平,成为衡量社会文明进步程度的重要标志。改革开放30多年以来,在党和政府的关心下,我国的特殊教育也得到了前所未有的大发展,进入了我国历史上最好的发展时期。在"医教结合"基础上发展起来的早期教育、随班就读和融合教育正在推广和深化,特殊职业教育和高等教育也有较快的发展,这些都标志着我国特殊教育的发展进入了一个全球化、信息化的时代。

但是,作为一个发展中国家,由于起点低、人口多、各地区发展不均衡,我国特殊教育的整体发展水平与世界上特殊教育比较发达的国家和地区相比,还有一定的差距,存在一些亟待解决的主要问题。例如:如何从狭义的仅以视力、听力和智力障碍等残疾儿童为主要服务对象的特殊教育逐步转向包括各种行为问题儿童和超常儿童在内的广义的特殊教育;如何通过强有力的特教专项立法来保障特殊儿童接受义务教育的权利,进一步明确各级政府、儿童家长和教育机构的责任,使经费投入、鉴定评估等得到专项法律法规的约束;如何加强对"随班就读"的支持,使融合教育的理念能被普通教育接受并得到充分体现;如何加强对特教师资和相关的专业人员的培养和训练;如何通过跨学科的合作加强相关的基础研究和应用研究,较快地改变目前研究力量薄弱、学科发展和专业人员整体发展水平偏低的状况。

为了迎接当代特殊教育发展的挑战和尽快缩短与发达国家的差距,三年前,我们在北京大学出版社出版意向的鼓舞下,成立了"21世纪特殊教育创新教材"的丛书编辑委员会和学术委员会,集中了国内特殊教育界具有一定教学、科研能力的高级职称或具有本专业博士学位的专业人员50多人共同编写了这套丛书,以期联系我国实际,全面地介绍和深入地探讨当代特殊教育的发展理念、基本原理和操作方法。丛书分为三个系列,共22本,其中有个人完成的专著,还有多人完成的编著,共约600万字。

理论与基础系列

本系列着重探讨特殊教育的理论与基础。讨论特殊教育的存在和思维的关系,特殊教育的学科性质和任务,特殊教育学与医学、心理学、教育学、教学论等相邻学科的密切关系,力求反映出现代思维方法、相邻学科的发展水平以及融合教育的思想对现代特教发展的影响。本系列特别注重从历史、现实和研究方法的演变等不同角度来探讨当代特殊教育的特点和发展趋势。本系列由以下8种组成：

《特殊教育的哲学基础》《特殊教育的医学基础》《融合教育导论》《特殊教育学》《特殊儿童心理学》《特殊教育史》《特殊教育研究方法》《特殊教育发展模式》。

发展与教育系列

本系列从广义上的特殊教育对象出发，密切联系日常学前教育、学校教育、家庭教育、职业教育和高等教育的实际，对不同类型特殊儿童的发展与教育问题进行了分册论述。着重阐述不同类型儿童的概念、人口比率、身心特征、鉴定评估、课程设置、教育与教学方法等方面的问题。本系列由以下7种组成：

《视觉障碍儿童的发展与教育》《听觉障碍儿童的发展与教育》《智力障碍儿童的发展与教育》《学习困难儿童的发展与教育》《自闭症谱系障碍儿童的发展与教育》《情绪与行为障碍儿童的发展与教育》《超常儿童的发展与教育》。

康复与训练系列

本系列旨在体现"医教结合"的原则，结合中外的各类特殊儿童，尤其是有比较严重的身心发展障碍儿童的治疗、康复和训练的实际案例，系统地介绍了当代对特殊教育中早期鉴别、干预、康复、咨询、治疗、训练教育的原理和方法。本系列偏重于实际操作和应用，由以下7种组成：

《特殊儿童应用行为分析》《特殊儿童的游戏治疗》《特殊儿童的美术治疗》《特殊儿童的音乐治疗》《特殊儿童的心理治疗》《特殊教育的辅具与康复》《特殊儿童的感觉统合训练》。

"21世纪特殊教育创新教材"是目前国内学术界有关特殊教育问题覆盖面最广、内容较丰富、整体功能较强的一套专业丛书。在特殊教育的理论和实践方面，本套丛书比较全面和深刻地反映出了近几十年来特殊教育和相关学科的成果。一方面大量参考了国外和港台地区有关当代特殊教育发展的研究资料；另一方面总结了我国近几十年来，尤其是建立了特殊教育专业硕士、博士点之后的一些交叉学科的实证研究成果，涉及5000多种中英文的参考文献。本套丛书力求贯彻理论和实际相结合的精神，在反映国际上有关特殊教育的前沿研究的同时，也密切结合了我国社会文化的历史和现实，将特殊教育的基本理论、基础理论、儿童发展和实际的教育、教学、咨询、干预、治疗和康复等融为一体，为建立一个具有前瞻性、符合科学发展观、具有中国历史文化特色的特殊教育的学科体系奠定基础。本套丛书在全面介绍和深入探讨当代特殊教育的原理和方法的同时，力求阐明如下几个主要学术观点：

1. 人是生物遗传和"文化遗传"两者结合的产物。生物遗传只是使人变成了生命活体和奠定了形成自我意识的生物基础；"文化遗传"才可能使人真正成为社会的人、高尚的人、成为"万物之灵"，而教育便是实现"文化遗传"的必由之路。特殊教育作为一个联系社会学科和自然学科、理论学科和应用学科的"桥梁学科"，应该集中地反映教育在人的种系发展和个体发展中所发挥的巨大作用。

2. 当代特殊教育的发展是全球化、信息化教育观念的体现，它有力地展现了人类社会发展过程中物质文明与精神文明之间发展的同步性。马克思主义很早就提出了两种生产力的概念，即生活物资的生产和人自身的繁衍。伴随生产力的提高和社会的发展，人类应该有更多的精力和能力来关注自身的繁衍和一系列发展问题，这些问题一方面是通过基因工程来防治和减少疾病,实行科学的优生优育,另一方面是通过优化家庭教育、学校教育和社会教育的环境,来最大限度地增加教育在发挥个体潜能和维护社会安定团结与文明进步等方面的整体功能。

3. 人类由于科学技术的发展、生产能力的提高,已经开始逐步地摆脱了对单纯性、缓慢性的生物进化的依赖,摆脱了因生活必需的物质产品的匮乏和人口繁衍的无度性所造成"弱肉强食"型的生存竞争。人类应该开始积极主动地在物质实体、生命活体、社会成员的大系统中调整自己的位置,更加注重作为一个平等的社会成员在促进人类的科学、民主和进步过程中所应该承担的责任和义务。

4. 特殊教育的发展,尤其是融合教育思想的形成和传播,对整个教育理念、价值观念、教育内容、学习方法和教师教育等问题,提出了全面的挑战。迎接这一挑战的方法只能是充分体现时代精神,在科学发展观的指导下开展深度的教育改革。当代特殊教育的重心不再是消极地过分地局限于单纯的对生理缺陷的补偿,而是在一定补偿的基础上,积极地努力发展有特殊需要儿童的潜能。无论是特殊教育还是普通教育都应该强调培养受教育者积极乐观的人生态度和做人的责任,使其为促进人类社会的进步最大限度地发挥自身的潜能。

5. 当代特殊教育的发展,对未来的教师和教育管理者、相关的专业人员的学识、能力和人格提出了更高的要求。未来的教师和教育管理者、相关的专业人员不仅要做到在教学相长中不断地更新自己的知识,还要具备从事普通教育和特殊教育的能力,具备新时代的人格魅力,从勤奋、好学、与人为善和热爱学生的行为中,自然地展示出对人类未来的美好憧憬和追求。

6. 从历史上来看,东西方之间思维方式和文化底蕴方面的差异,导致对残疾人的态度和特殊教育的理念是大不相同的。西方文化更注重逻辑、理性和实证,从对特殊人群的漠视、抛弃到专项立法和依法治教,从提倡融合教育到专业人才的培养,从支持系统的建立到相关学科的研究,思路是清晰的,但执行是缺乏弹性的,综合效果也不十分理想,过度地依赖法律底线甚至给某些缺乏自制力和公益心的人提供了法律庇护下的利己方便。东方哲学特别重视人的内心感受、人与自然和人与人之间的协调,以及社会的平衡与稳定,但由于封建社会落后的生产力水平和封建专制,特殊教育长期停留在"同情""施舍""恩赐""点缀""粉饰太平"的水平,缺乏强有力的稳定的实际支持系统。因此,如何通过中西合璧,结合本国的实际来发展我国的特殊教育,是一个需要深入研究的问题。

7. 当代特殊教育的发展是高科技和远古人文精神的有机结合。与普通教育相比,特殊教育只有200多年的历史,但近半个世纪以来,世界特殊教育发展的广度和深度都令人吃惊。教育理念不断更新,从"关心"到"权益",从"隔离"到"融合",从"障碍补偿"到"潜能开发",从"早期干预""个别化教育"到终身教育及计算机网络教学的推广,等等,这些都充分地体现了对人本身的尊重、对个体差异的认同、对多元文化的欣赏。

本套丛书力求帮助特殊教育工作者和广大特殊儿童的家长:① 进一步认识特殊教育的本质,勇于承担自己应该承担的责任,完成特殊教育从慈善关爱型向义务权益型转化;② 进一步明确特殊教育和普通教育的目标,促进整个国民教育从精英教育向公民教育转化;③ 进一步尊重差异,发展个性,促进特殊教育从隔离教育向融合教育转型;④ 逐步实现特殊教育的专项立法,进一步促进特殊教育从号召型向依法治教的模式转变;⑤ 加强专业人员的培养,进一步促进特殊教育从低水平向高质量的转变;⑥ 加强科学研究,进一步促进特殊教育学科水平的提高。

我们希望本套丛书的出版能对落实我国中长期的教育发展规划起到积极的作用,增加人们对当代特殊教育发展状况的了解,使人们能清醒地认识到我国特殊教育发展所取得的成就、存在的差距、解决的途径和努力的方向,促进中国特殊教育的学科建设和人才培养。在教育价值上进一步体现对人的尊重、对自然的尊重;在教育目标上立足于公民教育;在教育模式上体现出对多元文化和个体差异的认同;在教育方法上本着实事求是的精神实行因材施教,充分地发挥受教育者的潜能,发展受教育者的才智与个性;在教育功能上进一步体现我国社会制度本身的优越性,促进人类的科学与民主、文明与进步。

在本套丛书编写的三年时间里,四个主编单位分别在上海、南京、武汉组织了三次有关特殊教育发展的国际论坛,使我们有机会了解世界特殊教育最新的学科发展状况。在北京大学出版社和主编单位的资助下,丛书编委会分别于2008年2月和2009年3月在南京和上海召开了两次编写工作会议,集体讨论了丛书编写的意图和大纲。为了保证丛书的质量,上海市特殊教育资源中心和华东师范大学特殊教育研究所为本套丛书的编辑出版提供了帮助。

本套丛书的三个系列之间既有内在的联系,又有相对的独立性。不同系列的著作可作为特殊教育和相关专业的教材,也可供不同层次、不同专业水平和专业需要的教育工作者以及关心特殊儿童的家长等读者阅读和参考。尽管到目前为止,"21世纪特殊教育创新教材"可能是国内学术界有关特殊教育问题研究的内容丰富、整体功能强、在特殊教育的理论和实践方面覆盖面最广的一套丛书,但由于学科发展起点较低,编写时间仓促,作者水平有限,不尽如人意之处甚多,寄望更年轻的学者能有机会在本套丛书今后的修订中对之逐步改进和完善。

本套丛书从策划到正式出版,始终得到北京大学出版社教育出版中心主任周雁翎和责任编辑李淑方、华东师范大学学前教育学院党委书记兼上海市特殊教育资源中心主任汪海萍、南京特殊教育师范学院院长丁勇、华中师范大学教育科学学院院长邓猛、陕西师范大学教育科学学院副院长赵微等主编单位领导和参加编写的全体同人的关心和支持,在此由衷地表示感谢。

最后,特别感谢丛书付印之前,中国教育学会理事长、北京师范大学副校长顾明远教授和上海市副市长、上海交通大学医学院教授沈晓明在百忙中为丛书写序,对如何突出残疾人的教育,如何进行"医教结合",如何贯彻《国家中长期教育改革和发展规划纲要(2010—2020年)》等问题提出了指导性的意见,给我们极大的鼓励和鞭策。

"21世纪特殊教育创新教材"

编写委员会

(方俊明执笔)

2011年3月12日

前　　言

本着凡事都不可亏欠人的原则和彼此相爱之心,我同自闭症谱系障碍儿童、教育他们的一线教师以及养育他们的家长牵手整整十年。十年来我们一起经历风霜雨雪,一起欢笑流泪。希冀着无语的他们能有语言,期待着很少与人对视的他们能多看他人几眼,憧憬着他们可有自食其力的未来。未曾梦想的是能够在北京大学出版社把这十年的美好经历化成学术篇章。当获悉这一喜讯之时,激动之情溢于言表,感激之情充盈心间!

然书到写时方恨少,澎湃的情绪难以形成力透纸背的论述,耗时巨大的教育干预难以诉诸于珠玑文字。孤灯伴我徜徉于最新的理论和研究结果的探寻中,只身孤影,穿越曾和自闭症谱系障碍儿童、教育他们的一线教师以及养育他们的家长牵手走过的时空隧道。耗时三年多,终于熬出这本看似单薄,却饱蘸情感的书卷。

全书共由7章构成,第1章从行为、心理和生理三个层面来解读"自闭症谱系障碍"这一全新的概念;第2章阐述了最新的五大理论,旨在让读者能找到了解自闭症谱系障碍儿童独特的行为表现和心理特征之抓手;第3、4章以理论综述和实证研究相结合的方法,条分缕析自闭症谱系障碍儿童的社会化发展特点,意在让读者不仅知其然,还能知其所以然;第5章结合我们的最新研究成果,对自闭症谱系障碍儿童的评估做了立体介绍;第6章则结合我们的实践研究,对自闭症谱系障碍儿童的融合教育做了理论和实践的阐释;第7章介绍了自闭症谱系障碍儿童家长与社区协同教育。

将深深的感激之情献给北京大学出版社教育出版中心周雁翎主任和李淑方老师,因为有了你们的慧眼独具,才使我们能有写作此书的机会。将切切的崇敬之意献给本丛书的总主编方俊明教授,因为有了您的无私相助和指导,才使我们断片似的研究形成一本有学术气息的书籍。将款款的谢意献给本系列主编雷江华教授,因为有了您的耐心等待,才使我数次萌发的欲罢写作之念挥之即去。将最深挚的谢意献给与我们一起携手写春秋的孩子、老师和家长!

感谢家人的全面支持,使我得以专心致志于漫长的写作过程;感谢曾经的学生程颖、张少丽和陈琳琳在资料收集上的帮助。

最后恳望各位同仁、读者能不吝赐教,给予批评斧正。

周念丽

2011年阳春于诺亚小居

目 录

顾明远序 ··· (1)
沈晓明序 ··· (1)
丛书总序 ··· (1)
前　　言 ··· (1)

第 1 章　自闭症谱系障碍儿童的概念与解读 ··· (1)
　第 1 节　自闭症谱系障碍概念 ··· (1)
　　一、概念与发生率 ··· (2)
　　二、相关研究回顾 ··· (4)
　第 2 节　行为层面的解读 ··· (6)
　　一、反复、刻板行为 ··· (7)
　　二、妨碍性行为 ·· (8)
　　三、拒绝变化行为 ··· (9)
　第 3 节　心理层面的解读 ·· (10)
　　一、对物的注意特点 ·· (10)
　　二、感觉发展特点 ·· (11)
　　三、记忆发展特点 ·· (13)
　第 4 节　生理层面的解读 ·· (14)
　　一、对基因的研究 ·· (14)
　　二、大脑生理研究 ·· (15)

第 2 章　相关重要理论 ··· (22)
　第 1 节　非社会性信息加工理论 ··· (23)
　　一、"弱中心统合"理论 ·· (23)
　　二、"执行功能障碍"说 ·· (28)
　第 2 节　人际社会信息加工理论 ··· (35)
　　一、"心理理论"薄弱论 ·· (36)
　　二、"社会脑"假设 ··· (40)

1

三、碎镜理论 …………………………………………………………… (49)

第3章　自闭症谱系障碍儿童的社会认知特点 ……………………………… (53)

第1节　共同注意发展特点 ……………………………………………… (53)
　　　一、共同注意的一般特点 ………………………………………… (53)
　　　二、应答性共同注意特点 ………………………………………… (57)
　　　三、自主性共同注意特点 ………………………………………… (64)

第2节　自我认知发展特点 ……………………………………………… (69)
　　　一、自我—他人分化认知 ………………………………………… (70)
　　　二、静态—动态自我再认 ………………………………………… (74)

第3节　他人认知发展特点 ……………………………………………… (77)
　　　一、面孔认知的神经生理特点 …………………………………… (77)
　　　二、面孔认知的视线行为特征 …………………………………… (78)

第4章　自闭症谱系障碍儿童人际交流能力发展 ………………………… (81)

第1节　情绪发展特征 …………………………………………………… (82)
　　　一、神经生理的特异性 …………………………………………… (82)
　　　二、他人情绪理解特点 …………………………………………… (84)
　　　三、自我情绪表现特点 …………………………………………… (92)

第2节　言语发展特征 …………………………………………………… (94)
　　　一、神经生理特点 ………………………………………………… (95)
　　　二、言语理解特点 ………………………………………………… (98)
　　　三、言语表达特点 ………………………………………………… (99)

第5章　自闭症谱系障碍儿童的评估 ……………………………………… (105)

第1节　回溯与思考 ……………………………………………………… (106)
　　　一、诊断性心理评估 ……………………………………………… (106)
　　　二、认知性心理评估 ……………………………………………… (110)
　　　三、教育干预之评估 ……………………………………………… (110)

第2节　功能性评估 ……………………………………………………… (111)
　　　一、功能性评估的概念 …………………………………………… (111)
　　　二、功能性评估之操作 …………………………………………… (111)

第3节　综合性评估 ……………………………………………………… (113)
　　　一、综合性评估之特点 …………………………………………… (114)
　　　二、综合性评估之建构 …………………………………………… (116)
　　　三、综合性评估之检验 …………………………………………… (120)

第6章 融合自闭症谱系障碍儿童的教育 (131)

第1节 理论之思考 (131)
一、回顾融合教育相关理念 (131)
二、建构学前融合教育模式 (133)
三、确立融合教育实施原则 (138)

第2节 实践之探索 (146)
一、创设良好的物理环境 (146)
二、创设温馨的人际环境 (150)
三、创建融合教育课程 (153)

第7章 自闭症谱系障碍儿童家长与社区协同教育 (156)

第1节 家长支持与培训 (156)
一、追寻家长的心路历程 (156)
二、直面家长的精神压力 (158)
三、建构支持家长的体系 (162)
四、建设培训家长的学校 (165)

第2节 社区协同教育 (168)
一、社区协同教育概念和内容 (168)
二、社区协同教育模式之设想 (169)
三、社区协同教育实践之动议 (173)

参考文献 (176)

第1章 自闭症谱系障碍儿童的概念与解读

学习目标

1. 通过本章学习,能掌握与自闭症谱系障碍儿童相关的概念。
2. 能从行为、心理和生理三个层面来立体地了解自闭症谱系障碍儿童的显著特点。

自闭症谱系障碍(Autism Spectrum Disorders,简称 ASD),是一个目前在国际学术领域备受关注但在我国尚提及不多的名词。在本章中将以自闭症谱系障碍的发展脉络、其与其他相关概念的关联来对自闭症谱系障碍的概念做一阐释。

与有两百多年发展史的视觉障碍、听觉障碍和智力障碍等传统特殊教育领域不同,自闭症谱系障碍的发展史较短,但它已经从一个鲜为人知的特殊教育领域变成了一个得到相关学科密切关注的发展势头很快的新兴领域。

自闭症谱系障碍包括了卡纳型自闭症、阿斯伯格症。由于自闭症谱系障碍儿童兼具社会发展、人际交流障碍于一身,因此归属于广泛性发展障碍(Pervasive Developmental Disorders,简称 PDD)范畴,[①]也因为自闭症谱系恰如七彩光谱那样精彩纷呈,因此要了解这个群体的儿童,必须是多角度、多方位地去解读他们。唯有此,才可能对其进行有的放矢的针对性教育。在本章中,我们正是基于这样的努力,力图从行为层面、心理层面和生理层面来解读自闭症谱系障碍儿童。当然,在解读之前首先有必要弄清"自闭症谱系障碍"这一概念。

第1节 自闭症谱系障碍概念

自闭症谱系障碍是一种发展性障碍。这种障碍给儿童的言语性和非言语性的交流以及社会化发展都带来了显著的负面影响。患有自闭症谱系障碍的儿童约在 6 个月大的时候已有一些症状,但人际交流、社会化发展的缺陷,喜好反复行为和刻板行为,抵抗环境的变化和日常生活规律的变化,总拘泥于一种感觉体验等症状,则通常在儿童 30 个

---

① Wing, L. Asperger's Syndrome: A clinic account [J]. Psychological Medicine, 1981b, 11:115-29.

月时凸显无疑,为此医学上判断儿童是否患有自闭症谱系障碍须在 30 个月龄或以上。为能更好地解读自闭症谱系障碍儿童,我们需追根寻源,了解其名称的由来和发生率,并对相关研究做一回顾。

一、概念与发生率

"自闭症谱系障碍"这一名词的诞生历史仅有 30 年,而与之相关联的"自闭症"(autism)和"阿斯伯格症"(Asperger)却已有近 70 年的历史了。我们有必要对"卡纳型自闭症"和"阿斯伯格症"有一个初步的了解。

(一) 卡纳型自闭症

卡纳(Kanner)是一个在美国巴特摩尔城的约翰霍普金斯医院工作的精神病科医生,他在 1943 年首次发现了 11 例有以下行为模式的儿童:① 很难与他人发展人际关系。② 言语获得迟缓或丧失曾发展良好的语言能力。③ 有重复的刻板行为。④ 缺乏想象力。⑤ 擅长于机械记忆。⑥ 强迫性地坚持刻板的机械操作。⑦ 有正常的生理外表。

他把上述症状称之为"情感接触的自闭性障碍"(Autistic Disturbances of Affective Contact)。第二年,按照希腊语"自我"(autism)一词的原意,他将这些儿童正式命名为"自闭症幼儿"(Early Infantile Autism),他认为这些儿童是把自己封闭在自我世界的儿童。[①] 由于卡纳的这一重大发现,日后人们便把那些看起来极度孤僻和冷漠,寡言少语或几乎没有语言、缺乏社会交往能力并且行为显得机械而刻板的儿童称之为"卡纳型自闭症"儿童。在这类儿童中,75%以上还伴有智力发展落后症状,伴有智力发展落后症状的儿童也被认为是典型的自闭症儿童。

(二) 阿斯伯格症

几乎是同一时期(1944 年),德国的一名儿科医生汉斯·阿斯伯格(Hans Asperger)也根据自己的独立观察,报道了 4 名伴有人际交往、行为互动等精神发展障碍方面的自闭性儿童。这类儿童被称之为"阿斯伯格症"患者。但因他所描述的这类儿童没有表现出明显的智力发展迟缓和语言能力的低下,因此"阿斯伯格症"儿童往往会被认为只是"性格孤僻"、"不谙世事"而被忽视。直到 20 世纪 80 年代以后,"阿斯伯格症"儿童才引起心理工作者和医务工作者的注意。

因为卡纳型自闭症患者中的高功能儿童,即智商在 75 以上、没有十分显著的语言障碍的儿童,与阿斯伯格症儿童极为相似,要将他们截然分开其难度很大;又因自闭症儿童往往有某种特优能力,因此罗纳·温(Lorna Wing,1981)才提出了涵盖两者的"自闭症谱系障碍"这一概念。目前,这一概念在世界很多国家已完全渗透到了儿童心理发展

---

① Kanner,L. Autistic disturbances of affective contact[J]. Nervous Child, 1943, 2:217-250.

与教育领域,因而,本书的命名也依此而定。

(三)"自闭症谱系障碍"概念的提出

英国医生、自闭症研究专家,同时也是自闭症儿童的母亲罗纳·温根据世界卫生组织(1977)所制定的诊断标准ICD-9[①]修订版和美国精神医学协会(1980)制定的诊断标准DSM-Ⅲ[②],将卡纳型(即我国通常所称的"儿童孤独症"或"儿童自闭症")与阿斯伯格型为主要特征,一并归入自闭症谱系。提出了自闭症谱系障碍(Autistic Spectrum Disorder)的概念,凡具备"在社会性互动、人际交流方面有欠缺,并在行为与兴趣上有着固着性与反复性"这二个特征的儿童均被定义为"自闭症谱系障碍"儿童。

由于"自闭症谱系障碍"概念的宽泛,目前在医学诊断时所使用的自闭症谱系障碍特征筛查指标多依据1993年的《国际疾病分类》第10版(*World Health Organization. International classification of mental and behavioral disorder diagnostic criteria for research*,10thICD—10)与《美国精神障碍诊断统计手册》第4版(DSM-Ⅳ)来进行。表1-1是DSM-Ⅳ诊断标准的具体内容。

表1-1 DSM-Ⅳ诊断标准

项目编号			项目内容
A	(1)	A	有显著多重非语言行为缺损
		B	不能发展适合身心发展水平的同伴关系
		C	缺少自发与人分享喜悦、兴趣和成就的意愿
		D	缺乏社会性或情绪交流
	(2)	A	会话语言发展的迟缓
		B	语言表达上有缺陷的个体,缺乏会话能力
		C	言语的固定类型和反复使用,或言语怪异
		D	缺乏自发和妥当的社会性象征游戏
	(3)	A	固着于某项特定和重复的兴趣
		B	拘泥于没有改变的操作或形式
		C	有固定或重复的运动
		D	执著于物体的某一部分或一样东西
B	(1)		社会相互作用发展迟缓
	(2)		社会交流中的语言发展迟缓
	(3)		象征或想象性游戏缺乏

除上述诊断工具,自闭症访谈量表的修订版(Autism Diagnostic Interview,简称

---

① World Health Organization. Manual of the international statistical classification of diseases, injuries and causes of death (9th rev. Vol. 1) [R]. Geneva: World Health Organization, 1977.

② American Psychiatric Association. Diagnostic and Statistical Manual of Mental Disorder. 3rd ed. [C]. Washington, DC: APA, 1980.

ADI-R)、卡氏自闭症评定量表(Clancy Autism Behavior Scale,简称 CABS)、自闭症行为检测量表(Autism Behavior Checklist,简称 ABC)等工具也用来对自闭症谱系障碍儿童父母或抚养者进行调查,或让测试者据此来观察,从而达到筛选、诊断与鉴别的目的。

不管是何种评量工具,都把缺乏社会相互作用看做是自闭症谱系障碍的一个显著标志。广泛性发展障碍突出表现可归纳为下述心理发展领域：① 语言发展；② 社会的相互作用；③ 反复行为；④ 妨碍性行为；⑤ 拒绝变化行为；⑥ 感觉和运动的障碍；⑦ 智力机能。

这些定义有助于我们对自闭症谱系障碍儿童进行了解。令人遗憾的是,即使是针对被运用的最广泛的测评工具 DSM-Ⅳ,所下的定义也是宽泛的,既没有根据自闭症儿童的年龄来做具体划分,又没有对所言及的内容给出详实的标准。与此同时,DSM-Ⅳ中,也没有可资借鉴的干预方面的提示,这一切都有待摸索。

(四) 发生率的变迁

自闭症谱系障碍可能是目前世界上发生率增长最快的严重疾病之一。根据人口免疫学的测算,原先被诊断为自闭症儿童的,其发生率约为 5/10000,即 2000 名儿童中有一个,但自从自闭症谱系障碍名称出现,由于其定义的宽泛化、早期发现的评测工具的出现及其其他各种原因,自闭症谱系障碍的诊断率呈逐年迅猛增加趋势。

从 1966 年到 1996 年,在英国出版的 23 篇对自闭症流行调查的重要研究论文中,得出了自闭症的流行率为"每 10000 个儿童中有 5 人是自闭症谱系障碍儿童"的结论(Fombonne,1999)。在小学和初中,这一比率可能还要高。这可能是因为有了更为明确的判断。几乎所有的研究都表明,自闭症谱系障碍儿童男性与女性的比例为 5∶1。

在 1997 至 1998 学年,美国教育部报告有 42511 名自闭症谱系障碍儿童接受学校提供的服务。从 1996—1997 学年到 1997—1998 学年,在校学习的自闭症谱系障碍儿童增加了 24%。其增加原因尚不得而知。

2006 年,根据英国的调查,每 1000 名儿童中就有 6 名是自闭症谱系障碍儿童。[①] 在美国,为被贴上"自闭症谱系障碍"标签的儿童而进行的各项工程在 15 年中剧增。[②]

由于自闭症谱系障碍儿童的概念比较宽泛,确诊有困难,目前大多数国家都还没有确切的统计数据,我国也是一样。但因为我国是一个 13 亿的人口大国,按英国 2006 年的调查结果 1/150 比率估算,这无疑也是一个不可忽视的巨大数字。

二、相关研究回顾

1943 年,卡纳首次以情绪接触的自闭性障碍为题,报告了 11 个自闭性障碍的儿童

---

① Howlin P. Autistic Spectrum Disorder [J]. Psychiatry. 2006,9：320-324.
② Shattuck P T, Grosse S D. Issues Related to the Diagnosis and Treatment of Autism Spectrum Disorders. Mental Retardation and Developmental Disabilities. 2007,13：129-135.

病例,拉开了自闭症儿童研究之序幕。自此以后对他们的研究就层出不穷,大有滥觞之势。

(一) 研究的历史阶段之回顾

根据研究内容,可将自闭症儿童的研究分为三个阶段。

第一阶段:"环境论"阶段(20世纪40年代至60年代)。这一阶段注重对自闭症儿童所处环境的研究。自闭症儿童的父母成为主要的研究对象。

第二阶段:"认知障碍论"阶段(20世纪60年代至80年代)。这个时期注重自闭症儿童的认知,其中包括了他们的注意、记忆和语言问题。世界卫生组织(WHO)就是以"认知言语障碍论"为支柱,来界定"自闭症"的定义。这个理论为后来自闭症儿童的研究开辟了一个新的途径。

第三阶段:"心理理论"阶段(20世纪80年代以后)。特别注重自闭症儿童对他人的情绪、期待和愿望等方面的认知,他们的社会认知成为研究热点。

(二) 研究焦点之归纳

从研究的内容、手段和发展趋势来看,对自闭症谱系障碍儿童的研究大致聚焦于相互联系、相互交叉的三大领域。

一是围绕遗传基因、脑功能、神经传导等问题所做的基础研究。这类研究特别关注基因如何影响脑结构的形成和自闭症谱系障碍儿童的生物性成因。例如,美国芝加哥大学有关神经生理学的研究认为,某种镜状神经元(mirror neuron)的异常造成自闭症谱系障碍儿童语言模仿功能障碍[1];有的研究认为是小脑和边缘系统的异常妨碍了自闭症谱系障碍儿童学习与记忆;还有的研究报道,神经传导的生化因素(如五羟色胺、多巴胺、肾上腺素等神经传导递质)影响自闭症谱系障碍儿童的认知能力。这些研究表明了同样的结果,那就是自闭症谱系障碍是由于脑的发展障碍、神经化学和遗传因素引起的。

二是围绕行为特征、信息加工过程以及干预和训练的实际效果的实验和临床研究。采用先进的仪器和设备来进行相关研究,是目前实验和临床研究的重要特征。例如,运用眼动仪来比较自闭症谱系障碍儿童在执行不同的学习任务时其眼动轨迹与其他类型的特殊儿童或正常儿童有何不同;[2]采用现场录像、编码分析的方法来探讨自闭症幼儿社会认知的特点和行为干预的绩效。[3]

三是围绕行为特征和心理特点进行的综合评估和鉴定研究。自闭症谱系障碍儿童大多集言语、智力、情绪和社会化障碍于一身,又多有注意力缺陷和自伤、他伤行为等,所

---

[1] Bernier R, Dawson G, Webb S, Murias M. EEG mu rhythm and imitation impairments in individuals with autism pectrum disorder [J]. Brain and Cognition, 2007, 3.228-237

[2] 贺荟中. 聋生与听力正常学生语篇理解过程的认知比较 [M].上海:复旦大学出版社,2005.

[3] 周念丽. 自闭症幼儿的社会认知——理论、实验及干预的研究 [M].上海:上海教育出版社,2006.

以极易与高活动性注意力缺陷(ADHD)儿童或学习困难(LD)儿童以及智力发展障碍(MR)儿童混淆,或与情绪障碍和问题行为儿童混为一谈。因而,对其特征的筛查、诊断和各种心理能力的评估就显得十分重要。凡是要对自闭症谱系障碍儿童进行研究、干预或训练,首先要有一个比较科学和稳妥方法来对儿童进行鉴定和评估,认定哪些是自闭症谱系障碍儿童,哪些不是自闭症谱系障碍儿童。从某种意义上来讲,鉴定和评估将贯穿自闭症谱系障碍儿童研究、干预和训练的始终。

一些特殊教育比较发达的国家非常重视特殊儿童的鉴定和评估问题。这些国家不仅用立法的形式规定了鉴定和评估的基本程序和评估机构与人员的职责和义务,还不断地深入研究评估的方法和手段,编制和修订评估量表。我国特殊教育界对自闭症谱系障碍儿童的研究起步较晚,医学界和心理学界对自闭症谱系障碍儿童的知识储备不甚丰富,又很难根据自己的国情和文化背景编制和修订评估量表,这些都成为我国自闭症谱系障碍儿童的研究、早期干预和训练的主要障碍。因此,如何编制和修订自闭症谱系障碍儿童综合评估量表,建立实验数据库将是一项重要的基础研究。本书将在第5章就此进行详细的讨论。

第2节 行为层面的解读

自闭症谱系障碍儿童虽然大都长得容貌俊美,特别惹人喜爱,但是他们仿佛生活在不食人间烟火的天国之中,周围的人和事都无法唤起他们的注意。而有些自闭症谱系障碍儿童却会表现出一见到人就有过度亲热举动,以致使人有躲之唯恐不及之感。他们行为具有刻板性和奇异性。由于行为显而易见,因此我们欲通过本节的描述,使读者可以通过其独特的行为来推测和判断自闭症谱系障碍儿童的类别,以利有的放矢地对他们进行教育干预。

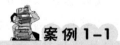
案例1-1

开开,虽然只有11岁,但他却通晓环绕整个上海地区的道路,并且知道上海地铁任何一条线路的起始和终点。他凭着坚强的毅力和与日俱增的活力,画了上海轨道交通的交通线路图,准确无误。在他进行地图旅游的时候,他会请求简单的礼物。如黑色的圆珠笔、蜡笔、2H铅笔,黄色垫子、画线纸、三环笔记本,中国地图集。然后,他看起来如入无人之境,举着右臂(他的左手捏着铅笔快速地动),了解他的父母和同学会喊:"小心你的手……不要碰到别人……不要任性……不要把手悬在当中,没有规矩。"于是,他会按照老师平时要求他们写的话语在地图上写下"不能任性,不能在课堂里讲

> 话,不能在课堂上说脏话"等语句。
> 　　无论在家里还是学校,当开开的头脑有他想表达的词而他却无法流畅地说出这个词语时,开开会急得把脸憋得通红,然后表现出他已经进行过艰苦的智力挑战并简单地宣布他的胜利:"我的头累了。"
> 　　开开一上课就喜欢咬着他的铅笔或钢笔,在家没事时也经常对家具拳脚相加,说是要测试家具的牢固性。他一天要数次跑到他的房间里看自己的衣服是否已挂好,还喜欢不停地在蹦床上跳,或在当地公园里荡上几个小时的秋千仍不下来,他可以一个小时以上注视着旋转的电扇,也会持续不断地看DVD或电视频道中的广告片,在学校几乎没有同伴跟他一起玩。

从上述案例中我们可以看到,自闭症谱系障碍儿童开开的身上出现了反复性行为、刻板性行为、妨碍性行为和攻击性行为等。这些行为是自闭症谱系障碍儿童容易出现的行为。

一、反复、刻板行为

反复、刻板行为是自闭症谱系障碍儿童的最显著特征之一。如字面所示,反复、刻板行为是一种带有强迫性、持续性及固着性的行为。不同的自闭症谱系障碍儿童会有自己独特的刻板行为。例如,案例中的开开会特别固着于他的衣服的挂放;他会对地铁交通图表现出特别的偏好。不少自闭症谱系障碍儿童会有特别显著的刻板行为:每天必须在晚上6:30看电视节目,并且每天要无数次看同样的电视广告;有的必须每天走同样的一条路去上幼儿园或学校;还有的每天都要用玩具或书搭成一个圆圈,搭好以后推倒重来,循环往复乐此不疲。因为不同的自闭症谱系障碍儿童会有不同的反复、刻板行为,在此无法列举穷尽。

究其因,这种反复、刻板行为可能与自闭症谱系障碍儿童受大脑神经机制影响而产生的强迫性行为和持续性行为有关。

(1)强迫性行为。这种行为是持续某种想法、冲动或源于不安的反复性想象。自闭症谱系障碍儿童一般会有不同程度的强迫性行为。如有的会不停地舔自己的手,有的会持续地、莫名其妙地鼓掌拍手,还有的会一个人不停地跑步绕圈子。

(2)持续性行为。这种行为是在一个不适当的范围里反复进行的言语或行为。如案例1-1中的开开会固着于描绘地图,往往会在不到一个小时内,他就能用完正规便笺,并把描绘完的地图撒满一个房间。这种持续性行为还包括了开开在垫子上弹跳,蹦上跳下。由于他的这种破坏性持续性行为,已祸及他的"蹦床",因为他太固着于在床上跳上跳下,以致约每隔半年,他家就得换一次床垫。

多年来,有关学者通过研究发现,自闭症谱系障碍儿童的反复、刻板行为并没有一种特定目的,往往是因为在与人交流的过程中产生的厌倦或兴奋所致。因此,我们经常可以看到,当自闭症谱系障碍儿童到了一个陌生环境或与陌生人说话时,由于他们受个别化意识水平调节能力薄弱所限,会表现出更多的反复、刻板行为。

有些自闭症谱系障碍儿童的反复、刻板行为仅仅是妨碍了他们自身的学习,影响了他们在做功课和参与学校和社区活动时获得成功,但更多的自闭症谱系障碍儿童的反复、刻板行为还会妨碍一起游戏或上课的同伴,由于其行为的不可控制,严重的还会"触犯众怒"。因此,在教育环境中,教师有责任教导自闭症谱系障碍儿童用更多合适的交流方法,以此减少反复、刻板行为。

二、妨碍性行为

妨碍性行为包含了4种范畴的负面行为:自伤行为、攻击性行为、发怒和所有的破坏性行为。其中自伤行为和攻击性行为给自己、给他人都可能带来伤害,有的甚至会导致严重后果。

(1) 自伤行为。这是一种自己对自己施行暴力而引起伤害的行为。不是每一个自闭症谱系障碍儿童都会有自伤行为,只是那些性格比较暴躁又无法用语言很好地表达自己内心想法的自闭症谱系障碍儿童容易产生自伤行为。如案例1-1中的开开,就出现了咬自己的手和手指的行为。其他的自闭症谱系障碍儿童或许还会出现抓伤或头撞墙的行为。这些行为通常会持续到成人期,并且需要来自家庭的支持和看护(Ruble & Dalrymple,1996)。有几种自伤行为可能会永久性地伤害他们自己,极少数的自伤行为甚至会威胁到生命。在威胁生命的行为中有一个就是异食癖:吃不能食用的东西。程度轻的异食癖自闭症谱系障碍儿童会出现吃头发的现象,稍重的会剥墙上的石灰吃,也有的吃清凉油,严重的还会吃沙子或小石子。由于防不胜防,异食癖有时会直接威胁到自闭症谱系障碍儿童的生命。

(2) 攻击性行为。攻击性行为类似于自伤性行为,但是该行为是指向他人的。自闭症谱系障碍儿童表现得最多的是肢体上的攻击性行为。所有的行为中攻击性行为可能是最有问题和最让人担忧的。一般来说,自闭症谱系障碍儿童的攻击性行为有两个指向:一是对物,一是对人。对物的攻击性行为通常表现为不管什么东西拿到手,不是砸就是扔,幸存物所剩无几。一旦家庭中有这样的自闭症谱系障碍儿童,需对物品、特别是电器产品等进行很好的防范措施。对人的攻击性行为通常表现为无缘无故地咬、打、抓、踢他人等行为。由于家庭成员与自闭症谱系障碍儿童接触时间最多,因此他们往往是首当其冲的受害者。与此同时,同伴也会经常成为攻击性行为的受害者。

对自闭症谱系障碍儿童而言,妨碍性行为起着交流性功能:当他们需要得到关注或表达自己的受挫感、不安全感或觉得不安的时候会频繁地出现这样的行为;有时在逃避任务、要求控制或寻求报复时也会较多地出现这样的行为。

虽然反复、刻板行为和妨碍性行为都是自闭症谱系障碍儿童常见的行为,但我们认为,如果要对自闭症谱系障碍儿童进行干预,重点应放在妨碍性行为上。其理由是反复、刻板行为一般不会伤害危及别人,有些反复、刻板行为甚至可以使自闭症谱系障碍儿童将来成就事业。如有一个自闭症者的反复、刻板行为是喜欢看马或牛在槽内吃食,后来该自闭症者成为世界著名的牲口饮食器械的设计师。而且,对自闭症谱系障碍儿童而言,反复、刻板行为是他们自我安慰的一个手段,往往有安抚心理的作用。但妨碍性行为则不然,这种行为对己对人都有伤害性,因此如果不加干预则贻害无穷。对这些行为的干预,可以用系统脱敏法、游戏疗法、音乐疗法等实施,具体请参看本套丛书第三系列的相关书籍。

三、拒绝变化行为

对许多自闭症谱系障碍儿童来说,熟悉的环境是他们获得安全感的源泉。如果有与他们平时生活不同的活动发生,如学校的长假,有朋友来家住宿或家庭成员的增减,甚至放国家规定假日或电视节目的时间调整,这些都会给他们带来强烈的不安。自闭症谱系障碍儿童这种强烈的不安通常会以上述的刻板行为甚至是自伤或他伤行为来表现。为减少妨碍性行为的出现,对自闭症谱系障碍儿童这种拒绝环境变化的行为需格外重视。因为他们会觉得"这是自己世界里的东西"。我们大多数的人并不会去思考电话机是否笔直地放在书桌上,化妆品是否总放在浴室柜子里的同样地方,或者门是开着还是关着的问题,然而这些看起来微不足道的环境类型却能左右自闭症谱系障碍儿童的情绪和行为。

根据自闭症谱系障碍儿童的这种行为特点,我们有必要为他们创设一种可预见性环境,即用事先告知手段使自闭症谱系障碍儿童预先知道将要发生的变化,使之有较长的心理准备可以适应变化,这些事先告知手段包括了时间表、日常程序(Dalrymple,1995;Earles,Carlson & Bock,1998)。例如对那些尚无阅读能力的儿童,可以用图片的时间表形式将不同的活动或课堂的日程标识出来,以便自闭症谱系障碍儿童在一天的活动中做到心里有底。有着更高认知能力的自闭症谱系障碍儿童则可给他们展示一天或一周的学习日程表,研究表明这样的时间表非常有用。

同时也需预先告知自闭症谱系障碍儿童什么时候将会发生什么与平时不同的事件。比如,大多数自闭症谱系障碍儿童都固着于恒定在每一天的同样时间、每一周的同一天的活动。那种频繁调整的日常程序会使他们产生许多问题,因为一旦这些时间安排需要改变,许多自闭症谱系障碍儿童便会要求指导和支持他们学习接受时间表的改变。让他们预先知道在什么时候将会有变化,如"我们今天下午没有音乐课,因为学校有一个特殊活动,你们的音乐课将会安排在下周四的下午。你们可以期待着有一堂有趣的音乐课"等告知,通常行之有效。

第3节 心理层面的解读

我们可以从心理学的传统分类,即知、情、意以及社会化发展等领域去解读自闭症谱系障碍儿童,但由于缺乏交流能力、无法控制情绪、社会化发展薄弱是他们的共同特征,因此,在本书的第3章和第4章将做详尽的介绍,而在此,主要从对物的注意,感觉中的视觉、听觉以及记忆等心理层面对自闭症谱系障碍儿童加以解读。

一、对物的注意特点

尽管自闭症谱系障碍儿童基本上都有正常的视觉空间能力,但在临床观察上,他们大都像注意力缺陷多动障碍(Attention-deficit hyperactivity disorder,简称ADHD)儿童一样不能够维持注意力。注意力不能集中并非是自闭症谱系障碍儿童不愿意集中,而是由于他们功能性缺失,他们有自己都难以理解的困难。其实自闭症谱系障碍儿童也能和正常儿童一样维持注意力,只是他们这种注意力由于感官知觉问题,经常会表现出这种注意力只有在自己感兴趣事物或事件上才得到维持。有观察与研究认为,他们对自己痴迷的行为有着超常的专注,却不能对其他的事给予应有的集中注意。这可能说明不是他们注意力不能集中的问题,而是他们不能有效地控制自己的注意力,换言之,他们不能有效地把注意力用到自己应该去听或去做的事情上去。几乎所有的自闭症谱系障碍儿童对自己喜欢的刺激物有着常人难以企及的专注力。或许当他们专注于他们特别感兴趣的事或物时能缓解焦虑感,获取一种自制能力。

自闭症谱系障碍儿童对物的注意力明显长于对人的注意,[①]相对于正常儿童,自闭症谱系障碍儿童对物的注意有自己的独特之处。

1. 运用他感

当自闭症谱系障碍儿童注意到有自己感兴趣的物品时,往往会采取"嗅"或者用力抚摸等特殊方式,这一点虽然在一般年幼的儿童身上也能见到,但是自闭症谱系障碍儿童的这种特点却会一直延续到成年以后。

2. 注意细节

自闭症谱系障碍儿童对物品的注意呈现的特点是往往只聚焦于物体的一个点而不

---

① 周念丽.自闭症儿童社会认知理论、实验及干预研究[M].上海:上海教育出版社,2006:56.

是一个面,关注的是局部而非整体,比如虽然有一辆小汽车放在面前,但他们只看着轮子,而对其他部位的东西视而不见;一部电话机放在那儿,他们只盯着某一个按键、完全无视整个电话机。

自闭症谱系障碍儿童这种对物品细节的过分专注(Koegel & Koegel,1995),使之难以注意到刺激物的多重特征,因此他们经常会就特定的细节追问,并乐此不疲,从而造成注意力的转移困难。克切斯耐(Courchesne,1994)等综合各种研究,提出了自闭症谱系障碍儿童在注意转移时有显著困难。道孙(Dawson,1996)在此基础上进一步提出,与其说自闭症谱系障碍儿童是注意转移困难,不如说是他们将自己的注意只集中在那些细小物体上。

3. 偏好熟悉

自闭症谱系障碍儿童常会过分专注以前就熟悉的令他愉悦的刺激,忽视或回避陌生的感官体验。比如,让其看一幅他从来没有看过的画,他会不自觉地先在画中寻找熟悉的东西。又如,到餐馆,他会刻意找寻他以前见过的装饰墙纸。如果让他看一本新书,他会先在新书中寻找他曾经看过的插图。因此,那些以反复出现的形式所编纂的系列故事绘本或丛书等比较适合训练他们注意力的维持。

自闭症谱系障碍儿童的这种对物的注意所具的固着性和局限性,使得他们往往只能在一次注意过程中只处理一条信息,从而出现了对信息的理解倾向于狭窄和局限,这就使得他们不能整体地认识一个物品或不能够全面认识物品的功能及用途,或许这就是使他们很难做到生活自理的原因之一。

二、感觉发展特点

自闭症谱系障碍儿童的感觉能力发展看起来并无特别异常,然而,他们使用感觉通道的方式却与众不同。他们中的有些人对某种感觉刺激反应不足,有些则反应过度,对感官刺激存在异常反应或者多呈现选择性反应,会出现过度偏好或过度排斥某种刺激。在临床上所看到的自闭症谱系障碍儿童中有的过度偏好嗅觉,这些儿童感受外界刺激时常事先用鼻子去闻;有的过度偏好触觉,无论面对什么样的外界刺激,都要用手去摸;有的偏好味觉,不管什么都想去尝尝,不管不顾任何危险。自闭症谱系障碍儿童或许由于感觉发展的不均衡,对于外界刺激处理无法进行有效组织,其结果是出现沉湎于相同的重复性感官刺激行为倾向。

由于感觉通道的一些特异性,自闭症谱系障碍儿童往往会通过某种固着行为来调整感官刺激,他们常借助这些固着行为,来过滤掉令他们感到难以承受或感不适的视觉、听觉、触觉等方面的整合性刺激。

1. 视觉发展特点

迄今为止的研究几乎都没报道自闭症谱系障碍儿童存在严重的视觉缺陷,但他们视觉的特异性却常见诸于研究报告之中。

经过长达十年的研究我们发现，自闭症谱系障碍儿童大都有正常甚至出类拔萃的视觉空间能力，有的还有超凡的精细视觉加工能力。对于正常人来说极为隐蔽的难以觉察的某些物体或特征元素，不少自闭症谱系障碍儿童却能洞察入微、一目了然。自闭症谱系障碍儿童这种超凡的精细视觉加工能力，在完成总体视觉信息受到干扰的任务时，其表现更是胜人一筹。

自闭症谱系障碍儿童的视觉运用方式也具奇异性。许多自闭症谱系障碍儿童使用的是边缘知觉，而不是直接知觉。所谓边缘知觉，指的是视线聚焦于物体的边缘，而不是物体的中心。虽然这种表现是非常细微的，但是此类视觉行为却对社会交往产生了显著的影响。研究还发现，许多自闭症谱系障碍儿童会花很长时间沿着他们的视觉边缘重新定位物体的位置，距离可近可远，从眼角盯着物体看。当然，正常发展的儿童有时在某些刺激的影响下也会运用这种边缘知觉，尤其在这种刺激属于令人威胁的、模棱两可的刺激情况下。例如，当一个普通儿童看到他的母亲神情凝滞、面无表情时，他就会出现这种边缘知觉。也许边缘知觉容易提供一种回避令人不安情形的方法，从而减轻儿童的心理负担。

2. 听觉发展特点

尽管很少见到通过医学诊断检测出自闭症谱系障碍儿童的听觉器官异常的研究报告，但有不少的自闭症谱系障碍儿童的家长在回忆自己孩子在婴儿期的一些特点时，常会报告他们的孩子在0～2岁之间对人的声音不感兴趣，即使多次呼唤他们的名字也毫无反应。由此，经常会使家长误以为孩子有听力问题而带他们去医院就诊。其实不然。他们对某些音频具有过度敏感的听力，而对另一些音频又听力不足。不少自闭症谱系障碍儿童不仅没有听力障碍，与此相反，对于环境中的一些声音他们会极为敏感，甚至能听到正常人几乎无法听到的声音。

自闭症谱系障碍儿童还会对某些声音深表反感。有这样一个自闭症谱系障碍儿童，他的家搬到了一个海边的小镇上，结果他每听到汽笛声就会感觉不安。一个多月以来，每当他听到汽笛声时他就会跳起来，跑到窗边大声尖叫。

3. 嗅觉和味觉发展特点

虽然很多研究表明自闭症谱系障碍儿童的嗅觉和味觉发展正常，但是有些自闭症谱系障碍儿童对特定的气味和食物反应极为独特和固着。有些自闭症谱系障碍儿童偏食现象很严重，并且对食物的味道和局部特征很敏感，比如拒绝吃加了豌豆的土豆泥。而有些自闭症谱系障碍儿童却对某些味道特别喜欢，比如，味觉上特别喜欢吃酸的东西，如可以吃下一罐头的酸黄瓜或者一个柠檬。有些自闭症谱系障碍儿童的嗅觉非常敏感甚至可以闻到隔壁房间里的护手乳液的味道，或者喜欢完全没有味道的东西。有的自闭症谱系障碍儿童的嗅觉非常偏执，如只喜欢花生、芝麻等香味。这种现象在正常儿童身上也能看到，但是自闭症谱系障碍儿童在成年以后还一直具有这种特征。

自闭症谱系障碍儿童会经常去嗅不可食用的东西，或者用很奇怪的方式（常常是惹人注目的方式）去嗅食物。例如，据心理学家奥立佛·沙克斯（Oliver Sacks）报告，斯蒂芬·威尔特希尔是一个高功能自闭症谱系障碍儿童，富有绘画天赋。可是，当沙克斯把食物递到斯蒂芬·威尔特希尔面前时，"斯蒂芬却痉挛般地低下头去，嗅闻每一种食物。"

4. 综合感觉的特点

上面分门别类地对自闭症谱系障碍儿童的视觉、听觉以及嗅觉和味觉的特点做了介绍。那么，当这几种感觉综合在一起时，自闭症谱系障碍儿童又会有什么特点呢？有一项研究，分别给自闭症谱系障碍儿童两项任务：一项是只需运用单通道刺激就可完成的，另一项是需综合运用视觉、听觉、触觉才可完成。研究结果显示，比起需综合运用感觉才可完成的任务来，自闭症谱系障碍儿童在完成只需使用单一感觉就可完成的任务时，不仅速度快而且情绪较稳定。当然其前提是这种单一感觉是自闭症谱系障碍儿童的优势感觉通道。如自闭症谱系障碍儿童为听觉学习者，那他只需要听一遍歌曲就能够完全掌握；而那些自闭症谱系障碍儿童为视觉学习者，则通过视觉能很快掌握物体的形状和色彩；如果自闭症谱系障碍儿童为触觉学习者，完成触觉任务就最为迅速。

综上所述，自闭症谱系障碍儿童由于个体差异的悬殊，其感觉发展特点也很难一言以蔽之，但在一些特异性上却有着一定的共性，如过度注意局部、忽视全体，抑或听而不闻等。我们当根据每一个自闭症谱系障碍儿童的优势感觉通道来进行适合性教育干预。

三、记忆发展特点

记忆是一种复杂的心理过程，这一过程包含了组织、存储和利用信息。记忆形式中有短期记忆、长期记忆、再认和回忆。在记忆能力的研究中，同样也给我们展示了自闭症谱系障碍儿童的一些独有特点，那就是优势的机械记忆能力与薄弱的意义记忆能力并存。

自闭症谱系障碍儿童通常以整体搬移的形式收集信息素材，而不善于重组和灵活整合信息来进行存储和记忆，因此，他们的机械记忆和视觉记忆都具有很强的优势，因为机械记忆不需要对信息的灵活整合能力，识别物体时，也有着特定的暗示。在自闭症谱系障碍儿童中有能对列车时刻表倒背如流的，有对家里物品放置的位置稍有变动便能觉察的，前面所提到的斯蒂芬·威尔特希尔具有照相式记忆，即能把看到的物体和景象丝毫不差地描述出来。斯蒂芬·威尔特希尔乘坐的直升飞机绕着伦敦的上空飞行一周后，他可以用五天的时间把所看到的方圆十千米以内的所有建筑物画出来，连窗户的数量和大楼的高度比例都毫无二致。虽然像斯蒂芬·威尔特希尔这样兼具超常的记忆和绘画能力的自闭症谱系障碍儿童屈指可数,但具有照相式记忆能力的自闭症谱系障碍儿童时有报道。

布歇(Boucher,1981)的研究还表明,在自闭症谱系障碍儿童的记忆特征中有"新近性"效果。即对新的材料的短期记忆能力较强,而在需通过意义理解而对材料进行编码(encode)记忆时则显得困难重重。在这一点上与健忘症者有相似之处。金格和道孙(Kinger & Dawson,1995)在对自闭症谱系障碍儿童的分类能力进行研究时发现,面对新材料他们也难以用编码对事物的共性加以概括,即形成"单一总括表象"(single summary representation)。或许这是由于自闭症谱系障碍儿童偏好用一种固定的模式来存储信息,一旦模式被破坏,对信息的编码就显得力不从心。正是由于这种编码障碍,自闭症谱系障碍儿童很难获取与快速变化的社会交往场景相关的信息,并对这些社会信息加以处理,因此他们会有社会性沟通缺陷。

研究还表明,自闭症谱系障碍儿童的程序记忆要远超过事件回忆。有一项研究让自闭症谱系障碍儿童用自由回忆方法来回忆个人经历,其回忆的数量要比对照组的少很多,但他们在程序记忆的任务中却与对照组一样。

上述情况表明,自闭症谱系障碍儿童的记忆特点是以照相式原封不动的机械记忆为主,而要对所获信息加以整合的意义记忆是其薄弱之处。由此,在给自闭症谱系障碍儿童进行教育干预时,必须根据他们的记忆特点,以简洁明了的话语或直观可视的图片来增强其与人交往的基本技能。

第4节 生理层面的解读

研究发现自闭症谱系障碍是由于脑的发展异常、神经化学和遗传因素等诸多原因引起的。目前,从生物医学角度对自闭症谱系障碍儿童的研究主要集中在中枢神经系统的正常和非典型性发展,是否会引起遗传和生物学的影响上,其中特别关注的是基因如何影响包括与行为调控有关的神经通路和神经键的脑结构形成这个问题。

本节将从基因、大脑生理研究以及脑结构的角度来对自闭症谱系障碍儿童做生理层面的解读,而对脑功能的相关研究,我们将在对自闭症谱系障碍儿童的自然认知和社会认知特点做介绍时一并阐述。

一、对基因的研究

1984年,我国著名的儿童精神病专家陶国泰先生首先报道了4名自闭症儿童的情况。20多年来,报道的数目虽逐年增加,到底是什么原因引起自闭症谱系障碍儿童人数的增加,说法不一。随着科学技术的发展和社会文明的进步,对自闭症谱系障碍儿童的研究已经跨越了儿童心理学或精神病学的范畴，众多的儿童精神病学、特殊教育学和心理学科的专家都共同关注这一研究领域。尽管自闭症谱系障碍的病因目前尚未有统一的定论，但比较肯定的是与遗传、神经生理因素、生化因素、心理因素和环境因素都有一定的关系，是一种源于婴儿期的广泛发展障碍性疾病。

对基因的比较分析显示自闭症谱系障碍的形成和遗传有密切的关系，钠离子的通道和染色体上的基因排列的失序可能导致自闭症谱系障碍的产生，自闭症谱系障碍的基因不断被得到确认。例如，有人认为单卵双胞胎自闭症谱系障碍儿童的同病率是82%，而双卵双胞胎的同病率只有10%。有研究发现，位于染色体6q21的谷氨酸受体6（CLUR6）与自闭症谱系障碍儿童有明显的相关；美国的詹尼弗·英格拉姆博士等发现HOXALI基因与自闭症谱系障碍的形成有一定的关系。一些案例研究表明，最初几周的胎儿在母亲子宫内大脑发育的紊乱、失调可能导致儿童出生后产生自闭倾向。

最新的基因组失衡研究将从全基因组水平确定与自闭症谱系障碍儿童相关联的遗传风险因子，针对这些已确定的相关遗传因子，来开展早期基因诊断，使自闭症谱系障碍儿童可能在最佳时期接受干预性治疗和训练。如能从基因研究上聚焦自闭症谱系障碍儿童的病因，做到及早发现，开展早期行为干预以改善自闭症谱系障碍症状，甚至进行全方位治疗来阻止其发生和发展，自闭症谱系障碍就可能从源头上得到控制。

二、大脑生理研究

从神经科学的角度对自闭症谱系障碍儿童进行研究，乃是当今世界有关学者的重要课题。

（一）脑成像的技术和方法

近十年来，采用现代影像学、事件相关电位、生物化学等多种研究方法，从生长发育和大脑功能障碍的角度，来探讨自闭症谱系障碍的成因和机制已成为研究的热点。脑成像技术的发展，包括正电子发射断层成像技术（Positron Emission Tomography，简称PET），单光子发射计算机断层成像技术（Single Photon Emission Computed Tomography，简称SPECT）和功能性核磁共振成像（Functional Magnetic Resonance Imaging，简称fMRI），为解读自闭症谱系障碍儿童开辟了神经科学的新途径。

广义的磁共振脑功能成像不仅包括观察皮层激活的血氧饱和度依赖（Blood Oxygen Level-Dependent，简称BOLD）成像，还包括扩散加权成像（Diffusion Weighted Imaging，简称DWI）和扩散张量成像（Diffusion Tensor Imaging，简称DTI），灌注成像（Perfusion Weighted Imaging，简称PWI）和磁共振波谱成像（Magnetic Resonance Spectroscopy，简称MRS）。目前，上述这些有关自闭症谱系障碍儿童磁共振脑功能成像的研究主要集中于对社会脑假说的验证和自闭症谱系障碍儿童认知神经机制的探讨。

1. 功能性核磁共振成像(fMRI)

功能性核磁共振成像(fMRI)是通过对神经元活动时大脑血容量、血流量及血氧水平的变化来定位大脑的活动功能区的一种研究手段。与其他的研究手段相比,具有较高的空间、时间分辨率,可重复性和无放射性,能无创伤地显示脑区功能活动区的部位大小和范围。

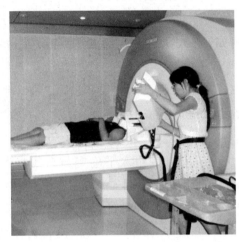

图1-1　正在接受功能性核磁共振成像检测的自闭症谱系障碍儿童

这一测查的基本原理是:被激活的大脑皮层功能区的局部血流量、耗氧量较静止时会明显增加,但耗氧量的增加幅度远远小于血流量的增加幅度,从而会造成局部微循环内氧合血红蛋白量增加,脱氧血红蛋白量相对下降,导致该功能区磁化率发生变化,造成在T2加权像上局部信号增加。平面回波成像是目前fMRI最常用的成像技术,能够在几秒钟内完成全脑的扫描,采集大脑在不同功能状态下数百幅图像用于分析。

当然,目前,fMRI也有许多不足之处,作为非直接的神经活动信号,一般会有滞后神经活动4～8秒的响应延迟,时间分辨率只能达到秒和数百毫秒的数量级,而神经活动发生时间通常是毫秒量级;由于血氧水平的测定有时间的依赖性,这便要求在实验任务设计时,一个扫描任务要维持10多秒至几分钟,另外,由于对很低频率的任务设计(十多分钟至几个小时)不敏感,一些长时间的大脑活动,如思考心境等很难用fMRI方法来研究。但国际上正在研制一种基于持续性动脉自旋标准(Continuous Arterial Spin Labeling,简称CASL)的灌注磁共振功能成像(Perfusion fMRI),可能会弥补上述不足,如能在静息状态下观测脑的功能活动情况,功能性核磁共振成像将会更好地成为检测老年痴呆症患者、特殊儿童更有用的研究手段。

2. 扩散张量脑成像(DTI)

扩散张量脑成像是目前唯一可以无创地显示出人脑内部白质纤维结构的成像技术。在生物体组织结构中,水分子的扩散过程包括随机扩散、浓度梯度下的扩散和分子的跨膜扩散,受到各种局部因素的限制,表现为单位体积内不同方向上分子扩散的总和各不相同,即各向异性。神经纤维束显示出高度各向异性,最强时 FA 值接近 1,最弱时接近 0。扩散张量脑成像可以通过测定人脑内组织中水分子扩散状态来评价脑白质结构的功能性。国内开始有研究者采用脑扩散张量成像的方法,通过测定和比较自闭症谱系障碍儿童和正常儿童脑双侧胼胝体膝部、压部和双侧内囊后肢表观扩散系数(ADC 值)和各向异性分数(FA 值),分析被检测部分 ADC 值和 FA 值与自闭症谱系障碍儿童治疗评估量表得分有相关性,这证实了自闭症谱系障碍儿童胼胝体神经纤维连接存在异常。[1]

3. 波谱成像(MRS)

波谱成像(MRS)是利用核磁共振基本成像原理及化学位移和自旋偶合现象检测活体组织生化代谢的一种影像技术。由于氢(H)原子在人体中分布最广、敏感性高,因此,氢质子波谱成像是脑功能成像中最常用来检测如 N-乙酰门冬氨酸(NAA),含胆碱复合物(Cho)、肌酐(Cr)、乳酸(Lac)等代谢物的方法。N-乙酰门冬氨酸是神经元的标志物。近年来,有关自闭症谱系障碍儿童的波谱成像研究发现,自闭症谱系障碍儿童的颞叶、小脑生化代谢水平异常。例如,查加尼(Chugani,1999)的研究结果表明,9 例自闭症谱系障碍儿童左小脑半球 NAA 浓度偏低,反映出小脑皮质的浦肯野细胞和颗粒小体细胞数量减少。[2] 奥茨卡(Otsuka)等人对右海马、杏仁区,左小脑半球等这些与情感认知密切相关的脑区的质谱检测发现,自闭症谱系障碍儿童在上述部位的 NAA 浓度比正常儿童低。[3] 德维多(De Vito)等人对 26 个自闭症谱系障碍儿童和 29 个正常儿童的对比的 MRS 的检测发现,自闭症谱系障碍儿童额、枕叶、丘脑的 NAA 明显偏低。

4. 灌注成像(PWI)

随着单光子发射计算机断层成像(SPECT)技术的广泛应用,有的研究者采用 SPECT 局部脑血流(regional Cerebral Blood Flow,简称 rCBF)显像技术来分析自闭症谱系障碍儿童局部脑灌注功能。例如,广州中山大学附属医院等单位采用 rCBF 显像的研究发现,在 72 例自闭症谱系障碍儿童中有 79% 的人,存在局部脑血流 rCBF 降低的现象,其中,74% 的病灶位于海马回、颞叶、顶枕叶、扣带回等边缘系统,3~6 岁的自闭症谱系障碍儿童中 rCBF 降低率比其他两个年龄段(即小于 3 岁和大于 6 岁)高,并达到显著水平($p<0.05$)。[4] 另外,还有研究应用同样原理,通过多巴胺转运体脑内显像来研究自

---

[1] 曾小路,等. 儿童孤独症的脑扩散张量成像研究[J]. 中国精神科杂志,2007,5,40(2),90-94.
[2] Chugani, Diane C, Bhavani S. et al. Evidence of altered energy metabolism in autistic children [J]. Neuro Psychopharmacol,1999,23 (4),635-641.
[3] Otsuka H. Harada M, Mori K. et al. Brain metabolites in the hippocampus-amygdala region and cerebellum in autism: an H-Mr spectroscope study [J]. Neuroradiology,1999,41,(7),517-519
[4] 程木华,等."脑 rCBF 显像评价孤独症脑灌注功能变化[J]. 第四军医大学学报,2008 年第 29 期,450-452

闭症谱系障碍儿童多巴胺(Dopamine,简称DA)系统的变化情况。这是因为多巴胺转运体(Dopamine transporter,简称DAT)中枢多巴胺转运体能神经元突触前膜上的单胺转运蛋白,是反映巴胺转运体能神经病变的重要指标。这些研究结果发现,自闭症谱系障碍儿童脑内多巴胺转运体的水平高于对照组的正常儿童,过多的多巴胺释放聚集在突触间隙可能导致神经元的氧化损伤。

5. 单光子发射计算机断层成像技术

近年来,国内已经开始利用单光子发射计算机断层成像技术进行一些可视化的研究,如将这一技术运用于针刺治疗的研究。针刺治疗是中国的传统医学,是中医的重要组成部分。其中经络学说是针刺治疗的理论基础。随着现代科学的发展,国际医学界越来越关注这一夹杂几分神秘色彩的经络学说和针刺治疗的原理和方法。但是以往的针刺治疗很难从神经科学角度来得到说明,目前利用现代电子技术设计出来的微电刺激治疗仪已经成批生产,得到广泛应用。例如,深圳医院核医学科的研究人员,采用单光子发射计算机断层成像技术对平均年龄4.3岁、自闭症行为量表(ABC)的测试总分在57~73之间的34名自闭症谱系障碍儿童进行电针穴位前后对比的灌注现象研究。研究结果表明:34名自闭症谱系障碍儿童在接受针刺前,发现有114处脑区有局部性的脑血流灌注功能低下,其中有28例同时存在左侧(或双侧)的额叶前部,左侧语言运动区(Broca)和左侧颞叶听语言区(Wernicke)异常,占自闭症谱系障碍儿童总数的82.35%,但电针刺激时上述部分功能低下区均有不同程度的改善,其效率到达78.95%。这一研究说明,针刺治疗能够有效地改善自闭症谱系障碍儿童脑血流的灌注和脑功能。[1]

(二) 脑结构与皮质研究

有不少学者,采用上述技术和方法对自闭症谱系障碍儿童的脑结构和皮质状况进行了相关研究。

1. 脑体积的研究

卡纳在报道11名自闭症儿童时,就曾经提到其中5个儿童有脑体积偏大的迹象。2001年,克切斯耐(Courchesne)等人率先采用MRI技术,对30名2~4岁自闭症谱系障碍男童的脑体积进行了对比研究。他们通过研究清楚地发现,这个年龄阶段的自闭症谱系障碍男童的脑体积比同年龄的正常儿童高出10%,并且其中90%的人其脑体积都超出正常水平。随之有更多的研究证明,自闭症谱系障碍儿童脑体积的偏大是发展性的。具体地说,自闭症谱系障碍儿童出生时的平均头围总体上是正常的,但婴幼儿期增加比率可以从6.7%到27.6%,到5岁之后又有恢复正常的倾向。研究还发现,自闭症谱系障碍儿童头围增加的程度与自闭症谱系障碍的程度成正比。

---

[1] 贾少微,孙涛涛,等.针刺治疗儿童孤独症单光子发射计算机断层成像技术可视化研究[J].中国中西医结合杂志,2008,10(28):886-889.

2. 脑白质与灰质的研究

对自闭症谱系障碍儿童脑细胞生长的微观探查发现,婴幼儿时期脑的白质过度生长是脑体积超常的主要原因。例如莱哈特等人(Lainhart et al,2006)的研究表明,自闭症谱系障碍儿童的脑体积与普通儿童差异达到最大时,其脑白质的过度增长也高于正常组39%,灰质高于正常组18%。这种过度的增长与正常儿童大脑发育形成了鲜明的对比。研究表明,从幼儿到青年期,正常个体大脑和小脑的白质体积分别提高了59%和50%,而自闭症谱系障碍儿童个体只增加了11%和7%。

此外,自闭症谱系障碍儿童脑白质的生长异常是过度生长和生长不足同时存在。哈伯等人(Herber et al,2003)的研究认为,在婴幼儿期,自闭症谱系障碍儿童生长过度的脑区主要涉及半球内部的短距离和中等距离的脑皮质间的白质联结,而生长不足的脑区主要涉及半球之间的胼胝体、脑回之间的白质联结。巴纳-格芮莱(Barnea-Goraly)等人在一项DTI的研究中发现,自闭症谱系障碍儿童存在广泛的白质分布异常,表现为颞顶叶联合部位白质减少,联结感觉区和前额区的胼胝体的部位白质减少。

3. 功能柱的研究

近年来,脑皮质微观结构的研究还发现,自闭症谱系障碍儿童脑皮质的基本信息加工单元——功能柱(mini column)存在异常。功能柱在垂直于皮层表面的方向呈柱状分布,里面包含了80~100个功能相同的锥体神经元和中间神经元以及输入和输出轴突(从第6层一直延伸到皮质表面),而每40~80个功能柱则构成一个复合功能柱(macro column)。卡沙诺娃(Casanova)等(2002)对自闭症谱系障碍儿童个体脑皮质的功能柱的研究发现,自闭症谱系障碍儿童个体在额叶和颞叶等区域(BA9,21,22)功能柱数量更多,但是每个功能柱中神经元数量更少(每个功能柱尺寸更窄)。还有研究发现:自闭症谱系障碍儿童个体脑皮质的功能柱尺寸偏小,数量偏多,并且最大的偏离出现在背侧前额叶和眼眶前额叶,其次是颞叶,而初级视觉皮质区域则没有发现异常。研究者认为,可用自闭症谱系障碍儿童过多的功能柱来解释他们过多的短距白质联结,而用复合功能柱的异常来解释他们长距白质的异常(Casanova etc.,2004)。

4. 神经递质的研究

从神经生化的角度来探讨自闭症谱系障碍儿童的功能障碍的成因是近年来一个重要的途径。例如,卡哈娜等人(Kahne et al,2002)通过幼鼠动物模型的研究推测,自闭症谱系障碍儿童大脑中的5-羟色胺过高可能是造成行为异常的原因之一。[①] 有些关于脑内神经递质的研究发现,一部分自闭症谱系障碍儿童脑脊液和尿中多巴胺这一重要的神经递质的主要代谢物高香草酸偏高,且升高程度与疾病的严重程度相关。

---

① David Kahne, Alina Tudorica, Alice Borella, et al. Behavioral and imagnetic resonance spectroscopic studies in the rat hyperserotonemic model of autism[J]. Physiology & Behavior,2002,75,403-410.

此外，自闭症谱系障碍儿童血小板中的多巴胺也明显低于正常儿童。西安交通大学生命科学与技术学院生物工程医学研究所的孙晓勉等人的多巴胺转运体脑内显像研究发现，自闭症谱系障碍儿童纹状体中 DAT 的分布高于对照组的正常儿童并达到显著的统计水平（$p=0.017$），参见图 1-2。

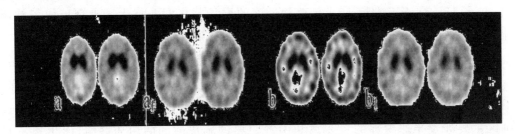

图 1-2　观察组和对照组的 DAT 的 ^{99m}Tc-TRODAT-1 显像图像①
（a,b:观察组；a1,b1:对照组）

研究者认为，中枢多巴胺转运体是神经元突触前膜上的单胺特异转运蛋白，是反映巴胺转运体能神经病变的重要指标。自闭症谱系障碍儿童组左右纹状体中 DAT 的增高，主要是由于过多的 DA 引起的。但是，当过多的 DA 释放时，有可能导致神经元的氧化损伤和产生过多的生理效应，使有的自闭症谱系障碍儿童表现出缺乏自我控制能力的行为障碍。总的来说，这一研究在一定程度上说明了自闭症谱系障碍儿童在神经传递方面可能存在不同程度的障碍，这种障碍也有可能通过药物治疗来改善。②

5. 小脑的研究

在 1988 年，格芙内（Gaffney）等人就采用结构性脑影像 MRI 的方法来探讨小脑或脑干形态学的改变与自闭症谱系障碍儿童行为异常之间的关系。他们通过电脑软件计算和比较 13 名自闭症谱系障碍儿童和 35 名正常儿童脑干正中矢状面的面积发现，自闭症谱系障碍儿童的脑干总面积和脑桥面积都明显小于对照组。

克切斯耐等人一系列的结构性脑影像的研究进一步发现，自闭症谱系障碍儿童小脑发育既存在发育不良现象，也存在过度生长的现象，但大部分（大约 80% 以上）是属于发育不全。克伦·皮尔斯（Karen Pierce）等人的研究检测到，自闭症谱系障碍儿童样本中小脑 VI-VII 区小叶蚓部的发育不全轻重程度与刻板行为的程度有明显的关系，也可能因小脑 VI-VII 区小叶蚓部的发育不全而导致自闭症谱系障碍儿童的空间注意机制受损，减少了对周围环境的关注。③

---

① 转引自孙晓勉，岳静，郑崇勋. 孤独症儿童多巴胺转运体脑内显像研究［J］. 生物医学工程学杂志，2008，25(2)，329.
② 孙晓勉，岳静，郑崇勋. 孤独症儿童多巴胺转运体脑内显像研究［J］. 生物医学工程学杂志，2008，25(2):327-330.
③ Karen Pierce, Eric Courchesne. Evidence for a cerebellar role I reduced exploration and stereotyped behavior in autism［J］. Biol Psychiatry,2001,49:655-664.

综上所述，不管是从基因的分析，还是从脑成像以及脑结构的研究结果来看，自闭症谱系障碍儿童都存在一定的特异性。作为教育工作者，我们无法改变他们的基因、重组他们的大脑结构以及脑神经细胞，但是对这些生理特征的了解，将有助于我们更深入地理解自闭症谱系障碍儿童，对他们的特异行为甚至是自伤或他伤行为都会有一种宽容和谅解。同时，从人脑的神经系统在2岁前具可修复性的科学原理出发，我们对自闭症谱系障碍儿童的早期发现和教育干预就更具现实意义。

 本章小结

本章主要阐述了以下问题：

1. 自闭症谱系障碍儿童概念：自闭症谱系障碍儿童包含了卡纳型自闭症和阿斯伯格症的儿童，他们是一种集语言、交流障碍和有刻板行为的特殊群体，归属于广泛性发展障碍的范畴。由此，自闭症谱系障碍儿童被称之为"特殊儿童之王"。按最新研究结果表明，其发生率已达1/150。

2. 从行为层面的解读：发现自闭症谱系障碍儿童有三个主要行为，即反复、刻板行为，妨碍性行为和拒绝变化行为。

3. 从心理层面解读：发现自闭症谱系障碍儿童在对物的注意上他们可以对自己喜欢的物体或事物保持很长的注意力；他们大都是视觉学习者，但视线所及主要聚焦在物体的局部而很少看到整体；虽没听觉问题，但很少应答别人的呼唤，所以总让人怀疑其听力有问题；记忆上呈两极分化之态，即不少自闭症谱系障碍儿童有超常的机械记忆能力，但整体上他们的意义记忆非常薄弱，在大脑中存储的大都是断片式的信息，很难将这些信息整合起来保持。

4. 从生理层面解读：有可能有基因异常；通过各种脑成像的研究、脑结构与皮质研究，发现自闭症谱系障碍儿童的脑神经细胞发育和脑结构及皮层组织存在大小不同的特异性。

 思考与练习

1. 自闭症谱系障碍儿童与卡纳型自闭症、阿斯伯格症儿童之间有何关联？
2. 自闭症谱系障碍儿童的反复、刻板行为产生的原因何在？
3. 自闭症谱系障碍儿童的感觉与记忆的主要特征有哪些？
4. 如何有效运用脑成像研究方法来解读自闭症谱系障碍儿童？

第 2 章　相关重要理论

学习目标

1. 通过本章学习,能够初步了解研究自闭症谱系障碍儿童两大领域发展的 5 大代表理论,知晓这些理论的核心所在。
2. 大致掌握这些理论所论述的神经生理基础。
3. 梳理 5 大理论的相关研究。

研究自闭症谱系障碍儿童的相关理论可以归纳为两大领域,一是关于他们个体对非社会性刺激信息加工特点,二是关于他们人际互动的信息加工特征。前者以"弱中心统合"理论、"执行功能障碍"说为代表;后者以"心理理论薄弱"论、"社会脑"假设和"碎镜理论"为核心。

迄今为止,从严格意义来说,对形成自闭症谱系障碍的原因的实质性了解还非常有限。研究者在这种情况下,力图从行为层面深入到生理层面对自闭症谱系障碍儿童的特异性加以探究,从而为教育和医学干预提供科学基础。正是在这样的背景下,研究者们聚焦于自闭症谱系障碍儿童的神经生理和心理,提出了五种有代表性的理论假设:"弱中心统合"理论、"执行功能障碍"说、"心理理论薄弱"论、"社会脑"假设和"碎镜"理论。

为便于阐述和分析,本章将其归纳为两大领域:个体对外在客观刺激反应为主的非社会性信息加工领域和对来自人际信息刺激为主的人际社会信息加工领域,参见图 2-1。

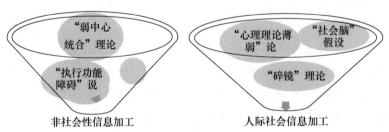

图 2-1　5 大理论的分类

第1节　非社会性信息加工理论

广义的信息加工，应包括人对所有的外在刺激的输入、保持、加工和输出的信息加工过程，而在本节中介绍的"弱中心统合"理论以及"执行功能障碍说"可能是更偏重自闭症谱系障碍儿童的非社会性信息加工过程的代表性理论。

一、"弱中心统合"理论

人脑是通过边缘信息处理和中心信息处理系统来接受和处理外界信息的。所谓中心统合，就是在人脑的中心信息处理系统中对外界的信息加以整合和概括。按照一般的认知特点，人应该都具有将从边缘信息处理过的信息根据前后联系、语境、因果关系等逻辑线索，通过格式塔内隐的自下而上加工、平行加工等信息加工形式，将其整合为更高层次信息的能力。

弗雷斯等人（U. Frith et al, 1989）提出的"弱中心统合"（Weak Central Coherence，简称WCC）理论解析了部分自闭症谱系障碍儿童虽有着惊人的记忆力，但却无法把记忆的断片串成一篇完整的故事；虽有着细致入微的观察力，却不能把握事物的整体轮廓的原因之所在：这是他们只关注局部而忽略整体的认知风格所致，而这种非社会性认知缺陷，恰是由于他们中心信息处理系统的薄弱。

（一）理论的核心概念

弗雷斯等人根据自闭症谱系障碍儿童的认知特点和风格，聚焦于中心信息处理系统，提出了"弱中心统合"理论，并以此说明了他们在信息加工上的特点和缺陷后，引发了众多学者对自闭症谱系障碍儿童中心统合功能的研究兴趣，在得出研究结果的基础上，提出了一些较有影响的相关理论概念。

1. "整体优先"缺乏

那冯（Navon）基于正常发育者等级结构的视觉模式研究于1977年提出了"整体优先"假设（global precedence hypothesis）。所谓的"整体优先"是指个体对整体的注意往往比对局部细节的注意更多，从而形成了优先知觉整体的倾向。如一个视觉景象可以被看成是一个由相互联系的分景象组成的等级结构。人对视觉刺激的加工一般是从整体到部分，先加工整体特征，后分析局部特征。在"整体—局部"加工范式中，整体加工方式被看做是中心统合的指标。[①]

例如，当我们看到图2-2的时候，大多数人可能会首先注意到照片上有一位年轻的母亲坐在椅子上，旁边有行李和婴儿，随后才会注意去看这位年轻的母亲手中拿的是什

[①] 转引自张积家.汉字认知过程中整体与部分关系的研究[D].北京师范大学教育学院博士学位论文,2001.

么,躺着的小婴儿盖的是什么颜色的被子、行李的形状等。这就是"整体优先"认知。

图 2-2 可被分成一系列等级结构的视觉景象

杰里菲(Jollife)和巴伦-考恩(Baron-Cohen)根据对自闭症谱系障碍儿童的中心统合功能所进行的研究结果,提出了自闭症谱系障碍儿童缺乏"整体优先"的看法。因为他们通过对研究结果的梳理发现,那些高功能自闭症谱系障碍儿童即使表现出有正常的加工格式塔的能力,但仍然是先关注局部,而缺乏整合视觉信息的能力。[①]

2."局部偏向"显著

研究者们发现,与缺乏"整体优先"的认知特点形成强烈对比的是,一些自闭症谱系障碍儿童对物体局部的观察和认知能力与普通儿童相差无几,有的甚至要超过普通儿童。

研究者们为探究自闭症谱系障碍儿童的中心统合特点,根据"整体—局部"加工范式设计了一些实验任务。这些实验的共同特点是,所设计的整体背景虽然有意义,但与任务无关,而且任务要求个体忽视整体背景只注意刺激的局部特征。

"积木设计"就是在韦氏智力测验及其他测验中用于测量视知觉组织能力和非言语概念化能力的。研究发现,自闭症谱系障碍儿童每次的"积木设计"测验结果都比较一致:操作反应时短。[②]

"镶嵌图形测验"是注重考察个体认知风格的测验,分为儿童版和成人版。施测时给被试呈现一个复杂图案,请他们在这个复杂的图案中找出目标(简单)图形。布雷(Bri-

---

[①] Jolliffe T,Baron-Cohen S. Are people with autism and Asperger Syndrome faster than normal on the embedded Figures Test？[J]. Journal of Child Psychology and Psychiatry,1997,38:527-534.

[②] 转引自王立新,彭聃龄. 孤独症的低级中央统合功能研究[J]. 中国临床心理学杂志,2004,12(3):311.

an)和伯雷孙(Bryson)在沙哈(Shah)和弗雷斯的实验基础上,使用儿童版镶嵌图形测验测评自闭症谱系障碍儿童的行为。研究发现,自闭症谱系障碍儿童的反应时和准确率都比控制组好,似乎不需任何明显的搜索就能立刻看到靶目标,并能够准确地找到隐藏图形。① 杰里菲和巴伦-考恩使用镶嵌图形测验都得到了同样结果,即自闭症谱系障碍儿童在正确率和反应时上都体现了其具有操作优势。

综上所述,"积木设计"和"镶嵌图形"测验的实验研究都发现了自闭症谱系障碍儿童从大图形中找到隐藏图形的能力比控制组强,从而证实了他们具有显著的"局部偏向"特点,支持了"弱中心统合"理论。

(二) 相关的实验研究

有关自闭症谱系障碍儿童中心统合功能的研究大都运用实验方法,这些实验的主题基本上与中心统合的认知机制有关,如知觉、学习和注意过程。

1. 聚焦局部加工范式的实验

为验证"弱中心统合"理论,不少研究者注重探索自闭症谱系障碍儿童对局部信息加工特点。他们采用各种局部加工的实验范式,如让自闭症谱系障碍儿童数数、观察视错觉图片、看不可能图形、接受镶嵌图形测验等,以此考察自闭症谱系障碍儿童的知觉、记忆和语言等认知特点,因为完成这些任务一般只需要被试加工局部刺激而无需知觉刺激呈现的视觉背景。海佩(Happé)首先用视错觉图片,如铁钦那圆(Titchener circles)和缪勒射线(Muller-lyer)图形,发现自闭症谱系障碍儿童对靶图形的知觉不太受整体格式塔的影响。其他研究还发现:自闭症谱系障碍儿童在视错觉判断方面的正确率高于普通儿童,这表明,自闭症谱系障碍儿童在视觉信息加工方面,偏于注重局部的图形而较少受整体背景图形的影响。

有一些实验进一步提出了自闭症谱系障碍儿童"自发性加工偏好"的观点。在某些情况下,自闭症谱系障碍儿童对局部加工的水平会高于一般人。自闭症谱系障碍儿童也不是完全没有信息统合能力,而是与物理刺激比较而言,更缺乏社会信息整合的能力和偏好个体自发性的信息加工(Ami Klin & Warren Jones 2006)。

进一步的研究还发现,自闭症谱系障碍儿童缺乏整体信息加工能力,有明显的关注片断和细节而忽视情境主题的倾向,会以牺牲整体信息为代价,而只偏向局部的信息加工。研究者们推测,或许这正是形成特殊的某一方面的孤岛能力和狭窄兴趣的原因。

2. 聚焦整体—局部加工范式的实验

然而,并不是所有的实验都能支持"弱中心统合"理论,在基于"整体—局部"加工范式的实验中往往获得反证。

---

① Brian JA, Bryson SE. Disembedding performance and recognition memory in autism/ PDD[J]. Journal of Child Psychology & Psychiatry, 1996, 37: 865-872.

摩托轮(Mottron)等采用复合字母识别测验考察模式识别的背景效应。如图2-3所示,呈现的图片由 H、A、S 和 E 构成复合字母,H 和 S 为目标刺激,A 和 E 为分心刺激,局部和整体字母相似或不一致,让被试在目标字母出现时做按键反应。

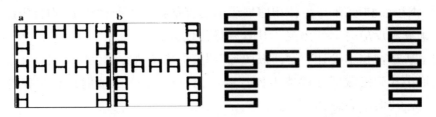

整体和局部相似的复合字母①　　　　整体和局部不一致的复合字母②

图 2-3

研究结果表明,自闭症谱系障碍儿童组对整体刺激和局部刺激的反应时都比控制组的长,当整体和局部刺激不一致时,对局部刺激觉察有干扰效应,说明其整体加工能力似乎没有缺陷。摩托轮等随后使用类似的实验程序,但复合字母(H/A,E/S)与前面(A/E,A/S)略有差异,没有发现自闭症谱系障碍儿童组和正常组间的反应时差异。

3. 聚焦视觉和语义知觉的实验

我国学者李咏梅等人(2006)采用视觉和言语语义记忆任务和木块图形测验分别对45名学龄前与学龄期自闭症谱系障碍儿童和20名普通儿童进行了测验。测验结果表明:在视觉模式或言语模式下,三组能回忆的正确图片或词语数目均比非相关系列刺激能回忆的正确图片或词语数目显著增多($p<0.05$);各组儿童在视觉模式下能回忆的图片数目均比言语模式下能回忆的词语数目显著增多($p<0.01$),高功能自闭症谱系障碍儿童组在视觉模式优于言语模式方面比普通儿童更为明显,其木块图形测验成绩低于正常组($p<0.05$),但总体上,自闭症谱系障碍儿童组和普通儿童组之间没有显著差异($p>0.05$)。研究结果表明,学龄前与学龄期高功能自闭症谱系障碍儿童的中心统合薄弱并不明显,并由此推测自闭症谱系障碍儿童的中央统合薄弱可能会随着年龄的增长而逐渐明显。③

(三)神经生理研究的诠释

研究者们不仅从实验结果中提出了上述的理论概念,还对自闭症谱系障碍儿童的

---

① 引自 Mottron L, Burack JA, Iarocci G, et al. Locally oriented perception with intact global processing among adolescents with high-function autism: evidence from multiple paradigms[J]. Journal of Child Psychology and Psychiatry, 2003, 44(6):904-913.
② 引自 Mottron L, Burack JA, Stauder JS, et al. Perceptual processing among high functioning persons with Autism [J]. Journal of Child Psychology, Psychiatry and Allied Disciplines, 1999, 40(2):203-211.
③ 李咏梅,邹小兵,等."高功能自闭症和 Asperger 综合症儿童的中央凝聚性研究"[J]. 中国儿童保健杂志,2006, 14(1).

神经生理基础做了一系列的实验研究,力图从神经生理层面来对理论做出诠释。

1. 小脑损伤假设

现在已有一些实验证明,自闭症谱系障碍儿童在知觉水平、视觉及空间建构水平、记忆水平和言语理解水平等方面都存在信息统合方面的缺陷(Alcantara & Weisblatt, 2003;Jolliffe & Baron-Cohen,1997, Tager-Flusheng, 1991),这些缺陷很可能与小脑的损伤有关,因为大多数接受检查的自闭症谱系障碍儿童都被发现小脑蚓叶 VI-VII 明显小于普通儿童。

2. 脑神经联结异常假设

脑神经联结异常假设强调:在自闭症谱系障碍儿童局部脑区的内部神经联结过度,与此同时,各功能脑区之间的远距离神经联结却不足、不同步、缺乏反馈(Just et al, 2004)。

从顶叶、枕叶等低级功能脑区来看,由于存在异常的过度联结,同时又无法接受高级统整脑区——额叶——的监控和抑制,感觉信息在这些区域会得到异常的加工:传递速度更快,时间更长,选择性降低(所有信息未经选择地得到加工)。

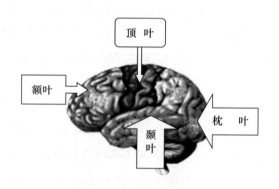

图 2-4　大脑的皮质分布

这些脑区将显示出更加独立、自治的局部加工能力。相反,在承担统合功能的脑区额叶,由于存在过度的、未组织化的和未分化的局部联结,同时又不能获取广泛的低级功能脑区所传来的信息,其高级的整合能力(包括社会、语言、情绪等)将大大受损。

脑神经联结异常假设得到了来自神经结构研究上的支持。加利福尼亚大学的艾略克·克切斯耐(Eric Courchesne,2002)经过系统的研究发现,自闭症谱系障碍儿童在生命早期存在脑的过度生长现象。克切斯耐还指出这种过度生长对自闭症谱系障碍儿童的多个脑区造成了损害,解剖上唯一正常的是较早形成的视觉脑区以及脑后部区域。就那些受损的脑区来说,主要的症状是脑区内部出现短距白质联结过度(以额叶内部的过度联结最为严重),而脑区之间出现长距白质联结不足的现象,这些发现为脑神经联结异常假设提供了间接的佐证(Rippon,2006)。

二、"执行功能障碍"说

反复、刻板行为是自闭症谱系障碍儿童的一个显著性特点。为何有这样的行为？自闭症谱系障碍儿童所表现出来的动作模仿能力薄弱的原因又何在？为了找出这些问题的根源，鲁姆塞(Rumsey，1985)提出了"执行功能障碍说"。

(一)理论的核心概念

执行功能(Executive Function)是指与个体活动密切相关的，涉及注意、计划、预测、决策、监控等复杂过程的心理机能。这个概念最早来源于苏联著名的生理心理学家鲁利亚(Luria)提出的大脑机能学说。他从临床研究中发现，人脑的前额皮质损伤会影响计划、工作记忆、决策、抑制与监控等执行功能。

1978年，达麻西欧和毛雷恩(Damasio & Mauren)将它运用于自闭症谱系障碍儿童的研究，提出了自闭症谱系障碍儿童执行功能障碍说(Executive Dysfunction)。"执行功能障碍"是指个体在执行某一认知任务过程中遇到的障碍。执行功能障碍说是从执行功能的角度来解释认知障碍形成的原因。为更好地理解自闭症谱系障碍儿童在执行功能上存在的特殊问题，我们有必要首先弄清执行功能的内涵。

图2-5 执行功能划分示意图

如图2-5所示，执行功能可以划分为意志(volition)、规划(planning)、目的性活动(purposive action)和有效执行(effective performance)4个部分。

心理学家为了更好地剖析人的执行功能中上述四个部分的职责，又从认知的角度将执行功能分成15种成分。为便于理解，我们将这15种成分归并为下列6大维度。如表2-1所示。

表2-1 执行功能的15种成分

认知能力的关联维度	执行功能的成分
动机	自发性(initiation) 动机(motivation) 目标设定(goal setting)
意识	自我意识(self-awareness) 社会性意识(social awareness)
过程	规划(planning) 组织(organization)
自我	自我监控(self-monitoring) 自我调整(self-regulation) 自我评价(self-evaluation)
调控	冲动控制(impulse control) 认知弹性(cognitive flexibility)
信息加工	注意(attention) 工作记忆(working memory) 策略行为(strategic behaviors)

(二) 相关的实验研究

由于自闭症谱系障碍儿童在如图 2-5 所示的执行功能的 4 个部分都表现出不同程度的障碍,因此,聚焦于自闭症谱系障碍儿童的执行功能的相关研究层出不穷。

1. 历史的回溯

早在 1945 年,高尔德斯坦恩(S. R. Goldstein)在对一个自闭症少年的个案研究中详细地描述和深入地分析了他的认知特征和行为方式,认为执行功能的障碍是导致该自闭症青少年社会交往和学习困难的主要因素,从而首次提出自闭症谱系障碍儿童执行功能可能存在障碍的问题。

1984 年,第二个相关研究则来自乔曼和弗雷克斯曼(S. Gorman & Flexman)对一个高功能自闭症成年人进行的个案研究。他们在研究中发现,这位高功能自闭症者在各个方面的测验成绩相差很大,极不平衡。例如,在空间和非语言测验方面成绩优良,在记忆和语文测验方面,显示出轻度障碍,但在威斯康星卡分类测验(Wisconsin Card Sorting Test,简称 WCST)、保提斯迷津测验(Porteus Maze)中这类考察执行功能的相关测验中遇到严重的障碍。此外,研究者还发现这位高功能自闭症者有十分明显的固执性行为反应(preservative responses),特别缺乏灵活的解决问题的策略。

提出自闭症谱系障碍儿童存在执行功能障碍理论的鲁姆塞(Rumsey,1985,1988,1990)和他的同事突破了上述仅限于个案描述性研究的局限,对自闭症谱系障碍儿童的执行功能进行了一系列的实验研究。他们在研究中发现,与控制组的被试相比,没有智力障碍并且具有语言能力的自闭症谱系障碍儿童在威斯康星卡分类测验和完成"计划性搜索任务"中暴露出更多的固执行为倾向。普雷尔和霍夫曼(Prior & Hoffmen,1990)等人的实验中同样发现,自闭症谱系障碍儿童在威斯康星卡分类测验(WCST)和完成"计划性搜索任务"中一再地犯同样的错误,缺乏变通能力,不会用改变策略的方法来解决问题。这些都是自闭症谱系障碍儿童伴有执行功能障碍的突出表现。

为考察人在解决问题时信息加工的过程以及采用的思维策略而设置的实验。

该实验在一块板上有 3 根柱子(从左至右为 1、2、3),第一根柱子上有一系列由上而下递增的圆盘构成塔状。要求被试将左边 1 柱上的全部圆盘移到右边的 3 柱上,仍需保持原来的塔状。移动的规则是每次只能移动一只圆盘,且大盘不能放到小盘上。移动时可利用 2 柱作为过渡。如图 2-6 所示。

图 2-6 河内塔图示

特别值得一提的是奥佐诺夫、佩宁通和罗杰斯(S. Ozonoff Pennington & Rogers,1991),为了验证关于自闭症谱系障碍儿童不同的社会认知发展理论,他们采用实验的方法,将自闭症谱系障碍儿童的言语能力、面部表情知觉,心理理论和执行功能与控制组进行了全面的比较。其研究发现,执行功能是自闭症谱系障碍儿童最难完成的一项任务。他们进一步的追踪研究结果表明:自闭症谱系障碍儿童执行功能的缺陷并不是单纯的发展迟缓,而是本质性的障碍。与此同时,奥佐诺夫等人又采用了需要被试形成明确的心理表征和一定的操作计划才能完成的威斯康星卡片分类测验和"河内塔"实验的方法,对一组自闭症谱系障碍儿童与普通儿童进行为期30个月的追踪对比研究。其结果表明,自闭症谱系障碍儿童在两年半后的测验成绩不仅没有提高,反而有所下降。这一研究说明,自闭症谱系障碍儿童不仅存在执行功能方面的缺陷,而且这样的缺陷不是由于发展迟缓所致。

2. 主要的研究维度

有关自闭症谱系障碍儿童执行功能的研究主要围绕计划能力、工作记忆和自我监控等几个方面来进行。

(1) 计划能力

加拿大的心理学家戴斯(J. P. Das)提出了PASS理论来评估和解释人的认知能力。这个认知评估理论认为认知过程主要包括计划(Plan)⇨注意(Attention)⇨同时性加工(Similtanceous Processive)⇨继时性加工(Siccessove Prcessive)四个部分。他主张从这四个环节来考察有发展障碍儿童的认知能力。在PASS理论中,认为人的计划能力是个体一项很重要的能力,它直接影响到对活动目标的制定和调整,活动过程的组织和实施,活动效果的评估。执行功能障碍势必反映出计划能力的缺乏。

黑吉斯、鲁塞尔和罗宾(Hughes, Russell & Robbins)等人采用"康桥神经心理测验"分测验的电脑版的测验,让自闭症谱系障碍儿童接受分类心理旋转任务。其研究结果表明:与其他两个控制组,即与之年龄相配的中等学习困难组和与之言语年龄及非言语年龄相当的普通儿童组相比,自闭症谱系障碍儿童更多地使用固执和缺乏弹性的操作策略,这同样表明,自闭症谱系障碍儿童在执行功能方面存在不同程度的障碍。这些实验研究结果启示,或许对自闭症谱系障碍儿童的刻板行为、狭窄的兴趣和缺乏弹性的思维方式都可以用"执行功能障碍"来解释。

(2) 工作记忆

工作记忆(Working Memory)是一种用于信息的短暂存储和平台操作的记忆系统。人在认知过程中,一方面是把接受到的外界信息,经过模式识别等解码处理,从瞬间记忆转换成短时记忆,再从短时记忆转为长时记忆;另一方面,又要不断从长时记忆系统中提取一定的相关信息来识别和处理接受的感觉信息,这种暂时的、活动的、不断更换的信息处理平台就是工作记忆系统。由于工作记忆是进行阅读、学习、操作等活动的信息加工过程中非常重要的环节,因此与执行功能有密切的关系。

研究者们除了常采用经典的"河内塔"实验来测查自闭症谱系障碍儿童的工作记忆外,还更多地采用空间记忆任务和词长测验的方法。多数研究结果显示,自闭症谱系障碍儿童的工作记忆能力有一定程度的障碍。例如,高德伯格(Goldberg)等人对高功能自闭症谱系障碍儿童、注意力不集中儿童和普通儿童进行了有关视觉空间记忆能力的比较研究。研究结果表明:高功能自闭症谱系障碍儿童的工作记忆水平低于注意力不集中儿童,而注意力不集中儿童又低于普通儿童。[1] 鲁塞尔等人有关工作记忆容量的比较研究结果也表明,自闭症谱系障碍儿童的工作记忆容量与中等学习困难儿童的工作记忆容量是同等水平,都低于普通儿童。[2]

但是,也有实验结果表明,自闭症谱系障碍儿童的工作记忆与普通儿童并没有明显的区别。例如,奥佐诺夫等人采用记忆刷新任务对高功能自闭症谱系障碍儿童、唐氏(Tourette)综合征儿童和普通儿童的视觉记忆广度进行了比较研究。但实验并未发现,高功能自闭症谱系障碍儿童与唐氏综合征儿童和普通儿童在视觉空间工作记忆方面有明显的差异。[3]

(3)抑制和自我监控

也有一些实验结果否定了自闭症谱系障碍儿童必定会有"执行功能障碍"的理论。例如,威那和罗杰斯等人(Wenner and Rogers et al,1999)对4~5岁自闭症谱系障碍儿童组进行了包括威斯康星卡片分类测验、河内塔实验、心理旋转等8项有关执行功能的实验。这项实验的设计比较严格:一方面,自闭症谱系障碍儿童经过综合测试而得到确认;另一方面,采用一对一配对的方法控制了自闭症谱系障碍儿童与唐氏综合征、语言障碍和发展迟缓者等对照组之间的智力和年龄对应。但实验结果却表明:自闭症谱系障碍儿童完成空降旋转任务的水平还高于对照组,其他7项与执行功能有关的操作水平与控制组之间也没有显著的差异。当然,参加这项实验的自闭症谱系障碍儿童幼儿时期都曾经接受过早期干预的训练,有可能是由于早期干预提高了自闭症谱系障碍儿童完成实验任务的能力。除此之外,以往有关自闭症谱系障碍儿童执行功能的实验大都没有严格地做到实验组与对照组之间智力相等,在严格控制智力水平的情况下,就不再会凸显出控制能力的差异。这也从另一个方面说明,智力水平本身就包括了大量的操作水平和控制能力。还有一个不支持自闭症谱系障碍儿童伴有明显的执行功能障碍理论的实验是台湾省台北师范学院杨宗仁(2002)有关自闭症谱系障碍儿童执行功能的研

---

[1] Goldberg M C, Mostofsky S H, Cutting E M, et al. Subtle executive impairment in children with autism and children with ADHD[J]. Journal of Autism & Developental Disorders,2005,35,(3) 279-293.

[2] Russell J, Jarrold C, Henry L. Working memory in children with autism and with moderate learning difficulties [J]. Journal of Psychology and Psychiatric, 1996,37, (6) 673-686.

[3] Ozonoff S,Strayeer D L. Futherevidence of intact working memory in autise [J]. Journal of Autism & Development Disorders, 2005,35,(3) 279-293.

究。在实验中将学习困难儿童、注意力缺陷儿童和普通儿童作为对照组。所有参加实验的被试都参加韦氏智力测验、威斯康星卡片分类测验、语言流畅性测验、图形设计流畅性测验等有关执行功能的测验。测验结果表明：自闭症谱系障碍儿童组与对照组儿童之间，无论是韦氏智力测验的全量表智商、语言分量表智商、操作量表智商、生理年龄、心理年龄等方面均无显著差异；在威斯康星卡片分类测验、"语言流畅性测验"、"图形设计流畅性测验"等三项测验的水平同样没有显著差异。所以，研究者建议应从行为、认知、神经等多维度、多水平来探讨自闭症谱系障碍儿童的发展障碍。①

（三）神经机制的研究

1998年，哈里逊（Harrison）对一名25岁自闭症谱系障碍成人的个案研究拉开了对执行功能的神经机制研究的序幕。对这位被试的脑电图和脑功能的检测研究表明，他的右侧额叶存在一个处于相对激活状态的密集区，并向右侧额叶延伸。哈里逊由此推测，右侧额叶的机能障碍可能是导致自闭症谱系障碍儿童思维、判断、预测和问题解决等高级的认知功能缺陷的原因（Minshew，1999）。对26名高功能的自闭症谱系障碍儿童与普通儿童的比较研究发现，在完成快速视觉扫描任务和用意志调节的快速视觉扫描任务时，自闭症谱系障碍儿童组都表现出很大的困难。大脑前额皮质和与之密切联系的顶叶皮质的功能障碍，也有可能是引起执行功能薄弱的生理基础。

1. 大脑区域的关联研究

从大脑解剖生理学的观点来看，一般认为大脑的额叶，尤其是前额叶是负责个体执行功能的。额叶约占大脑半球面积的一半，也是成熟较迟的脑区，他是执行控制中枢，主要负责思维、判断、预测和问题解决等高级的认知功能。顶叶主要负责感觉整合和定位等运动控制。对自闭症谱系障碍儿童执行功能障碍和心理推测能力缺陷的生理机制的研究主要聚焦于额叶和顶叶的研究。

加拉格（Gallagher）等人通过脑功能的研究发现，正常被试在完成卡通人物的心理推测任务时，会引起前额区和杏仁核等脑区的激活。② 另外，大脑功能的研究也表明，自闭症谱系障碍儿童在执行功能方面的缺陷可能与额叶皮质、纹状体和基底神经节等部位有关。③

2. 心理活动的关联研究

最近的心理研究，更是将与执行功能有关的各种心理活动作为神经机制研究的靶心，探索了自闭症谱系障碍儿童在执行功能方面的特点。其研究主要聚焦于注意维持、

---

① 杨宗仁."自闭症青少年'执行功能'研究：认知弹性"[J]. 特殊教育研究学刊，2002(22)：75-103.
② Gallagher H L, Happ F, Brunswick N. Reading the mind in cartoons and stories: an fMRI study of "theory of mind" in verbal and nonverbal tasks [J]. Neuropsychologia, 2000, 38, (1) 11-21.
③ Kin A Jones W. Schultz R, Volkmar F, Cohn D. Defining and quantifying the social phenotype in Autism [J]. American Journal of psychiatry, 2002, 159(6), 895-908.

注意定向、反应抑制和设置转换四个方面。① 下面将作具体介绍。

(1) 注意维持

注意维持是自我定向过程,在这一过程中,个人需要维持对刺激的注意和有意识的过程,而刺激的重复和非唤醒性质可能会导致对注意的习惯性分散。自闭症谱系障碍儿童和正常人的注意能力不同,他们在需要对刺激维持注意上有困难,但却可能在他们环境中对不寻常的刺激物或某一方面注意几个小时。

神经心理学和成像研究开始阐明脑的哪部分区域参与了维持注意。其中一个任务是维持注意以对任务做出反应(Sustained Attention to Response Task,简称 SART),当完成该任务时会激活右侧额叶及顶叶注意网络,而该部分被认为是引起自闭症谱系障碍儿童失调的部位。② 这一神经成像研究将引导我们对自闭症谱系障碍儿童的前额叶和顶叶皮质区的功能做深入研究。

(2) 注意定向

注意定向包括三个步骤:注意分离、注意转换和重新参与注意。自闭症谱系障碍儿童往往在将他们的注意力从一个物体或活动中转移到另一个物体或活动时有困难。这一临床观察结果引起了许多关于自闭症的视觉注意分离和注意转换的研究。

在过去的十年里,神经心理学和成像研究已经收集了不少关于自闭症谱系障碍儿童注意定向缺陷方面的证据。兰德雷(Landry)和伯雷孙(Bryson)的研究表明,年幼的自闭症谱系障碍儿童存在注意分离的损害。③ 最近雷纳(Renner)等人的研究结果则支持自闭症谱系障碍儿童个体存在注意定向的缺陷之理论假设。④ 还有其他的研究结果表明小脑在注意定向障碍方面的作用。注意转换上的损害不仅在自闭症谱系障碍儿童个体上存在,在获得性小脑损伤的病人身上也发现了这一损害。伊拉丝(Iarocci)和伯拉克(Burack)则在研究结果中发现了不一致的结果,他们认为,自闭症谱系障碍儿童并不存在注意定向损害。对自闭症儿童而言,对外周的提示存在隐性的定向反应是很正常的。甚至有研究者认为自闭症谱系障碍儿童在对目标的注意上是很快的。

目前,虽然还没有对自闭症谱系障碍儿童个体的注意定向的成像方面的研究,但在对正常人群的注意定向所进行的有关的脑的解剖和功能区研究表明,对视觉事件的定向系统与后脑有关,包括顶叶上部、颞叶和顶叶结合处,以及前部眼区。fMRI 研究表

---

① 张炼,李红. 泛自闭症障碍执行功能的神经心理学和神经成像研究,心理科学[J]. Psychological Science. 2009,32 (2):388-390.

② Hendry J, DeVito T, Gelman N, Densmore M, Rajakumar N, Pavlosky W, et al. White matter abnormalities in autism detected through transverse relaxation time imaging [J]. Neuro Image, 2006, 29: 1049-1057.

③ Landry R, Bryson S. Impaired disengagement of attention in young children with autism [J]. Journal of Child Psychology and Psychiatry, 2004, 45: 1115-1122.

④ Renner P, Grofer Klinger L, Klinger M. Exogenous and endogenous attention orienting in autism spectrum disorders [J]. Child Neuropsychology, 2006, 12: 361-382.

明,顶叶上部与按照表述的线索进行注意定向时有关。颞叶和顶叶结合部损伤,以及颞叶上部的损伤也与定向困难有关。

汤塞德(Townsend)等人的一个有趣研究表明,在小脑蚓部小叶的Ⅵ、Ⅶ区有更多损害的个体,在注意定向上的缺陷越严重。①

另外也有研究表明,空间注意定向变慢与小脑的异常结构有关。② 哈雷斯(Harris)等人的研究表明,自闭症谱系障碍儿童在视觉线索上注意定向变慢的程度与小脑发育不全的程度存在相关。③

(3) 反应抑制

反应抑制指的是抑制不相关或干扰刺激的能力,这种执行功能在行为上与抑制重复行为、刻板行为有关,而重复、刻板行为正是自闭症谱系障碍儿童的核心典型特征之一。特纳(Turner)认为自闭症谱系障碍儿童之所以会有刻板、重复的行为模式,是由于他们不具备抑制的优势反应。

研究者在神经心理学和成像研究中已出现了对自闭症谱系障碍儿童在反应抑制检测上有冲突的研究结果。有不少研究结果表明,自闭症谱系障碍儿童在经典的抑制任务中并没有显著障碍。如在"Stroop效应"实验中、"负启动效应"测验,停止信号方法以及"Go-No Go"任务中所需完成的中性抑制任务。然而,也有研究运用"Go-No Go"任务范式、"窗口任务"、"SART"、眼动扫描任务及迂回抵达任务范式,检测到自闭症谱系障碍儿童在抑制优势反应上确有障碍。比雷欧(Biro)和鲁塞尔认为,自闭症谱系障碍儿童在按照任意的规则反应时有困难,从而引起了他们在抑制任务和其他执行功能任务中的明显的缺陷。④ 这也表明了他们在维持任务设置存在损害。鲁塞尔等人注意到,反应抑制任务上的表现,可能有赖于任务的言语要求,这对自闭症谱系障碍儿童则很困难。自闭症谱系障碍儿童的抑制缺陷可能与自闭症谱系障碍儿童的症状没有关系,而是与注意缺陷和结构性语言困难有关。维斯德姆(Wisdom)等人开展的一个有趣的研究的结果表明,有接受性和表达性语言障碍的儿童在反应抑制上的表现比那些无接受性和表达性语言障碍自闭症谱系障碍儿童更严重。这一研究再次表明了语言在反应抑制中的重要性。

与此同时,还有一个脑成像研究表明了自闭症谱系障碍儿童在完成反应抑制任务

---

① Townsend J, Courchesne E, Egaas B. Slowed orienting of covert visual-spatial attention in autism: Specific deficits associated with cerebellar and parietal abnormality [J]. Development and Psychopathology, 1996, 8: 563-584.

② Townsend J, Courchesne E, Covington J, Westerfield M, Harris N S, Lyden, P. et al. Spatial attention deficits in patients with acquired or developmental cerebellar abnormality[J]. Journal of Neuroscience, 1999, 19: 5632-5643.

③ Harris N, Courchesne E, Townsend J, Carper R, Lord C. Neuro anatomic contributions to slowed orienting of attention in children with autism [J]. Cognitive Brain Research, 1999, 8: 61-71.

④ Biro S, Russell J. The execution of arbitrary procedures by children with autism[J]. Developmental Psychopathology, 2001, 13:97-110.

时脑功能异常。[①] 在这一研究中,尽管自闭症谱系障碍儿童组和控制组在任务表现上没有显著差异,但仍然发现自闭症谱系障碍儿童组在脑的左侧皮质下区和眶额叶、左侧岛叶、右侧皮质下和左侧中央顶叶皮质区的显著激活。另外,额叶灰质密度功能激活的增加,也出现在同样的解剖区域。这一结果引出了一个假设:右侧前额叶脑区可能是人的抑制反应部位。研究认为在完成"Go-No Go"任务时左半球激活的增加,可能反映了这一区域是为了达成正确的抑制表现而出现的补偿策略。这表明当执行功能的区域有缺陷后可能在脑区中出现补偿功能区。

(4)设置转换

设置转换指根据情形的变化而产生的转向不同想法或行动的能力。莱德雷(Ridley)和特纳认为,自闭症谱系障碍儿童的兴趣狭窄、重复行为等刻板性表现形式很可能是由于他们不能很好地转换自己的认知设置所致。

许多研究者通过神经心理学和脑成像研究,都报告了自闭症谱系障碍儿童存在设置转换方面的缺陷,其中一个设置转换测验就是威斯康辛卡片分类测验(WCST)。有研究者认为,与控制组相比,自闭症谱系障碍儿童在对 WCST 任务做出反应时存在高度的刻板表现。在过去的几年中发表的一些研究也证明了自闭症谱系障碍儿童在设置转换方面的显著缺陷。正如反应抑制一样,在设置转换任务中也同样存在着语言在被试表现中的作用问题。里塞(Lisse)等人的研究发现,自闭症谱系障碍儿童似乎比发展性语言失调的儿童在 WCST 任务上表现出更多的刻板表现,然而,当控制了言语分数后,二者的表现差异并不显著。这似乎表明设置转换缺陷可能更多地与言语技能相关,而不是自闭症谱系障碍儿童的特点。由此可见,自闭症谱系障碍儿童在反应抑制和注意设置转换过程中,不仅与其神经生理有关,而且与他们的言语能力有关联。

第2节 人际社会信息加工理论

相较于非社会性信息加工,自闭症谱系障碍儿童在人际社会信息加工过程中存在着更多的障碍,因为社会交往技能的缺乏,是判断自闭症谱系障碍儿童的重要依据之一。在20多年的研究历史中,研究者们提出了许多论及自闭症谱系障碍儿童的人际社会信息加工特征的理论,其中具有重要影响的主要理论分别是"心理理论"薄弱论、"社会脑"假设和"碎镜理论"。

与此同时,这三个理论又有内在联系,"社会脑"假设主要是基于"心理理论"的主要观点,力图从神经科学角度来说明自闭症谱系障碍儿童"心理理论"薄弱的生理基础,而

[①] Schmitz N, Rubia K, Daly E, Smith A, Williams S, Murphy D G. Neural correlates of executive function in autistic-spectrum disorders [J]. Biological Psychiatry, 2006, 59: 7-16.

"碎镜理论"则着力于探索自闭症谱系障碍儿童模仿能力的薄弱之根源所在,说明了模仿能力缺失既是由于大脑神经的通路受阻,又是影响自闭症谱系障碍儿童对他人理解的重要原因之一。

一、"心理理论"薄弱论

1978年普雷麦克和武德鲁夫(Premack & Woodruff)在对黑猩猩进行研究后首先提出了"心理理论"(Theory of Mind,简称ToM)的概念。自此,这一理论已成为发展心理学、认知心理学、特殊教育学等领域的一个热点研究课题。所谓"心理理论",也称"心理推测能力"理论,是指人类应具有的直觉性的表征、理解和推测他人心理状态的能力。这种直觉性的认知能力是人们推测想象和进行社会交往活动的心理基础。这一理论自被提出之后,就成为研究自闭症谱系障碍儿童的重要理论依据及其重要抓手。

(一)相关理论

目前,心理理论已进一步演变成三个有较大影响的学说,即"模块论"(Modularity Theory)、"理论论"(Theory Theory)和"模拟论"(Simulation Theory)。下面分别对这三个学说的基本观点加以阐述。

1. 模块论

以雷斯莱和巴伦-考恩为代表人物的模块论的倡导者们认为,具有模拟能力的先天认知图式是一种模块化机制,这种模块化机制便是儿童的心理理论的形成与获得的生理基础。

雷斯莱采纳了"福多式模块"的标准理论。这一模块理论一是强调了心理模块的天赋性,认为心理理论的形成与获得有赖于一种具有遗传特征的固定神经结构的成熟;二是强调了一定模块的特殊性和专门性,那种关注与处理相关信息的特殊封闭的模块形式,便是一种完整的心理机制(Theory of Mind Mechanism,简称 TOMM)。

雷斯莱将心理机制(TOMM)的形成分成一期心理机制($TOMM_1$)和二期心理机制($TOMM_2$)。婴儿大约在6~8个月时就形成了一期心理机制,他用来加工综合信息和处理社会参照;当婴儿在18个月时,形成二期心理机制。其主要的功能是负责元表征的信息加工。

从实验中可以观察到18个月的幼儿已出现了早期的装扮行为,这表明此时他们已具备初步的表征能力。雷斯莱由此推测,儿童在18个月时就可利用一期心理机制,到了24个月,他们就具有了"元表征"能力,如能将实物的"初级表征"与替代物的"次级表征"区分开来。这样的"元表征"能力是二期心理机制,也是形成完整的心理理论的重要标志。

雷斯莱认为,因为幼儿参与共同注意和表达原叙述(pro to declarative)时,所产生的是简单的指点行为（pointing），还不可能直接感知他人的心理状态，所以，幼儿期的元表征就显得至关重要。

巴伦-考恩则在雷斯莱的心理模块理论的基础上，进一步提出了3个具体的儿童早期发展的模块：即意图觉察器（Intentionality Detector，简称ID）模块、视觉方向觉察器（Eye-Direction Detector，简称EDD）模块和分享注意机制（Shared Attention Mechanism，简称SAM）模块。意图觉察器模块的功能是形成目的和愿望，察看对象物是否面向自己。视觉方向觉察器模块的功能是控制眼的活动，负责察看对象物的方向和位置。共同注意机制模块的功能是负责共同注意，察看他人和自己的注意指向是否一致。

巴伦-考恩认为，婴儿出生伊始便具备了意图觉察器模块和视觉方向觉察器模块的机制和功能，一般要到10~12个月时，幼儿的早期社会发展模块中，才显示出共同注意机制模块的功能。相比之下，完整的心理机制则出现得更晚。

模块论的理论家们根据自己所观察到的实验结果，试图从生理基础上更精细地解释幼儿心理理论获得的时间，形成过程和对儿童社会认知发展的影响。

2. 理论论

以弗雷维尔（Flavell，1983）、帕纳（Perner，1987）和维尔曼（Wellman，1990）为代表的理论论的倡导者们认为，儿童是依靠个体活动中自动形成的领悟能力来理解心理状态并形成心理理论的。最初，他们所获得的只是某种表征性心理理论，在这种表征性心理理论的基础上，心理理论便逐渐内化成为一种系统的、内在的意念。例如，相关的研究发现，儿童从2岁到4岁期间，他们从将表征性心理理论依次形成了内在的"愿望心理"、"愿望-信念心理"和"信念-愿望心理"等内部的领悟系统。换言之，儿童内部的心理理论的形成经历了从简单到复杂，以己推人的发展过程，从仅知道自己的想法发展到善于理解他人的想法。

心理理论特别强调儿童早期社会经验的重要性，认为这些早期的社会经验是他们日后发展的基础。恰如皮亚杰的心理平衡调节理论所指出的：儿童运用自己的早期社会经验，在同化和顺应的过程中，不断打破和保持动态平衡，从而获得新的更高级的认知，产生新的理论。

3. 模拟论

以哈雷斯（Harris）为代表人物的模拟论认为，儿童从2岁起就进行"装扮游戏"，并通过这种"装扮"来"模拟"他人的心理状态。这也是一种以自己的心理体验为基础，理解他人内心活动的心理建构过程。模拟论强调儿童在游戏中角色扮演的重要性，因为可以使儿童通过这种模拟学会设身处地地站在他人的立场考虑、理解和处理问题。模拟论重视"第一人称意识"，即自我意识。模拟论认为这是一种在线型的（on line）心理体验或心理状态。也就是说,儿童能通过这种内在地模仿学会与他人感受同样的面部表情或采取相同的行为。

哈雷斯还进一步指出,儿童之所以能具有在线型的心理体验和内在的模仿他人的心理状态的能力,其奥秘在于人类在发展早期,就已具备了一种先天的"建立认知图式"的特殊机制。一旦这样的机制被启动时,幼儿就能参与共同注意(joint attention),参与"主体之间"(inter-subjectivity)的活动和体验共有情绪。

有关的实验表明,2岁儿童便开始具有最初的情感理解和知觉领悟能力。形成了这样的意向状态之后,儿童就能模拟他人与目标客体的意向关系。也正是通过这种"离线"(off line)模拟,来实现一定的超现实的模拟行为。反之,也正是这种模拟能力使儿童具有一定的"装扮"能力,使这种"离线"模拟成为可能。

(二)相关研究

研究者们运用心理理论,主要从两个方面着手对自闭症谱系障碍儿童进行研究:一是行为层面的实验研究,一是探索其神经机制的诠释研究。

1. 行为实验研究

由于"心理理论"重在探索儿童是否可以认识到自己和他人的不同需要、意图、具有不同信念等心理状态,是否能换位感受、思考和归因等能力;以及这些是否与社会认知密切相关,因此,基于心理理论的一系列发展性研究和跨文化的比较研究大都从以下四个方面进行:

第一,当自我信念与他人的信念发生矛盾的时候,能否站在他人的立场上来判断事实?第二,能否揣摩和猜测他人的意图?第三,能否对他人的认知能力做出判断?第四,能否对他人的情绪做出判断并引起情感共鸣?

围绕着上述四个主要研究问题,研究者们进行了大量的实验研究,其中最为著名、影响最为深远的当数"错误信念"实验。

(1) 经典的"错误信念"实验

1985年,巴伦-考恩等人的"错误信念"实验通过"意外转移"的预设情景来探讨自闭症谱系障碍儿童的心理推测能力。

① 实验基本程序

让平均智力为4岁的自闭症谱系障碍儿童、弱智儿童和普通儿童同时看一段木偶短剧,然后再让他们回答一个与剧情有关的问题。

木偶剧中有两个人物,即萨莉和安娜。剧情的内容很简单,先是萨莉出场,将自己的玩具放在一个盒子之中然后离去。此时,躲在一边看到这一情景的安娜偷偷地把萨莉放到盒子里的玩具调换到了另一个同样大小的盒子之中。等萨莉出场来找自己的玩具时,主试便向儿童提问:萨莉首先会伸手到哪个盒子里找到玩具?

② 结果与解释

实验结果表明：参加实验的弱智儿童和普通儿童几乎都能说出萨莉首先会伸手到她原先放玩具的盒子里找玩具，但自闭症谱系障碍儿童却给出了错误回答。为何自闭症谱系障碍儿童不能做出正确的回答呢？研究者的解释是自闭症谱系障碍儿童并没有真正理解木偶剧的全部情节和意义，只是机械地凭借自己看到的局部的"眼见为实"，即根据被安娜调换的玩具的位置来回答问题。从而推论自闭症谱系障碍儿童缺乏从他人（萨莉）的立场和心理来考虑问题的能力。之后研究者们通过运用"错误信念"不同的实验范式进行相似研究，仍发现80%的自闭症谱系障碍儿童不能正确完成"错误信念"实验课题。由此，研究者推论自闭症谱系障碍儿童不能通过"错误信念"实验课题并不是孤立的、偶然的心理现象，而是一种带普遍性的认知障碍。因而以"心理理论薄弱"来解释，自闭症谱系障碍儿童的理解他人能力的缺乏是由于人际社会信息加工过程中的认知障碍所致。

作为"错误信念"实验的平行研究，巴伦-考恩、雷斯莱和弗雷斯（Baron-Cohen, Leslie & Frith, 1985）还让自闭症谱系障碍儿童根据物理因果关系（被物绊倒后膝盖受伤的图片）和表示卡片人物的愿望（冰淇淋被人拿走后的图片）来排列4张图片。实验结果发现，自闭症谱系障碍儿童能理解这两组关系的图片，但是他们对表示"错误信念"的图片，即（知道那里有一个洋娃娃，但不知不觉中洋娃娃消失了的图片）还是表示难以理解。

（2）"错误信念"的后续实验

在我国有不少根据经典的"错误信念"实验范式来进行的后续研究。

焦青（2001）对自闭症谱系障碍儿童心理理论的两次连续性的实验研究也表明，自闭症谱系障碍儿童发展障碍的严重程度与心理理论中所指的推测能力呈显著的负相关。自闭症谱系障碍儿童并非完全不能根据他人的愿望预测他人的行为，但在理解他人错误的信念时则表现出明显的困难，尤其是难以理解他人由错误信念所产生的认知情绪。

邹小兵、李咏梅等人（2005）使用表情识别和"错误信念"实验范式，分别对自闭症谱系障碍儿童和普通儿童进行了对比研究。研究结果表明，在表情识别测验中，自闭症谱系障碍儿童组与正常组的反应准确率并无显著差异；但在"错误信念"实验中，自闭症谱系障碍儿童组的正答率却显著低于普通儿童组。因此，研究者认为，自闭症谱系障碍儿童组具有基本的表情识别能力，但存在明显的信念理解方面的缺陷，自闭症谱系障碍儿童的心理推测能力偏低。[①]

尽管我国当前这方面的研究还有限，结果也不太一致，但已经开始了一些有益的探讨。

[①] 邹小兵，李咏梅，等. "孤独症和Asperger综合症儿童的心灵理论对照研究"[J]. 中国神经精神病杂志，2005, 31(6): 426-429.

2. 神经机制诠释

近年来"心理理论"的研究已逐渐地从行为研究、实验心理学的研究深入到神经机制研究。不少研究者试图从神经生理学角度来验证自闭症谱系障碍儿童"心理理论"薄弱论。

格雷呵、哈佩(H. L. Gallagher, F. Happe, 2000)所做的有关"心理理论"神经机制的研究表明,正常个体心理推测的过程可能涉及左内侧前额皮质、前扣带回皮质、靠近前杏仁核的前颞叶区和颞顶交界的颞上沟。其中,左内侧前额皮质在心理化的过程中发挥特别重要的功能。当自闭症谱系障碍儿童和普通儿童同时接受"心理理论"课题的实验时,自闭症谱系障碍儿童组在上述脑区的激活水平明显低于正常被试。这可能就是自闭症谱系障碍儿童缺乏直觉的心理理论,不能换位思考,有效归因、主动地搜索变化情境中的社会含义的原因所在。①

除此之外,在对双侧杏仁核损伤患者的测试表明,他们明显表现出心理推测和执行功能能力偏低,无法根据他人的眼神来揣摩他人的心理,也不能觉察出过失行为。这些临床研究给自闭症谱系障碍儿童"心理理论"薄弱论的神经机制研究提供了佐证:杏仁核应该是影响心理推测能力,尤其是对他人情绪、情感理解能力的重要脑区。

巴伦-考恩等也聚焦杏仁核做了研究。在研究中他们将自闭症谱系障碍儿童与普通儿童进行比较,研究结果表明,在人物情绪识别过程中,自闭症谱系障碍儿童的杏仁核未被激活。他们据此推测,杏仁核、扣带回(区域:BA32、24)、内侧前额(区域:BA9、32)、颞上回(区域:BA22、38)等都是与自闭症谱系障碍儿童心理推测能力薄弱有密切关系的脑区。②

综上所述,基于"心理理论"的研究从行为层面、实验层面走向了大脑神经机制的深层探索历程,在研究过程中所呈现出多样化和生态化的发展趋势开辟了探索自闭症谱系障碍儿童的人际社会信息加工认知过程特点的新途径。当然,由于自闭症谱系障碍儿童尤其是大量低功能自闭症谱系障碍儿童普遍存在言语发展问题,在进行有关心理推测能力的实验中也会遇到许多与言语理解和表达能力以及思维能力相关的问题,使得自闭症谱系障碍儿童的心理理论问题的研究变得更为困难,还需要更多的深入研究。

二、"社会脑"假设

社会认知在儿童的社会化过程中起着极其重要的作用,这种能力在生物种系遗传

---

① Gallagher H L, Happe F, Brunswick N, et al. Reading the mind in cartoons and stories: an fMRI study of theory of mind in verbal and nonverbal tasks[J]. Neuro psychological 2000, 38, (1):11-21.

② Barorr-Cohen S, Ring H, Wheelwright S, et al. Social intelligence in the normal and autistic brain [J]. An fMRI European Journal of Neuroscience, (1999), 11, 1891-1898.

上形成的生物学意义甚至超过了人的一般生理功能乃至语言功能。社会认知在很大程度上依赖于人类的非语言能力，它的进化史远远长于语言功能的建立。在探讨广泛性发展障碍的认知机制时，研究者们提出了社会认知缺陷的观点，认为这种缺陷存在于相对特定的脑神经网络之中。该领域的研究正成为当前发育行为科学和认知科学的重点研究内容，"社会脑"假设便是在这样的背景下被提出的。

(一)"社会脑"概念及功能

"社会脑"的名称只有10年的历史，虽然在海外已有不少的研究者对此进行了多维度的研究，但在我国这一名词尚未进入常用学术语之范畴。"社会脑"映像如图2-7所示。下面就"社会脑"的概念及构成部分做一介绍。

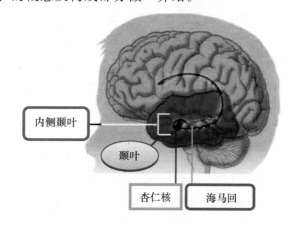

图2-7 "社会脑"映像①

1."社会脑假设"概念

"社会脑假设"(Social Brain Hypothesis)是由布劳什斯(L. Brothers)于1990年提出的一种脑认知进化理论。② 布劳什斯等根据对黑猩猩的认知比较研究发现，包括人类在内的灵长物存在一个认识和理解表情和揣摩意图的神经机制，即"社会脑"。

"社会脑假设"认为，大脑是一个高度复杂的信息处理中枢，在处理人际交互特殊性方面，如语言认知、情感知觉、决策等行为时，大脑的部分领域的大脑皮质都会起到独特作用。

2."社会脑"的基本功能

"社会脑假设"的提倡者认为，在社会交往过程中，"社会脑"承担着了解和观察他人的目的、意图、信念、推测等信息的处理任务，由此，人可以与他人进行有效沟通和交往，所以说"社会脑"在人的社会认知发展中起到至关重要的作用。

---

① 转引自 http://www.mattewtaylorsblog.com/up-contant/2008/12 social-brain.jpg.
② L. Brothers. (1990) The social brain：A project for integrating primate behavior and neurophysiology in a new domain[J]. Concepts Neurosci 1：27-251.

"社会脑"与学习时间、大脑新皮层面积大小以及复杂的社会环境有直接关联。与此同时,储存和利用社会信息的能力可能会被种系相传保留下来,它在种系的生存和发展上有着至关重要的生物学意义。同时这些信息常被利用以应对和适应新环境,因此,"社会脑"的大脑皮层的发展是为了保障人类的生存和适应环境,也因为人类需学习掌握复杂的社会技能而延伸了"社会脑"的生长发育期。

(二)"社会脑"的构成

布劳什斯等人的研究表明,"社会脑"由社会认知的神经网络构成,其中包括眶前额叶皮质、颞上回以及杏仁复合体。社会认知的神经网络除了上述脑区,承担信息处理中枢的还有右侧顶叶、基底神经节、侧顶枕叶联合区等部位。人的面部识别则由较为特定的梭状回(fusiform gyrus)、杏仁复合体以及颞上回(superior temporal gyrus)来执行。犹如人在社会中所编制的网络,"社会脑"其实也是在大脑中的各个区域分布担任了一个作用于处理人际互动中的社会性关系网络。

下面将就"社会脑"的主要部位进行逐一阐述,这部分的内容主要参照陈巍等(2008)"社会脑研究二十年:回顾与展望"一文。[1]

1. 杏仁核

默丽斯(Morris)等(1998)的研究表明,恐惧伴随着杏仁核的活动而产生。这些杏仁核的活动是通过观察脸部的情绪表达所引发,并不是由于情绪本身直接导致。[2] 杏仁核正是通过在认识恐惧等表情的反应后产生活动,从而在人的社会交往中发挥作用。然而,温斯顿等(Winston, et al 2002)在研究中发现,杏仁核的活动并不只产生恐惧,在脸部表现出不信任的表情时,杏仁核同样会被激活。[3] 有研究指出,杏仁核是由于在恐惧的条件反射中起作用而参与到刻板印象的形成过程中。他们在对非人类灵长类的研究表明,杏仁核是尝试着将价值判断和刺激相联系的系统的一部分。这个系统在正面和负面价值判断中都起作用。例如,杏仁核既对引发恐惧与惩罚(负面价值)相关联的事物做出反应,也对与食物和性(正面价值)相关联的事物做出反应。

杏仁核在识别恐惧表情和对令人恐惧事物做出反应的作用之间很可能有着相同的起源。恐惧的表情是一种预示附近存在令人恐惧事物(非条件刺激)的信号(条件刺激),所以给我们呈现一张恐惧的脸将会最终引发我们的一次恐惧反应。杏仁核之所以在社会认知中起作用,是因为它在将价值(正面或负面)与个别或一系列事物相联系的过程中扮演重要角色。

---

[1] 陈巍,丁峻,陈箐灵. 社会脑研究二十年:回顾与展望[J]. 西北师大学报(社会科学版),2008,145(16):84-88.

[2] Morris J S, Friston K J, Buchel C, et al. A neuromodulatory role for the human amygdala in processing emotional facial expressions [M]. Brain,1998,121:47-57.

[3] Winston J S, Strange B A, O'Doherty J, et al. Automatic and intentional brain responses during evaluation of trust worthiness of faces [J]. Nat Neurosci 2002,5:277-283.

2. 后上颞沟/颞顶交界处

脑部的后上颞沟和毗连的颞顶交界处区域是主要关联人的视觉之运动的区域。目前对于后上颞沟和毗连的颞顶交界处的研究主要集中在运动轨迹的预测和观点采择（perspective taking）两大方面。有研究发现，当被试看到他人眼睛运动时，该区域将会被激活，并且其活跃程度受到产生眼睛运动时周围环境的调节。① 由此推论，后上颞沟与运动轨迹的预测有关，而且其活跃程度的增强与预测误差有关。

通过观察他人的眼睛，我们知道他们观看的方向，同时，我们可以从两个观点采择来了解他们看到什么以及怎样看。在第一层观点采择上，我们可以知道他人由于所处的位置，能看到什么和看不到什么；在第二层观点采择上，我们可以知道，他人由于从不同的角度看同一个情景，他们会对这个情景有不同的描述。

塞克西（Saxe）和堪维歇尔（Kanwisher，2003）的脑成像研究②表明，颞顶交界处在被试认识到某人对环境持有错误观点时易被激活。另外，颞顶交界处在我们空间感知自己的身体方面起着重要作用。这一区域存在不正常脑电活动的患者会产生脱离自己身体的体验，在此过程中患者有一种从自身向下看到自己身体的体验。此外，伯莱克（Blanke，2005）等利用经颅磁刺激技术在健康被试身上推断出这一区域的活动会影响某些需要从外界视角来想象自己身体方面任务的执行。③

3. 内侧前额叶皮质

有研究者认为，内侧前额叶皮质的活动与理解他人的任务有关，当一个人必须根据他人的行为去理解其人的行为时，如完成"心理理论"中的"错误信念"实验任务或通过看小说或是卡通人物来推测理解他人心理时都能看到内侧前额叶皮质被激活。④

伊阿柯伯尼（Iacoboni，2004）等人的研究则发现，即使在非实验的情景下，当被试参与实时的社会交往或者仅仅是观察社会交往时内侧前额叶皮质也会被激活，只要这些任务需根据他人现有的观点和意图来预测他们的行为。

4. 其他相关区域

最近的研究进一步认为，在社会认知过程中，对他人的面部识别主要是与脑的棱状回有关，观察眼动视线与颞上回合颞上沟有关，表情与感情识别与杏仁核有关。

总而言之，枕颞叶区负责处理面部知觉和面部表情。杏仁核、前扣带回皮质集中处

---

① Pelphrey K A, Morris J P, Michelich C R, et al. Functional anatomy of biological motion perception in posterior temporal cortex fMRI study of eye, mouth and hand movements [J]. Cereb Cortex, 2005, 15: 1866-1876.

② Saxe R, Kanwisher N. People thinking about thinking people. The role of the temporo-parietal junction in 'theory of mind' [J]. Neuroimage, 2003, 19: 1835-1842.

③ Blanke O, Mohr C, Michel CM, et al. Linking out-of-body experience and self processing to mental own body imagery at the temporo-parietal junction [J]. JNeurosci. 2005, 25: 550-557.

④ Gallagher H L, Happe F, Brunswick, et al. Reading the mind in cartoons and stories: an fMRI study of 'theory of mind' in verbal and nonverbal tasks [J]. Neuropsychologia, 2000, 38: 11-21.

理各种感知,尤其是情绪认知的信息,辨别潜在的危险信号。眶额皮质等脑区负责对各种信息做出判断、决策和监控行为。图2-8生动地表明了当人们接受或使用语言、进行社会知觉和做出决策以及感受情绪时不同的大脑区域被激活的情况。

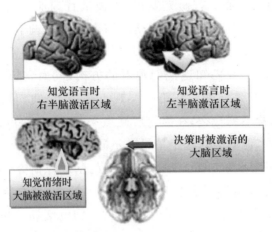

图2-8 在言语过程、决策及情感知觉时大脑介入的区域①

新近神经解剖学研究更明确地指出,视觉中枢的延线上存在专门的"梭状回面孔识认区"。通过事件相关电位(ERP)实验发现,被试对不同的面部进行辨别时,电位活动在170毫秒时呈现梭状回被激活的反应,当只提示确定刺激中哪个是面孔时则该激活反应在100毫秒时出现。

除了上述各个区域,新皮层在"社会脑"中起到了重要作用。顿巴(R. I. M. Dunbar,1998)从人类进化学的角度验证了"社会脑"假设。新皮层虽然一直被认为是实施认知进程的场所,但在他的综述和实证研究中发现,新皮层同样担任了推进那些与推理和知觉相关联的自主选择进程。与此同时,新皮层在"社会脑"假设中所言及的大脑信息形成能力中扮演了重要角色。②

有报道称,新皮层的比率与生物种群团体的大小呈正相关。布鲁纳(M. Bruner)认为,新皮层的大小决定了灵长类在团体中使用"战略性谋略"手段。人在交往过程中,会把对方原有的行为特征以及对方的意图、目的、信念、包括相貌在内的外型体貌等信息储存到大脑的新皮层中,交往越多需要储存的信息量就越大,因此这些信息量与大脑新皮层的大小呈正相关。

(三)"社会脑假设"的相关研究

"社会脑假设"问世以来,已有不少学者运用该理论来进行实验研究。为便于读者对

---

① 根据 Ralph Adolphs. The Social Brain, ENGINEERING & SCIENCENO:2006,No.1:14-19 改编。
② Robin I M Dunbar. The Social Brain Hypothesis Evolutionary Anthropology[M]. Wiley-Liss, Inc,1988,178-190.

"社会脑假设"有一个感性认识,下面将分两个部分加以介绍,一是对普通人的研究,二是对自闭症谱系障碍儿童的相关研究。

1. 对普通人的研究

研究者运用"社会脑假设"理论所进行的研究,其研究对象从新生儿到成年人,年龄的跨度很大。所运用的方法也丰富多样。

(1) 对婴儿的研究

约翰逊(M. H. Johnson,2006)认为,"社会脑"是人类发展的一个重要维度,他运用ERP和fMRI等脑成像研究手段,对新生儿、婴儿和儿童对人脸的知觉过程进行了研究,图 2-9 是婴儿在接受研究的图片。

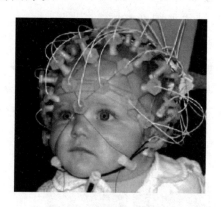

图 2-9　接受脑电图检验的婴儿[①]

在研究中,约翰逊认为对人脸的认知是确定"社会脑"作用的重要途径。因为社会认知首先要借助于眼睛对刺激的注意。因此,他把这种社会性的视觉注视过程细分为相互注视维持、注意追随和共同注意三个方面。

相互注视(mutual gaze)是指当自己把视线指向对方时,对方也把视线指向自己,彼此交换视线;偏离注视(averted gaze)是指当自己把视线指向对方时,对方的视线并未指向自己,而是指向其他的人或物。

注视追随(gaze following)是指当自己觉察到注意偏离,即对方并没有注意到自己时,仍能追随对方的注意指向,例如,儿童追随成人的指向去看某一物体。

共同注意(joint attention)是指对自己和对方注意对象的共同转移和参与。从认知过程上来看,共同注意和注意追随基本一致,但共同注意更涉及个体注视活动时的意图和愿望等内部的心理状态。也可以说,视觉的共同注意是相互注视、偏离注视、注视追随发展的集中表现。在社会认知中发挥重要的作用。

---

① 转引自 Mark H Johnson. Developing a social brain[J]. Journal Compilation C_2006 Foundation Acta Pædiatrica/Acta Pædiatrica 2007,96:3-5.

约翰逊通过对人脸的认知过程的研究,得出了"社会脑"之功能可运用于人类发展中典型或非典型的维度之中的结论。①

(2) 对成人的研究

顿巴(R. I. M. Dunbar,1998)则通过对脑的进化研究发现,"社会脑"不仅是简单地记忆那些来自人际的信息,更是具有熟练控制和操作这些信息的能力。②

珍克等在 2008 年做了一个关于"社会脑假设"的有趣实验研究。在这个实验研究中,让参与者完成两个实验任务。第一个实验任务是参与者自己独自一个人玩,赢了可以拿到钱;在第二个实验任务中,参与者被告知有人碰巧跟他们玩的是同一个游戏,那些人玩得非常好,其成绩超过参与者。珍克用 fMRI 把参与者在两个实验任务时"社会脑"的激活区域记录下来,其结果见图 2-10③。

从图 2-10 中可以清楚地看到,当参与者在完成第一个实验任务时,顶叶皮质被激活,但前顶叶皮质和海马只有些微的激活。然而,在第二个实验任务中,由于参与者所获得的信息引起他们的不快、嫉妒和失落等负面情绪,前顶叶皮质和海马以及椎体这三个部分被大量激活,说明了这三个部分参与到人的情绪认知过程中,从而说明了"社会脑假设"的可信性。

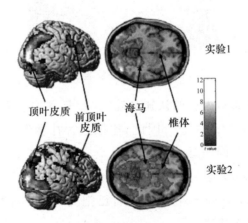

图 2-10 两个实验任务中"社会脑"被激活区域的比较

2. 对自闭症谱系障碍儿童的研究

自闭症谱系障碍儿童的显著特点是社会认知能力不足。如果将他们的自然认知能力和社会认知能力进行比较,就会发现自闭症谱系障碍儿童的社会认知能力明显落后

---

① Mark H Johnson. Developing a social brain[J]. Journal Compilation C _ 2006 Foundation Acta Pædiatrica / Acta Pædiatrica 2007,96:3-5.

② Robin I M Dunbar. The Social Brain Hypothesis Evolutionary Anthropology:[M]. Wiley-Liss, Inc,1998,178-190.

③ 转引自 http://www.sciencefriday.com/newsbriefs/read/171 2008.4.25

于自然认知能力。从目前资料来看,已经有一些研究表明自闭症谱系障碍儿童存在"社会脑"功能障碍。这些研究验证了自闭症谱系障碍儿童"社会脑"的相关区域存在明显的广泛性异常,"社会脑"的激活程度的减低影响了自闭症谱系障碍儿童的社会认知能力的发展。

以阿西维(C. Ashwin)、巴伦-考恩等为代表的研究者,运用"社会脑假设"理论,研究了自闭症谱系障碍儿童缺乏社会认知能力的现象,并进一步提出了自闭症谱系障碍儿童"社会脑"功能障碍的理论。

他们的研究基于这样的理论假设,即人脑中存在一个处理社会认知信息的神经网络系统,其功能是认识和理解在人际交往过程中必须传递和加工的信息,如注视、面部识别、语言理解等方面的信息加工。而自闭症谱系障碍儿童正是由于其"社会脑"的神经传递或被激活的活动区域与普通人不同,从而导致了他们社会性发展的缺失。为了验证这一假设的合理性,他们对高功能或阿斯伯格型的自闭症谱系障碍儿童进行了研究。

通过视觉注视来辨认人的脸部表情是社会认知的重要环节。对新生婴儿的人脸识别的实验发现,新生婴儿有一种与生俱来的注视自己熟悉的面孔(一般是母亲)的能力。相比之下,自闭症谱系障碍儿童在婴幼儿的早期发展过程中,却缺乏这种注视人脸的能力,并表现出明显的"对视回避"。在一项有关"面孔识别测验"的眼动轨迹的实验研究中,获取了以下结果:与普通儿童相比,自闭症谱系障碍儿童的面孔识别多注视人脸的下部而不是像普通儿童那样注视人脸的眼睛;自闭症谱系障碍儿童在辨认正立图形和倒立图形时也没有表现出明显的差异。

阿道夫斯(R. Adolphs)在一项"识别恐怖的脸"实验研究中发现,普通的参与者都主要是以注视人的眼睛和嘴为线索来进行识别,而杏仁核受损的一名女患者并不注视人的眼睛。其结果参见图2-11[①]。

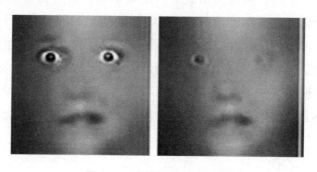

图 2-11 人脸识别的比较图

从图2-11可以看到,"社会脑"中的杏仁核直接影响着个体对人脸的识别,特别是以

---

① R. Adolphs. The Social Brain [J]. ENGINEERING & SCIENCENO,2006,No.1:14-19.

人的眼睛作为识别线索。这给我们以启示：自闭症谱系障碍儿童可能在社会性视觉辨认过程中有不同的加工机制。由此或许可以推测自闭症谱系障碍儿童之所以无法与人视线对视，是因为他们的"社会脑"中的杏仁核部分受损。

库利歇雷（HD Critchiey）等人的研究结果显示：在处理情感信息时，自闭症谱系障碍儿童杏仁核区的激活水平明显低于普通儿童，代之而起的是颞上回激活增强。[1][2]

阿西维和巴伦-考恩等人运用 fMRI 对同属于自闭症谱系障碍的高功能和阿斯伯格症儿童进行了感知人脸恐惧情绪的实验。研究发现这样三个结果：一是他们在感知他人表现在脸上的恐惧情绪时，与控制组的"社会脑"活动区域正好相反；二是当控制组表现出各种不同强度的恐惧时，自闭症谱系障碍组却没什么恐惧表现；三是控制组的大脑激活区域大都集中在左半脑的杏仁核和蝶形额叶，而自闭症谱系障碍组则更多的是在下垂体。[3]

皮尔斯（K. Pierce）和斯库兹（P. T. Schultz）等采用 fMRI 对自闭症谱系障碍儿童和普通儿童进行面部识别的实验研究，结果发现自闭症谱系障碍儿童的梭状体部位激活水平比普通儿童组明显低下，甚至个别儿童的几乎没被激活。同时，颞下回和颞上沟以及杏仁复合体等部位的活动水平比普通儿童的低。

库利歇雷等对自闭症谱系障碍儿童和普通儿童组对人物表情的有意注意和无意注意两种状态下的脑功能进行了 fMRI 检测，结果发现两者有明显的差异：自闭症谱系障碍儿童在处理有意和无意的表情信号时，梭状回均无活动迹象。

巴伦-考恩等用 fMRI 检测自闭症谱系障碍儿童在接受"心理理论"（ToM）推测任务时的脑功能，同样发现他们的杏仁复合体并不像对照者那样被激活。在磁共振 MRI 检测时，自闭症谱系障碍儿童的颞上沟和杏仁核也同样存在特异性异常，正电子发射断层成像术检查也发现这些部位的糖代谢低下。这些部位的发育异常为何会阻碍自闭症谱系障碍儿童的社会化过程呢？巴伦-考恩等认为，普通儿童随着自我意识的成熟，分化和表现出相应的情感，并根据周围的反应来学习和认识自我与他人的感情活动，然而自闭症谱系障碍儿童因脑干和杏仁核等部位发育异常，而无法分化情感发展，从而失去自我意识成熟和学习认识他人情感的机会。在后期社会化环境中虽有学习机会，但由于主司习得和掌握情感活动的杏仁核及其相关神经网络发育异常，无法学习他人的情感活动。[4]

---

[1] H D Critchley, Daly E M, Bullmore E T, et al. The functional neuro-anatomy of social behavior: changes in cerebral blood flow when people with autistic disorder process facial expressions[J]. Brain, 2000,123，(11):2203-2212.

[2] Lane RD, Nadel L., Cognitive neuroscience of emotion[M]. N Y: Oxford University Press,2000:1-10.

[3] C Ashwin, S Baron-Cohen, S Wheelwright, O'Riordan. Bullmore,ET, Differential activation of the amygdala and the 'social brain' during fearful face-processing in Asperger Syndrome[J]. Neuropsychologia, 2007, vol. 45, No. 1:35-51.

[4] 静进.社会脑与孤独症儿童的社会认知[J].中国儿童保健杂志,2004,12(5):420-422.

综上所述,"社会脑假设"的提出有其独特的意义。因为在过去的岁月中,人们以约定俗成的智慧,在认知和神经科学领域假定了脑只进化到能确凿地接受客观世界信息的过程,由此绝大多数的学者都集中在诸如认知的类型、色彩视觉和言辞知觉等特征的研究上。但随着研究的深入,证明了脑已进化到能处理十分重要的社会生态学的问题。"社会脑假设"的提出,不仅使我们能对自己的大脑有新的认识,并且能引导我们对以社会性发展缺陷为主要特征的自闭症谱系障碍儿童的研究在一个全新的领域展开。

这一理论将引导我们在今后的研究中,不仅重视自闭症谱系障碍儿童的自然认知,更要重视他们的社会认知的神经机制研究。与此同时,海外的学者所做的"社会脑"研究,已在一定程度上揭示了自闭症谱系障碍儿童为什么会在视觉、听觉环路完整的情况下会"视而不见,听而不闻"的原因,尤其是对人脸情感的识别和情绪感知等做出了令人信服的解释。我们当奋起直追,在研究自闭症谱系障碍儿童的"社会脑"之特异性的同时,还需更深一层地用科学研究来解明对他们实施早期干预是否能起到修复其"社会脑"的作用。

三、碎镜理论

"碎镜理论"(Broken-mirror Theory),也称为"镜状神经系统功能障碍"理论,是一种从神经生理学的角度来解释动物和人模仿能力不足的假设。"碎镜理论"源于20世纪90年代初,意大利帕尔马大学丽兹沃拉提(Rizzolatti)等人提出了镜状神经元理论和镜状神经系统假设,认为镜状神经系统是动作模仿的神经基础。有些行为研究发现,自闭症谱系障碍儿童存在明显的刻板行为和重复性行为,动作模仿和语言模仿能力偏低,于是相关学者也开始了对自闭症谱系障碍儿童模仿能力和神经基础的研究,并用碎镜理论来解释自闭症谱系障碍儿童动作模仿和语言模仿能力偏低的现象。

(一)镜状神经系统

1992年,意大利帕尔马大学丽兹沃拉提的研究小组[1]在研究猴子的前运动皮质时,偶然发现无论是当猴子有目的地做出某个动作时(如摘水果),或听到一个与动作相关的声音时(如剥花生的声音),都可以在前运动区(F5)测到神经细胞放电现象,甚至当这只猴子看到同伴做出同样的动作时或没有看到只听到声音的情况下,这些神经元也会被激活。研究者便把这类像镜子一样映射别人的动作的细胞称之为"镜像神经元"。后来,研究者逐步发现镜像神经元不仅存在于观察动作的皮质区,也存在于模仿动作的皮质区,因此,该研究小组将这些具有镜像性质的神经元统称之为镜像神经系统(Mirror Neuron System,简称 MNS),也称执行/观察匹配系统。

---

[1] di Pellegrino G, Fadiga L, Fogassi L, Gallese V, Rizzolatti G. Understanding motor events: A Neurophysiological Study [J]. Exp Brain Res 1992,91:176-180.

这一发现立刻引发了对人类镜像神经系统的定位研究。1995年,法迪嘎(Fadiga)研究小组[①]使用透颅磁刺激对人类的前运动皮质进行刺激,结果发现,相对于静息状态,人在观察"手抓物体"时,手部肌肉的诱发电位记录也会明显增加。而且,这种动作执行时的肌肉收缩模式与动物的几乎完全相同。因此,法迪嘎研究小组以细胞结构(Cytoarchitecture)为基础,推测猴子的F5区与人类的额叶的垂直盖部BA44/45区(也称为布洛卡区)是同源的。随后对于人类进行模仿任务的几项脑神经成像研究[②③]也都表明,人类不仅在观察他人行为时,也在执行相应的动作时,额叶的垂直盖部(BA44/45)和顶下皮质区(即镜像神经系统),表现出选择性地被激活,充分证明了人类动作模仿的神经基础也是镜像神经系统。

(二)相关研究

相关研究主要从两个方面来进行,一是研究普通儿童的模仿能力,二是分析自闭症谱系障碍儿童的模仿特点。

1. 儿童的模仿能力

发展心理学的研究发现,正常发展的新生婴儿就会简单地模仿父母的声音和动作。在日常生活和学习过程中,模仿是很普遍的现象,但对人的发展具有举足轻重的意义,是个体学会许多复杂行为方式的必由之路。

早在1898年,美国心理学家桑代克(E. L. Thorndike)从行为主义的角度明确地提出了模仿的概念,认为模仿是通过观察他人行为而复制性学习新动作的过程。从认知心理学的角度来看,模仿是从信息的输入(观察)到输出(执行)的一致性的活动过程。这种一致性可分解为感觉编码和动觉编码的一致性。除了动作的模仿之外,瑞士的认知心理学家皮亚杰指出了模仿在语言学习中的核心作用。他曾详细地描述了模仿在儿童感觉运动阶段的发展过程。在皮亚杰的影响下,开展了一系列的有关模仿能力发展水平的研究。

2. 自闭症谱系障碍儿童的模仿特点

首次发现自闭症谱系障碍儿童的模仿能力偏低并进行详细记录的是一个自闭症谱系障碍儿童的家长。1972年,德麦耶(DeMyer)等人的研究表明,3~7岁的自闭症谱系障碍儿童的身体模仿和驾驭物体的水平明显低于控制组。1991年,罗杰斯(Rogers)和潘尼通(Pennington)在梳理了相关研究的基础上,借用自我—他人投射理论来说明自闭

[①] Fadiga L, Fogassi L, Pavesi G, et al. Motor facilitation during action observation: a magnetic stimulation study [J]. Journal of Neurophysiolgy. 1995, 73: 2608-2611.

[②] Decety J, Chaminade T, Grezes J, Meltzoff AN. A PET exploration of the neural mechanisms involved in reciprocal imitation[J]. NeuroImage 2002, 15: 265-272.

[③] Iacoboni M, Woods RP, Brass M, Bekkering H, Mazziotta JC, Rizzolatti G. Cortical mechanisms of human imitation [J]. Science, 1999, 286: 2526-2528.

症谱系障碍儿童模仿能力的不足。

为了探索镜像神经元系统在模仿和移情中所发挥的作用,有项研究要求 10 个高功能自闭症谱系障碍儿童和 10 个普通儿童观察和模仿 80 张表示生气、恐惧、幸福、中性、难过等不同类型的情绪情感的面部表情照片。结果发现,自闭症谱系障碍儿童在模仿和观察面部情绪表情时,与正常组相比表现出镜像神经系统皮质活动的下降。而且,进行任务时镜像神经区域的活动水平与儿童的自闭症谱系障碍严重程度表现出显著的相关。

还有研究发现,当人在观察和进行模仿动作时,位于额下回的岛盖部和喙后顶叶皮质被明显激活。[1][2] 但在对模仿动作的比较研究时却发现,自闭症谱系障碍儿童在额下回的岛盖部没有显示出被激活。因此,或可用镜状神经系统功能障碍理论来解释自闭症谱系障碍儿童模仿能力缺陷和语言发展障碍。

为了验证"碎镜理论",陈光华对自闭症谱系障碍儿童的模仿能力进行了系列研究,并在中国人的脑功能成像中验证了自闭症谱系障碍儿童镜状神经系统功能障碍理论。[3] 这一脑功能成像的研究分别从手部动作观察与模仿任务、面部动作观察任务,有/无意义观察任务等方面,比较了自闭症谱系障碍儿童与正常人大脑皮质的相关脑区的激活情况。研究发现,在所有的观察任务中,正常被试的前运动区和顶下皮质都有相似的激活,但自闭症谱系障碍儿童却没有。由此验证了镜状神经系统的存在;研究结果还表明,在上述三个实验任务的完成过程中,自闭症谱系障碍儿童的镜状神经系统的激活水平都低于普通被试,从而支持了自闭症谱系障碍儿童镜状神经系统发生障碍的"碎镜理论"。但是研究者也认为,自闭症谱系障碍儿童模仿能力不足,除镜状神经系统发生障碍之外,也还可能与其他的认知缺陷有关,也可能涉及更复杂的分布式网络脑功能区的异常。

综上所述,这些研究数据都得出了一个共同的结论,即自闭症谱系障碍儿童在模仿上的缺陷与其大脑的镜像神经系统紧密相关,在社会认知任务中起着重要作用的镜像神经区域的损伤可能是表明自闭症谱系障碍儿童症状的有效生物标记之一。

本章小结

上述几种理论,虽然都从不同的角度来解释自闭症谱系障碍儿童在非社会性和社会性信息加工的认知特点和神经基础,但这些理论或假设之间存在着复杂的内在联系。

---

[1] Rizzolatti G,Craighero L. The mirror neuron system[J]. Annu Rev. Neurosci,2004,27,(2):283-291. and the consequences of its dysfunction(J) Nat Rev. Neurosci.

[2] Marco L,Mirella D. The mirror neuron system and the consequences of its dysfunction[J]. Nat Rev.

[3] 陈光华."自闭症谱系儿童模仿能力系列研究"[D]. 华东师范大学博士论文文库,2009.

如前所述,"社会脑"的神经机制与心理理论的神经机制有许多重合之处;儿童的心理推测能力发展水平的差异也可能和执行功能发展水平的差异互为因果。也可能正是因为自闭症谱系障碍儿童不能抑制"眼见为实"的现实和想法等执行功能的局限性,才不具备推测他人想法的能力。此外,我们通过前面的阐述,也清楚地看到,即使将"弱中心统合"理论和执行功能障碍理论归于非社会性的信息加工,"心理理论"薄弱论、"社会脑"假设理论和"碎镜理论"归属于人际社会信息加工范畴,但这两大类的5个理论均有着千丝万缕的联系。由此可见,形成自闭症谱系障碍儿童认知特点的原因是多方面的,原因也是非常错综复杂的。因此,我们需谨慎地理解和运用上述各个理论,从任何一种单一的理论或假设来解释自闭症谱系障碍儿童的发展障碍都可能是不全面的。所以,我们有必要将上述的各个理论融会贯通,来立体地设计各项研究方案,对自闭症谱系障碍儿童的社会认知进行全方位的探讨。

 思考与练习

1. 有关自闭症谱系障碍儿童非社会性加工信息的主要理论有哪些?
2. 有关自闭症谱系障碍儿童社会性加工信息的主要理论有哪些?
3. 社会性加工信息的三个理论的内在关联何在?
4. "心理理论"薄弱论的主要观点是什么?
5. "社会脑"主要由哪些部位构成?

第3章 自闭症谱系障碍儿童的社会认知特点

学习目标

1. 希望通过本章学习,知晓自闭症谱系障碍儿童在共同注意行为上表现出来的特征。
2. 了解他们在自我认知方面的特点以及对他人进行认知的入口——面孔认知的神经基础和行为上的特征。

社会认知,是指以社会生活为背景、在人际关系中对自我及他人所进行的认识和知觉。社会认知是个体在社会化发展中的重要心理基础。相比于自然认知,自闭症谱系障碍儿童在社会认知上显得十分薄弱。

社会认知(Social cognition),是一种人际的认知。在此,为区分以对物体的注意、感觉和知觉为主的心理活动,主要聚焦于在活生生的社会生活背景中,自闭症谱系障碍儿童对自己和他人的认识及知觉。众所周知,要对自我和他人进行认识和知觉,必须有一个重要的外显性行为,那就是共同注意。因此,在本章中将着重探索分析自闭症谱系障碍儿童共同注意的特征,辨别他们在进行自我认知时的心理能力,了解他们徘徊在对他人认知的入口处——面孔认知的神经生理机制和行为表现特点。

第1节 共同注意发展特点

共同注意是人通过心灵的窗户——眼神之交汇,交流各自意图和兴趣的重要行为,是社会认知的重要基础。许多研究已经表明自闭症谱系障碍儿童在共同注意上存在缺陷,进而论证了这是阻碍他们社会化发展的重要原因之一。本节将从三个维度来探明自闭症谱系障碍儿童在共同注意上的特点,先从一般特点分析入手,继而将从实验结果来分别探讨其应答性和自主性共同注意的特点。

一、共同注意的一般特点

共同注意(joint attention)行为,是指与他人共同对某一对象或事物加以注意的行为。形成共同注意是儿童进行信息表征所必须具备的条件,也是心理理论的发展前提。

普通儿童在出生后 10 个月左右起就具备共同注意的能力。如在第 2 章中介绍心理理论假设部分已经陈述的那样,巴伦-考恩(Baron-Cohen,1995)在他的模块论中,已反复强调了共同注意机制的功能,因为这是察看他人和自己的注意指向是否一致的功能。所以巴伦-考恩认为,共同注意机制在儿童的认知发展和整个心里发展中都是一个重要的机制。

(一)普通儿童的发展规律

近年来,自闭症谱系障碍儿童的共同注意行为障碍受到了研究者们的特别关注。

布鲁纳(Bruner,1983)将普通儿童的共同注意行为的发展分为两个阶段。

第一个阶段是出生 2 个月以后,婴儿能追随养育者的视线。在这个阶段中,婴儿与养育者能注意共有,如图 3-1 所示,这是直线形的"婴儿—养育者"的两者间的共同注意,这种注意共有的主导权掌握在养育者手里。

图 3-1 第一阶段"婴儿—养育者"共同注意[①]

图 3-2 第二阶段:"婴儿—对象—养育者"的共同注意

第二个阶段是出生 6～7 个月以后,婴儿能与养育者一起注意某一物体或现象,这就标志着已形成了比较完整的共同注意行为。这个阶段的共同注意行为与第一阶段有质的区别。此阶段是三角形的"婴儿—对象—养育者"三者间的共同注意,参见图 3-2。

如图 3-2 所示,这个阶段注意共有的主导权掌握已从养育者手里转到婴儿手里。更为重要的是,出生 10～12 个月以后,如图 3-3 所展现的,婴儿获得了指点行为(pointing),这个行为可用来唤起对方的注意,是儿童掌握共同注意主动权的重要标志。

---

① 该图转引自 www.psychologytoday.com/files/u45/father&baby.jpg.

图 3-3 指点行为是共同注意行为的重要代表[①]

在共同注意行为中具有代表性的指点行为被认为是言语发展的前身,有不少学者就此展开了深入研究。巴铁司(Bates,1976)将儿童的指点行为分为原命令形(proto imperative)和原叙述形(proto declarative)两大类。所谓原命令形,是指儿童通过动作或手势直接指向自己想要的东西或事物,借此来表达自己的欲望和内心的需要,这种指点行为也被称为要求性指点行为。原叙述形,是指为唤起他人对东西或事物的注意而产生的动作或手势,这种指点行为被称为叙述性指点行为。与视线接触一样,这两种含义的指点行为是儿童处于前言语阶段,即能用口头言语来表达交流之前所处阶段的重要交流行为。由此,视线接触与指点行为构成的共同注意,已成为早期筛查自闭症谱系障碍儿童的最重要指标。

(二)自闭症谱系障碍儿童的主要特点

共同注意行为的有无是判断和甄别自闭症谱系障碍儿童与其他发展障碍儿童的要素之一。1980年以来,对自闭症谱系障碍儿童共同注意行为的研究主要集中于三个方面:共同注意行为发生的特点;共同注意行为中存在的特殊问题;共同注意行为特殊问题产生原因。

1. 共同注意行为发生的特点

从众多的研究发现,自闭症谱系障碍儿童在共同注意行为上的特点用一个字来概括,那就是"少"。乌杰瑞和西格曼(Ungerer & Sigman,1981)根据布鲁纳和西尔乌德(Bruner & Sherwood,1986)的分类,将儿童的非言语交流行为分为"要求行为"、"社会相互作用行为"和"共同注意行为"。通过设定主题的半结构场面的设定,对自闭症谱系

[①] 该图转引自 www.champuru.net/.../2009/09/2009-09-04b1.jpg。

障碍儿童和弱智儿童的这三种行为的出现频度进行观察记录。结果发现,自闭症谱系障碍儿童在"要求行为"和"社会相互作用行为"上与弱智儿童之间的差异并未达到统计上的显著水平,只有"共同注意行为"的出现频度明显地少于弱智儿童,其差异达到了显著水平。

这一情况在其他研究中也得到了验证。如穆迪等(Mundy et al,1987)在研究中发现,自闭症谱系障碍儿童的共同注意行为的出现率明显少于弱智儿童,其差异达到了显著水平。别府(2001)在对15名自闭症谱系障碍儿童与普通幼儿比较的研究中发现,自闭症谱系障碍儿童当心理年龄发展到一定阶段后,能获取应答性的共同注意行为,但是,如伴有对他人认知的情况,则会表现出一定困难。另一项研究还发现自闭症谱系障碍儿童几乎没有用指点行为来唤起对方对自己感兴趣的对象,如玩具、食物等的注意(周念丽,2006)。

2. 共同注意行为中存在的特殊问题

对人的注意是人类进入社会生活的第一步。为了理解他人传达出来的信息,人必须在专注于社会情景的同时专注到说话者的言语、面部表情、音调和肢体语言。如果缺乏这样的对人注意,个体就难以全部理解所有交流信息。在这关键的第一步,自闭症谱系障碍儿童就显出其薄弱一面。哈麦林和奥·柯那(Hermelin & O'Conner,1985)对自闭症谱系障碍儿童和与他们智力发展相当的儿童进行了"定位反应"实验。所谓"定位反应",就是对人的注视或想接近的意愿大于对物的注视或接近的反应。研究结果表明,自闭症谱系障碍儿童的定位反应,不仅在频度上,而且在时间长度上都远远地少于或低于对照组的儿童。

研究还表明,自闭症谱系障碍儿童在共同注意中由于这种对人注意的缺乏,引起参照性视线缺失以及社会趋向性注意的不足。

(1)参照性视线缺失。布鲁纳(Bruner,1983)的研究结果发现,自闭症谱系障碍儿童很少有与成人进行视线的参照注意。穆迪、西格曼和卡沙丽(Mundy, Sigman & Kasari,1990)对3~6岁的自闭症谱系障碍儿童进行了系列研究,其结果发现自闭症谱系障碍儿童不仅对唤起他们注意的手势和语言均无反应,也没有自发地引起他人注意的行为,并发现自闭症谱系障碍儿童与实验者之间没有任何的一会看人,一会看物的"人与物"交互性的参照视(referential looking)行为。

(2)社会趋向性注意不足。道孙首先提出自闭症谱系障碍儿童存在"社会趋向性注意损害"一说,意指这些儿童不能自觉地注意周围环境中自然发生的社会刺激。他们在研究中发现,自闭症谱系障碍儿童早在婴儿阶段就表现出社会趋向性注意方面的不足。他们在实验中对自闭症谱系障碍儿童、唐氏综合征和正常发育的普通儿童的社会趋向性注意做了比较。在实验中观察这三组儿童对社会刺激(呼唤名字和拍手)和非社会刺激(卡嗒声和音乐玩具)的注意倾向,发现与唐氏综合征和正常发育的普通儿童相比,自闭症谱系障碍儿童表现出对社会和非社会刺激都不太注意,但对社会刺激更是毫无反应。由此,他们认为社会趋向性注意的损害可能是影响自闭症谱系障碍儿童接受适当的社会刺激的主要原因。

3. 共同注意行为特殊问题产生原因

一些追踪研究发现,自闭症谱系障碍儿童之所以缺乏共同注意行为,特别是原叙述形共同注意行为,其原因可能在于言语能力的低下和对他人理解的缺乏。

库西欧(Curcio,1978)根据巴铁司(Bates,1976)的原命令形和原叙述形的分类,通过自然观察法,在教室里对12名尚无语言能力的自闭症谱系障碍儿童的非言语交流行为进行了为时1小时的观察记录。其研究结果表明,12名受试儿童中都发生了原命令形行为,而原叙述形行为的发生率为0。

巴伦-考恩(Baron-Cohen,1989a)对20名6~16岁高功能自闭症谱系障碍儿童与唐氏综合征儿童所进行的实验结果也表明,两组儿童在原命令形行为上没有差异,而在原叙述形行为上,只有2名自闭症谱系障碍儿童对此有所反应。

综上所述,我们可以了解到"缺"与"少"这两个字概括了自闭症谱系障碍儿童在共同注意行为上的特点和问题所在。其原因除了前面章节所阐述的生理原因,还有其深层的心理甚至是社会原因。因此,通过本节的学习,我们不仅要知道自闭症谱系障碍儿童在共同注意上存在的问题,更需思考如何提高他们在共同注意方面的能力。

二、应答性共同注意特点

应答性共同注意行为,在此是指当有他人用视线、手势或语言等外界刺激唤起个体注意时,个体用"瞥"、"注视"和"追视"等视觉行为以及用食指来指点等做出的回应性行为。在本节中将以报告两个实验结果来探索自闭症谱系障碍儿童在应答性共同注意方面的特点。

(一) 应答性共同注意的作用

在对自闭症谱系障碍儿童的社会认知发展的研究中,"应答性共同注意"已作为一个重要概念而备受关注。应答性共同注意被认为是心理理论的发展前提。如第2章所述,巴伦-考恩(Baron-Cohen,1995)在他的心理理论的模块论中,反复强调了共同注意机制的功能,因为这是察看他人和自己的注意指向是否一致的功能。巴伦-考恩认为共同注意机制在儿童的认知发展和整个心理发展中都是一个重要的机制。

应答性共同注意是儿童在前语言阶段与他人进行社会交互作用的重要手段,因为应答性共同注意能力的获得,意味着他们能知觉和判断他人的行为和发出的信号,并通过准确理解这些信号的含义来调节自己的注意和行为,从而能更好地适应环境。

应答性共同注意不仅是儿童言语发展的前身,与日后的语言发展密切相关,还与自闭症谱系障碍儿童的自我认知发展以及装扮游戏能力有着关联。在先行研究中发现,普通儿童在出生后8~11个月,应答性共同注意能力就会逐渐提高,9个月是显著发展时期,而自闭症谱系障碍儿童应答性共同注意能力的获得明显滞后,发生频率不仅远远低于心理年龄相近的普通儿童,还低于心理发展水平相似的弱智儿童和有语言障碍的儿童。

因此,应答性共同注意行为的欠缺,不仅作为区分和判别自闭症谱系障碍儿童与其他发展障碍儿童的重要指标,还被看做是自闭症谱系障碍儿童社会认知发展迟缓的重要原因之一。

上述研究表明了应答性共同注意是研究自闭症谱系障碍儿童,特别是尚处于前语言阶段发展水平的自闭症谱系障碍儿童的社会认知发展的重要切入点,给人以启发。

对这样一个重要的心理发展指标,却很少有研究深入探索自闭症谱系障碍儿童在应答性共同注意与其他儿童的主要差异具体表现在哪些方面?即使是同样的自闭症谱系障碍儿童,在不同的唤起条件下,他们的应答性共同注意发生频率是否会有所改变?自闭症谱系障碍儿童的应答性共同注意与自身情绪之间有何关联?我们就以上这些问题,进行了下述研究。

(二)应答性视线接触与指点行为的关联研究

为发现自闭症谱系障碍儿童的应答性视线接触与指点行为与对照组的异同点,找出易于唤起自闭症谱系障碍儿童应答性视线接触的因素,探究自闭症谱系障碍儿童应答性视线接触与指点行为的关联因素,进行了下述研究。

1. 方法

通过心理测试,将与6名自闭症谱系障碍儿童心理年龄匹配的6名弱智幼儿和6名普通幼儿作为对照组,把食物和玩具作为唤起材料,将"语言唤起"、"指点唤起"和"语言+指点唤起"作为唤起手段,唤起材料和手段同为自变量,把追视和注视及指点行为作为因变量,采用自闭症组、弱智组和普通组(组别3)×食物和玩具(唤起材料2)×语言唤起、指点唤起和语言+指点唤起(唤起手段3)的混合实验设计进行了实验。

在参与实验儿童所熟悉的幼儿园一间安静的房间内,将他们最喜欢的食物和玩具交错摆放于高度约140cm的木橱之上,他们都需稍仰视才见。

由参加实验儿童所熟悉的老师把他们逐一领入房间,用以下三种方法唤起他们的注意:① 语言唤起:主试只用语言,按序说出食物和玩具的名称。② 指点唤起:主试只用右手的食指按序指点食物和玩具。③ 语言加指点唤起:主试用语言和指点,同时按序说出和指点食物和玩具。这三种唤起条件随机地对三组各施行2次。

2. 结果

实验所获结果,将分两部分呈现,一类是追视,一类是注视。

(1) 自闭症谱系障碍儿童组与对照组的应答性追视行为比较

"追视"是指受试儿童刚被唤起注意时的视线接触。以每种实验条件的起始 6 秒为分析内容。表 3-1 是三组受试儿童的应答性追视的平均值和标准差的比较结果。

因弱智组和一般组儿童都作为对照组进行实验对比,所以此处的 T 检验都是以自闭症组为主,分别与对照组之间进行两两组间比较。

表 3-1 幼儿应答性追视行为的平均发生率

组别①	语言唤起		指点唤起		语言加指点唤起	
	M	SD	M	SD	M	SD
AU	0.069	0.064	0.108	0.106	0.042	0.046
MR	0.073	0.079	0.113	0.114	0.060	0.072
T	0.106	0.113	0.136	0.118	0.103**	0.103

注:此处发生次数以每 3 秒为 1 单位计算。编码时间长度为起始的 15 秒。

** $p<.01$,为与 AU 组(自闭症)比较 T 检验所得结果。

表 3-1 的结果表明,不管哪种唤起条件,AU 组(自闭症)追视行为的平均发生率都最低。但是,除了在"语言加指点"的唤起条件下,AU 组(自闭症)的追视行为平均发生率与 T 组(普通儿童)之间的差异达到 $p<.01$ 的显著水平外,在其他两种条件下与普通儿童组的差异都未达到显著水平。而与弱智组的差异更是微乎其微。

(2) 自闭症谱系障碍儿童组与对照组的应答性注视行为比较

"注视"是指一直跟随着实验者去看食物或玩具的视线接触。以每种实验条件起始的第 16 秒至 120 秒为分析内容。

表 3-2 为三组幼儿的应答性注视的平均值和标准差以及 T 检验的结果。

与对"追视"行为的分析相同,此处所进行的 T 检验也都是将 2 个对照组分别与自闭症谱系障碍儿童组之间进行两两组别的检验。

表 3-2 三组幼儿应答性注视发生率的平均值和标准差

组别	语言唤起		指点唤起		语言加指点唤起	
	M	SD	M	SD	M	SD
AU	0.076	0.084	0.060	0.058	0.110	0.071
MR	0.137	0.139	0.127*	0.141	0.148	0.120
T	0.123	0.131	0.109	0.128	0.125	0.118

注:此处发生次数以每 3 秒为 1 单位计算。编码时间长度为 105 秒。

* $p<.05$,为与 AU 组(自闭症)比较的 T 检验结果。

表 3-2 的结果也表明,自闭症谱系障碍儿童的注视发生率都低于对照组,并且在"语

---

① 以下实验结果均以"AU"指代自闭症幼儿组、"MR"指代弱智幼儿组、"T"指代一般幼儿组

言"和"指点"两种唤起条件下都显著低于弱智儿童($p<.05$),但在三种唤起条件下,和T组(普通儿童)之间都没有显著水平上的差异。

(3) 应答性指点行为的组间比较

应答性指点行为,是指被唤起注意后跟随着主试用手去指点相应的食物或玩具的行为。该实验以每种实验条件起始至120秒为分析内容。图3-4显示了三组幼儿应答性指点行为的比较结果。

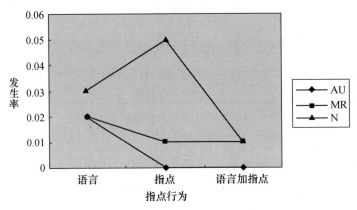

图3-4 三组幼儿应答性指点行为的比较

如图3-4所示,AU组(自闭症)的应答性指点行为的发生率远远低于对照组,特别是在"指点"以及"语言加指点"两种唤起实验条件下其指点行为的发生率都为0。从F检验的结果来看,在这两种实验条件下,与MR组(弱智)差异都十分显著($p<.01$)。然而在"语言唤起"的条件下,AU组(自闭症)的应答性指点行为的发生率与MR组(弱智)的发生率却是一样的。

(4) 唤起自闭症谱系障碍儿童应答性视线接触的因素比较

用单因素的分析方法,将在"语言"、"指点"和"语言加指点"三种唤起条件下的"追视行为"和"注视行为"在自闭症谱系障碍儿童组内进行了比较,结果见图3-5。

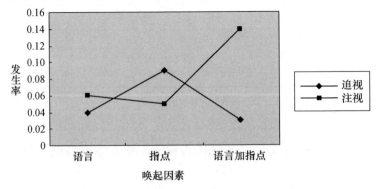

图3-5 自闭症谱系障碍儿童的应答性视线接触

从图 3-5 中看到,三种唤起条件对 AU 组(自闭症)的"追视行为"与"注视行为"的发生有不同影响。

对于追视行为,"指点"的效果最为明显。AU 组(自闭症)在此条件下的追视行为的平均发生率为 0.085,而其他两种条件下的发生率分别为 0.040 和 0.025。在 F 检验中未能发现这三个因素之间的显著差异,但从图中可以清楚地看到这种区别。

对于注视行为,则"语言加指点"最有效。AU 组(自闭症)在此条件下的注视行为的平均发生率为 0.140,而其他两种条件下的发生率分别为 0.055 和 0.050。

(5) 幼儿的情绪与应答性共同注意行为的关联

将三组受试儿童在三种唤起条件下的"追视行为"、"注视行为"以及"指点行为"的总平均发生率与他们在实验中所表现出来的积极情绪和消极情绪的平均发生率进行相关分析,得出以下结果,见表 3-3。

表 3-3　幼儿的应答性共同注意行为与情绪的相关系数

	积极情绪	消极情绪
追视行为	0.11	−0.17
注视行为	0.68****①	−0.40*
指点行为	0.09	−0.18

****　$df = 16, p < .01$

*　　　$df = 16, p < .10$

表 3-3 的结果表明,幼儿的注视行为和积极情绪有很强的正相关关系,因为相关系数高达 0.68。而注视行为同消极情绪却有着较强的负相关关系,其相关系数为 −0.40。表 3-3 已说明这两个相关系数分别在 $p < .01$ 和 $p < .10$ 的水平上有着显著性。

如前所述,在小样本中最易犯的是 Ⅱ 型错误,而在此注视行为与积极情绪之间的相关系数能拒绝 $H_0: \rho = 0$ 的原假设,足可见注视行为与积极情绪之间的关联性之强。

从上述三个实验中,获取了 3 个非常有意义的结果。

首先,自闭症谱系障碍儿童并非没有共同注意行为。从对三组受试儿童进行的应答性视线接触的结果分析中可以看到,当接受到唤起注意的刺激后,自闭症谱系障碍儿童并非完全处于无动于衷的状态。从"追视行为"的平均发生率来看,AU 组(自闭症)确实都低于对照组的幼儿,但是,与弱智儿童之间并没有十分显著的差异;而从"注视行为"的平均发生率来看,AU 组(自闭症)也确实都低于对照组的幼儿,但是与普通儿童之间并没有十分显著的差异。这样的结果对"自闭症谱系障碍儿童几乎没有视线接触"的定

---

① 积差相关系数显著性临界值分为 $\alpha = .10 \ .05 \ .02 \ .01$(张厚粲《心理与教育统计学》,1993,p.481)据此给 $\alpha = .10^*$,余依此类推。

论是个反证。

其次,不同的因素对自闭症谱系障碍儿童应答性视线接触会产生不同的影响。从所得结果来看,要唤起自闭症谱系障碍儿童的"追视行为",他人的指点行为较为有效。特别是对于心理发展水平低下的年幼的自闭症谱系障碍儿童来说更为有效,因为相对于抽象的口头语言,他们更容易被形象可视的肢体语言所吸引。与此同时,我们看到要保持自闭症谱系障碍儿童的共同注意,则语言和指点的合力显得更为有效。对这些虽然没有口头的表达性语言,但可能已有了一定的接受性语言能力的自闭症谱系障碍儿童来说,要使他们能够保持较长时间的共同注意,有形与无形的语言合在一起,能更好地增加他们共同注意行为的发生频率。

再次,共同注意行为与情绪密切相关。从实验结果中,我们看到自身情绪对幼儿的注视行为有着十分密切的关联。积极情绪会促进他们的应答性注视行为的产生,反之,消极情绪会抑制这样的行为产生。心理理论学家只论及共同注意行为与生理机制或社会经验有着密切的关系,而这个实验结果发现了又一个相关变量。

这三个结果都给今后的教育干预带来了启发,那就是自闭症谱系障碍儿童并非从不与人视线接触。这预示着对他们进行干预的可行性。在干预中,要尽可能以肢体动作来引起他们的注意,同时,用"语言"和"指点"同时进行干预,或许会取得更好的效果。更为重要的是,在日常生活中,要使自闭症谱系障碍儿童有更多的积极情绪,因为只有当他们有好心情时,他们的共同注意行为才会发生并保持较长时间。

(三) 应答性视线接触与追视行为实验研究

共同注意行为中有两个代表性行为,一是视线,二是指点。在上述实验中只考察了指点行为和语言的作用,而没有将"视线"作为自变量加以考察。上述实验虽然发现自闭症谱系障碍儿童的"追视行为"和"注视行为"的发生率都低于弱智幼儿,但在"追视行为"上没有显著差异,而在"注视行为"上却有显著差异,其原因何在?为了进一步探索他人视线对自闭症谱系障碍儿童的应答性共同注意行为的影响,并找出自闭症谱系障碍儿童与弱智幼儿在追视行为上的相异之处,进行了本实验。

1. 方法

参与者与上述实验基本相同,只是自闭症谱系障碍儿童和弱智幼儿各少1名。将教师的视线加语言以及8个玩具作为自变量、受试儿童的追视行为作为因变量。在参与实验儿童所熟悉的幼儿园一间安静的房间内,将受试儿童最喜欢的4个玩具和4个一般玩具放在房间的四个角落,参见图3-6。

由参加实验儿童所熟悉的老师把他们逐一领入实验者预先布置好的房间相对而坐。老师手握着受试儿童的手,以较缓慢的语调说出玩具的名称,同时将视线移向所说的玩具。每一个玩具说两遍,所说顺序随机,共16次。

图 3-6　实验材料与主受试儿童的位置

实验者同另一观察者都手握秒表,进行观察记录。

用 6 级评分标准对受试儿童的 16 次反应做出即时测评。无追视为"0";瞥主试一眼为"1";随主试的目光转移但在 3 秒以内为"2";随主试的目光转移但在 5 秒以内为"3";随主试的目光转移但在 7 秒以内为"4";完全随主试的目光转移为 5。

实验者与另一观察者将各自的评分进行核对,一致率达到 90%。不一致的地方根据协议再评分。

2. 结果

图 3-7 是根据自闭症谱系障碍儿童组与弱智幼儿组在实验中的反应,将其归类后所得次数反应的数据分布图。

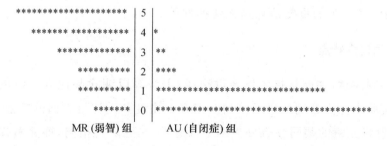

图 3-7　自闭症和弱智幼儿的视线追视反应次数分布图

图中的树干部分,是判定追视反应的 6 级标准,而两边的树叶则分别显示了自闭症谱系障碍儿童与弱智组幼儿的追视反应次数。一个"*"代表一次反应。

图中 AU 组的"0"反应发生次数为 41 次,而"瞥"一下主试的"1"反应的发生次数为 32 次,这两者相加的发生次数占本组总反应次数的 91%。

与此形成对比的是，MR 组中，与主试视线完全一致的"5"反应发生次数为 21 次，而"4"反应的发生次数为 18 次，这两者相加的发生次数占总反应次数的 49%。后面的三个由 3 级到 0 级的追视反应次数，则依次为 14、10、10 和 7。也就是说，"0"和"1"的追视反应次数只占本组总反应次数的 21%。

结果分析可以做出这样两个推论：第一，在唤起自闭症谱系障碍儿童的应答性共同注意时，他人的"视线行为"效果不如"指点行为"。因为从"树干和叶"的次数分布图来看，AU 组（自闭症）的无反应次数总计达 41 次之多，而 MR 组（弱智）的该项反应次数只有 7 次。在总反应数 80 次当中，AU 组所占比例达 51%，而 MR 组（弱智）的比例只有 8%。两者比例十分悬殊，可是在上述应答性视线接触与指点行为的关联研究中的实验中的三种唤起条件下的追视行为均无如此显著差异。

本实验中的"视线加语言"唤起条件与上述实验中的"指点加语言"条件的性质相同。然而，上述应答性视线接触与指点行为的关联研究中的实验中的"语言加指点"条件下 AU 组（自闭症）与 MR 组（弱智）的追视行为平均发生率分别为 0.042 和 0.060。

第二，AU 组（自闭症）与 MR 组（弱智）在视线接触行为上的主要差异在于持续性。

从次数分布图中可以清楚地看到，AU 组（自闭症）的次数分布集中于"0"与"1"反应。"0"反应的原因上面已做了推测，而"1"反应的发生次数为 32，占总反应次数的 39%，则说明 AU 组（自闭症）的幼儿，即使有共同注意行为，但持续时间大都在 1~2 秒之间。这就说明了在上述应答性视线接触与指点行为的关联研究中的实验中，为什么与 MR 组（弱智）儿童在"追视行为"上没有显著差异，而在"注视行为"上的差异都达到显著水平。或许，这个结果可以解释为什么先行研究得出自闭症谱系障碍儿童几乎没有共同注意行为的结论了。因为，如果不是采用微量分析法，自闭症谱系障碍儿童有 1~2 秒的共同注意行为的重要信息是无法捕捉的。

三、自主性共同注意特点

自主性共同注意，在此是指个体通过视线、手势等以期唤起他人注意的行为。在此也将以两个实验来探索自闭症谱系障碍儿童在自主性共同注意方面的特点。

巴伦-考恩将儿童的共同注意分为两个部分，一是元陈述指向，即儿童作为主导者去引发别人的视线接触，而另一类则是注视监控，即儿童追随他人的视线或指点去注视某一对象物。在此将第一种情况称之为自主性共同注意，并作为两个实验的内容。

巴伦-考恩提出了儿童早期发展的 3 个模块：即形成目的和愿望的意图觉察器（Intentionality Detector，简称 ID）模块、控制眼的活动的视觉方向觉察器（Eye-Direction Detector，简称 EDD）模块和共同注意机制（Shared Attention Mechanism，简称 SAM）模块。

巴伦-考恩通过对先天盲童与自闭症谱系障碍儿童的比较实验，发现自闭症谱系障碍儿童的意图觉察器 ID 和视觉方向觉察器 EDD 两个模块的功能发展正常,而共同注意机制 SAM 的功能和完整的心理机制 ToMM 模块的功能发展有缺损,即使是高功能的自闭症谱系障碍儿童也是如此。

布鲁纳(Bruner,1983)认为,婴儿的共同注意发展可分为两个阶段。第一个阶段是追随他人视线阶段,第二个阶段则是引发他人注意阶段,因为婴儿获得了指点行为,可用来表示共同注意行为。自闭症谱系障碍儿童特有的共同注意行为障碍一般出现在第二阶段,也就是说他们很少能用指点行为来指向或向对方显示自己感兴趣的对象(如玩具),也很少与成人进行视线的参照注视(referential looking)。

上述理论阐述了儿童的共同注意发展特点,也证实着自闭症谱系障碍儿童缺乏自主性共同注意。研究自闭症谱系障碍儿童共同注意的论文,大都将自闭症谱系障碍儿童作为接受者来探讨其应答性共同注意的特点,而鲜有将他们作为共同注意的主导者而研究其自主性共同注意特点。鉴于此,我们在实验中将自闭症谱系障碍儿童作为共同注意行为的主导者,并与和他们心理年龄相近的正常和弱智儿童对比,通过实验来探索他们的自主性共同注意特点。

(一) 自发性视线接触与指点行为的实验研究

为找出自闭症谱系障碍儿童的自发性视线接触[①]和指点行为与对照组的异同点、探寻自闭症谱系障碍儿童自发性视线接触与指点行为的内在关联和与自主性共同注意行为的关联因素,特进行了该实验研究。

1. 方法

通过心理测试,将与 6 名自闭症谱系障碍儿童心理年龄匹配的 6 名弱智幼儿和 6 名普通幼儿作为对照组,把食物和玩具作为唤起材料并作为自变量,把自发性视线接触及指点行为作为因变量,采用自闭、弱智、普通(组别 3)×食物、玩具(唤起材料 2)的实验设计进行了实验。

在受试儿童所熟悉的幼儿园一间安静的房间内,将他们最喜欢的食物和玩具交错摆放于高度约 140cm 的木橱之上,他们都需稍仰视才能看到。由受试儿童所熟悉的老师把他们逐一领入房间,随机地 3 次说出食物和玩具的名称后,用语言和指点加在一起的方式指点和说出玩具,唤起受试儿童的要求行为。如果他们没有要求行为,则通过语言提示和动作,强化其要求动机,直到他们产生要求性视线接触和指点行为。

2. 结果

(1) 自发性视线行为的组间比较

自发性视线行为在此被分为四类:"不看"、"注视物品"、"注视成人"和"物与人交

[①] "自发性视线接触"和"自发性指点行为",在此定义为被试在主动要求时所发生的视线接触和用食指去指点东西的行为。

互"。"物与人交互"指交替地看物和人的行为。表3-4是三组受试儿童的自发性视线行为的平均值（M）和标准差（SD）及其比较结果。

表3-4 自发性视线发生率的平均值和标准差

组别	无目标		物品		成人		物与人交互	
	M	SD	M	SD	M	SD	M	SD
AU	0.155	0.059	0.195	0.063	0.020	0.017	0.108	0.013
MR	0.095**	0.063	0.183	0.061	0.100**	0.057	0.192	0.079
T	0.173	0.079	0.130	0.075	0.088**	0.053	0.109	0.076

注：此处发生次数以每3秒为1单位计算。

**：$p<.01$

从表3-4中看出，AU组（自闭症）幼儿视觉方向的目标以无目标的看和看物品为主，"成人"很少成为他们视觉方向的目标。

AU组无目标看的平均发生率远高于MR组（弱智），其显著性达到$p<.01$的水平。

与此同时，AU组的看物品平均发生率也为三组之首，由表3-4，AU组的SD为0.063，而T组的SD为0.075，所以个体差异性也低于普通儿童。

与对照组形成最强烈对比在于看成人的目标上。AU组注视成人的平均发生率都在$p<.01$的水平上低于MR组和T组。

AU组的"物与人交互"行为平均发生率与弱智儿童组之间差异较大，但没有达到显著水平，而与普通儿童组之间就几乎没有差异。但AU组在这一行为中表现出很大的个体差异，因为其发生率的SD为0.103，而其他两组的SD值分别为0.079和0.076。

（2）唤起他人注意行为的组间比较

通过对实验过程的录像分析，详细记录了三组幼儿为唤起他人的注意而运用的行为手段，并对发生频率最高的四种行为进行了编码分析。表3-5显示了这4类行为的平均发生率和标准差及其比较检验的结果。

表3-5 幼儿唤起他人注意行为的平均发生率和标准差

组别	手指物品		走近物品		欲自己取物		拉成人、要求抱	
	M	SD	M	SD	M	SD	M	SD
AU	0.002	0.004	0.077	0.104	0.065	0.086	0.129**	0.070
MR	0.080**	0.079	0.038	0.072	0.053	0.066	0.000	0.000
T	0.065**	0.069	0.018	0.064	0.023	0.057	0.000	0.000

注：此处的发生率以每3秒为一个单位。

**：$p<.01$

表3-5的数据说明，与对照组的对比最强烈之处是AU组（自闭症）为唤起他人注意所采取的指点行为的发生率几乎为0。其平均发生率都在$p<.01$的水平上低于MR组和T组。

与此形成对比的是，AU组（自闭症）为唤起他人注意所采取的行为以"拉成人"，"要求抱"为主。MR组和T组此行为的平均发生率都为0，而AU组却高达0.129。通过T检验还发现，AU组"要求抱"的平均发生率在$p<.05$的水平上高于本组"指点行为"的平均发生率。

（3）幼儿的情绪与自主性共同注意行为的关联

将三组受试儿童的"注视成人行为"以及"指点行为"的总平均发生率与他们在实验中所表现出来的积极情绪和消极情绪的平均发生率进行相关分析,得出以下结果（见表3-6）。

表3-6 自闭症谱系障碍儿童的自主性共同注意行为与情绪的相关系数

	积极情绪	消极情绪
注视行为	0.41*	−0.33
指点行为	0.56***	−0.22

* $df=16, p<.10$

*** $df=16, p<.02$

从表3-6可清楚地看到，儿童的自主性共同注意行为和情绪也是密切相关的。比起注视行为，积极情绪与指点行为的关系更为密切，积极情绪与注视行为的相关系数为0.41，而与指点行为的相关系数为0.56，达到显著性水平。

而消极情绪与这两种行为都有着负的相关关系，虽然相关系数为−0.33和−0.22，都没有达到显著水平，但两者之间有着弱相关的关系。①

通过上述实验，我们获取了3个有意义的结果。

首先，探明了自闭症组儿童自主性视线方向所及的主要目标是物很少为人。这或许正是自闭症谱系障碍儿童社会性发展障碍的根源之一。这也对巴伦-考恩（Baron-Cohen, 1995）所指出的自闭症谱系障碍儿童的意图觉察器ID和视觉方向觉察器EDD两个模块的功能发展正常，而共同注意机制SAM的功能和完整的心理机制ToMM模块的功能发展有缺损理论提供了一个佐证。

其次，参照注视的发生率，与弱智儿童组之间差异较大，但没有达到显著水平，而与普通儿童组之间就几乎没有差异。根据这一结果，很难将布鲁纳所指出的"很少与成人进行视线的参照注视"作为处于心理发展水平初级阶段的自闭症谱系障碍儿童的独有特点。

第三，自闭症谱系障碍儿童组在唤起他人的共同注意时，与正常和弱智儿童的最大差异在于他们不是用指点行为而是要去"拉成人"和"要求抱"的行为上。

---

① 当相关系数为正负0.20—0.40时，两者之间有微弱相关关系（渡部洋，1993）。

布鲁纳只是指出自闭症谱系障碍儿童很少用指点行为来指向或向对方显示自己感兴趣的对象(如玩具),但却没有说明自闭症谱系障碍儿童是以怎样的行为模式来唤起他人的共同注意。本研究的结果显示了自闭症谱系障碍儿童组是以"拉成人"和"要求抱"的方式。这说明比起心理年龄相近的其他儿童来,自闭症谱系障碍儿童唤起他人注意的方式处于更低的心理发展表现水平。

(二)自发性视线所及对象的比较实验研究

上述实验留下了一个悬而未决的问题,那就是自闭症谱系障碍儿童的自发性视线对象。除了视物与视人之间有显著的区别,对人本身,这样的视线行为是否会有区别?在先行研究中,大都是成人而非同伴作为自闭症谱系障碍儿童的互动对象,如果以同伴为互动对象,自闭症谱系障碍儿童的视线行为会有什么改变吗?为探索这个问题的答案,聚焦于自闭症谱系障碍儿童在有限的视人行为中,观察分析其由于对象的不同而在锁定视线目标的方向和时间上有何不同。

1. 方法

受试儿童、地点和主试与上述实验完全相同。实验者将玩具预先放置好,然后由主试带着受试儿童及10个同伴一起进入房间开始实验。让受试儿童与同伴和老师坐在地上,自由地游戏。没有实验上的人为干扰。

2. 结果

(1) 自发性视线所及对象的组间比较

图3-8是三组受试儿童对同伴和老师的视线行为比较图。图中Y轴上的发生次数是指各组在600秒内的平均发生次数。

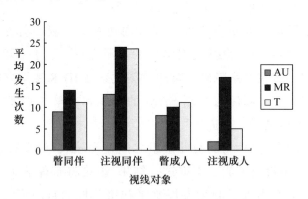

图3-8 三组幼儿的自发性视线行为比较

从图3-8中可以看到,三组儿童的自发性视线行为的共同特征是看同伴的次数高于教师。而且,自闭症组儿童与普通儿童组的自发性视线行为的类型更为相似,都是对同伴有着更多的注视,而对作为成人的教师更多的是一瞥了之。而只有弱智组幼儿对教师倾注了更多的关注。他们对教师的注视行为平均发生次数在 $p<.001$ 的显著水平上

高于自闭症组该行为的平均发生次数。

（2）自闭症组自发性视线所及对象的比较

图3-9显示了自闭症组幼儿的自发性视线所及对象的比较。

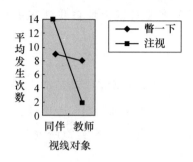

图3-9　自闭症谱系障碍儿童的自发性视线对象比较

图3-9直观地揭示了自闭症谱系障碍儿童的自发性视线行为的特征。在"瞥一下"的行为中，"瞥"同伴一眼与"瞥"教师一眼之间的平均发生次数相差无几，分别为9次和8次。但是，"注视"行为中，注视同伴的平均发生次数为14次，而注视教师的平均发生次数为2次，两者的差异达到十分显著水平（$p<.01$）。

通过该实验，我们获取了一个十分有意义的结果，那就是同伴对于自闭症谱系障碍儿童的重要性。

实验结果表明，不管是自闭症组，还是弱智组以及普通儿童组的儿童，他们都会自觉地把目光更多地投向同伴。因此，我们可以推断同伴在儿童的发展中是一个不可或缺的重要因素，对自闭症谱系障碍儿童而言也是一样的。从自闭症谱系障碍儿童的自发性视线行为的结果分析中，我们发现了自闭症谱系障碍儿童不仅自觉地会把目光投向同伴，他们还更愿意较长久地把目光停留在同伴的身上。这个结果，足以引起我们的反思。因为在对自闭症的诊断或对自闭症谱系障碍儿童的研究当中，都把他们看做是与同伴无缘的另类，他们只生活在自己那封闭的世界里。

虽然通过这个实验，得出的只是6个自闭症谱系障碍儿童的自发性视线行为的特征，但这个小样本的结果，至少会引发我们对那些早已成为定论的对自闭症谱系障碍儿童的一些批评性思考。这个结果给我们的教育干预带来的最大启发就是，我们要打破传统的一个成人对一个自闭症谱系障碍儿童在治疗室里进行心理干预的模式，让同伴也成为我们对自闭症谱系障碍儿童进行社会认知干预时的生力军。

第2节　自我认知发展特点

所谓"自我认知"，就是对自己的外部形象、内在情绪以及意识等进行认识和知觉的过程。通常,自我认知是通过视觉来获取。这种视觉性自我认知是个体从镜子或录像等媒介物中识别自己的一种认知能力,这是儿童自我意识、自我监控、自我照顾以及自我管理等心理发展的基础。在本节中,将分别从自闭症谱系障碍儿童的自我—他人分化认知、静态—动态自我再认两个维度对视觉性自我认知进行阐述。

一、自我—他人分化认知

沃尼兹(Ornitz,1968)等人指出,自闭症谱系障碍儿童之所以不能与人很好地交往,主要是因为他们不能将自我与非自我很好地区分开来。迄今为止,为数不多的几篇关于自闭症谱系障碍儿童的视觉性自我认知的实验研究论文主要围绕着下列两个问题进行了研究。

一是探讨了自闭症谱系障碍儿童有无视觉性自我认知,二是探讨了自闭症谱系障碍儿童的视觉性自我认知能力与其他能力的关系。前者多借鉴嘎鲁普(Gallup)的"颜面记号任务"(marked-face task)实验范式;后者多采用相关分析的方法。例如,道孙等人的研究发现,自闭症谱系障碍儿童的视觉性自我认知、对客体的永存性的认知和口头语言三者之间都有显著相关性。但是,这些研究设计只是让受试儿童单独一人站在镜子前观察自己,没与对他人认知的比较。因缺乏两类认知的比较,就很难对自闭症谱系障碍儿童是否有真正的视觉性自我认知做出确切的判断。再者,研究仅根据受试儿童能否擦去脸上的记号得出结论,而没能深究其认知过程中所蕴涵的心理活动。为弥补这些研究的不足,我们进行了以下两项实验研究。

(一)视觉行为的分析实验研究

为探明前语言期,即尚不具备口头言语能力的自闭症谱系障碍儿童是否已具备区别自我与他人的能力,我们进行了两个实验,旨在从视觉行为分析和从情绪表现上加以判断。

1. 方法

请3～6岁自闭症谱系障碍儿童6名在他们熟悉的幼儿园(共4所)的一间安静的房间里逐一观看15分钟前与同伴一起自由游戏时被拍摄的录像中的自己与同伴的影像,通过观察和分析他们的视觉行为和情绪表现来推断这些受试儿童。

实验者将15分钟前拍好的受试儿童与同伴一起的录像在数码式摄像机(Canon,MV550I)中放映。摄像机所放高度与受试儿童坐在椅子上的视线水平相等,距受试儿童的眼睛距离为35cm。教师担任主试坐在受试儿童身旁,与受试儿童同一方向,在呈现过程中不断地向受试儿童提问:"这是谁?"实验负责人担任的实验者坐在受试儿童对面,用数码式摄像机(Victor,GR-DVF1)将全过程拍录下来。"自己—他人"与"他人—自己"录像随机交替呈现。"自己"与"他人"的录像呈现时间都为150秒。

2. 结果

根据实验目的,将视觉行为分为3类:"瞥一下"、"注意地看"和"十分关注"。所谓"瞥一下"是指"持续地看正在放映的录像的时间短于2秒"。所谓"注意地看",是指"持续地看正在放映的录像的时间在3~8秒之间,并伴有身体前倾,贴近录像机等肢体语言"。所谓"十分关注",则是指"持续地看正在放映的录像的时间长于9秒,并伴有身体前倾,贴近录像机等肢体语言"。

(1)"瞥一下"与"注意地看"之比较

图3-10和图3-11显示了6名自闭症谱系障碍儿童对自己与他人的"瞥一下"与"注意地看"的比较结果。

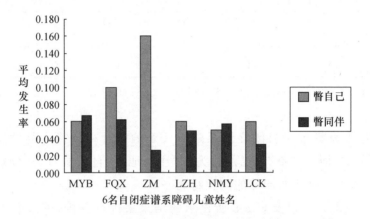

图3-10 自闭症谱系障碍儿童"瞥"自己与同伴的行为比较

从图3-10中可以看到,6名自闭症谱系障碍儿童的"瞥"自己和同伴的行为的平均发生率参差不齐,有的高于瞥同伴,有的则低于瞥同伴的发生率。只有一个受试儿童"瞥"自己行为的发生率要远远高于"瞥"同伴行为的发生率。

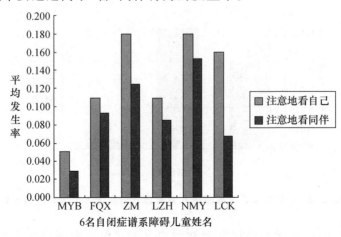

图3-11 自闭症谱系障碍儿童"注意地看"自己与同伴的行为比较

与图 3-10 形成对比的是,图 3-11 中显示出 6 名自闭症谱系障碍儿童都更多地注意看自己,"注意地看"自己的发生率都高于注意地看同伴,而且,ZM 和 LCK 的"注意地看"自己的发生率比看同伴要分别高出 0.05 和 0.09。其他的受试儿童其相差范围是 0.02 到 0.03。

为了更确切地说明自闭症谱系障碍儿童在对自己和他人的视觉行为上的差异,我们对这一行为发生率进行了比较和检验。表 3-8 显示了三种视觉行为的平均值和标准差及其检验结果。

表 3-8　6 名自闭症谱系障碍儿童对自己和同伴三种视觉行为的平均值和标准差

关注对象	瞥一下		注意地看		十分关注	
	M	SD	M	SD	M	SD
自　己	0.082*	0.036	0.132**	0.043	0.040	0.036
同　伴	0.049	0.014	0.092	0.037	0.034	0.055

注:此处发生率以每 5 秒为一个单位来计算。观察时间总长:自己和他人都为 150 秒。
* $p<.05$,** $p<.01$

表 3-8 的结果表明,6 名自闭症谱系障碍儿童的三种视觉行为的发生率,都是看自己要高于看同伴的,而且,"瞥"自己的行为和"注意地看"自己的行为,分别在 $p<.05$ 和 $p<.01$ 的显著水平上高于看同伴的同类行为。

从图 3-10 和图 3-11 以及表 3-8 所显示的结果来进行分析,可以推测接受实验的 6 名自闭症谱系障碍儿童已有了初步的自我与他人的分化认知。

(2) 观看自我与同伴录像时的情绪

图 3-12 是 6 名自闭症谱系障碍儿童在观看自己与同伴的录像时情绪表现的平均发生率比较图。

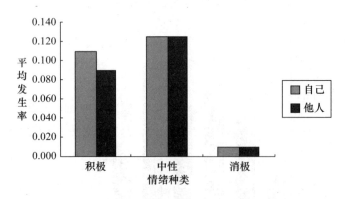

图 3-12　6 名自闭症谱系障碍儿童看自己与同伴的录像时情绪比较

图 3-12 表明,自闭症谱系障碍儿童在看自己的录像时表现出更多的积极情绪,其发

生率为 0.110,比看同伴的录像时的积极情绪的平均发生率高出 0.020,已达到显著水平 ($p<.05$),由此说明自闭症谱系障碍儿童看到自己的录像时更高兴。

(3) 观看自我和同伴视觉行为与情绪的关联

将 6 名自闭症谱系障碍儿童在两种视觉行为的平均发生率与他们在实验中所表现出来的积极情绪和消极情绪的平均发生率进行相关分析,得出以下结果,见表 3-9。

表 3-9 自闭症谱系障碍儿童对自己和对同伴视觉行为与情绪的相关系数

		积极情绪	消极情绪
注意地看	自己	0.45	−0.85**
	同伴	0.33	−0.35
十分关注	自己	0.42	−0.32
	同伴	0.74*	0.27

** $df=4, p<.05$; * $df=4, p<.10$

表 3-9 的结果表明,自闭症谱系障碍儿童对自己和对他人的视觉行为与情绪之间的相关关系,不仅在程度上而且在方向上都有着不同之处。

虽然在"注意地看"的行为上,看自己和同伴都与积极情绪之间有着正相关关系,与消极情绪有着负相关关系,但是在程度上却有很大不同。消极情绪与注意地看自己的行为之间的相关系数高达−0.85,在如此小的样本中,其显著性也达到 $p<.05$ 的水平,足可见消极情绪对自闭症谱系障碍儿童注意地看自己行为的强大抑制作用了。而"十分关注"自己与同伴的行为也都与积极情绪有着较强的正相关关系,但是注视他人时,其相关系数也高达 0.74,显著性达到 $p<.10$ 的水平,比对自己的同类行为的相关系数 0.42 要高得多。而与消极情绪之间的关系,则对自己是负相关关系,而对同伴却没有这样的关系。这说明自闭症谱系障碍儿童要在十分愉快的心情下,才会对同伴有更多的关注,而消极情绪也在一定程度上抑制着十分关注自己的行为。从同样的行为与情绪之间有不同的关联这一点来分析,也可推测自闭症谱系障碍儿童在一定程度上有了自我与他人之间的分化认知。

在这三个实验中,我们从自闭症谱系障碍儿童更注意看自己的录像、在观看自己的录像时带有更多的积极情绪,以及在关注自己与同伴时与情绪之间有着不同程度和方向的相关等结果的分析中,可以推测平均心理年龄只有 23 个月的自闭症谱系障碍儿童已可能有了初步的自我与他人的分化认知,但可能只是处于朦胧的萌芽阶段。

之所以说是推测,是因为在实验中只是通过受试儿童的视觉行为和情绪表现来获得数据,而未能从受试儿童的语言中得到证实。6 名受试儿童中只有 2 名有口头语言,在整个实验过程中,尽管主试反复询问,但有 4 名受试儿童是无法回答的。而两位有语言的受试儿童,在语言回答中,均有两次是能准确说出自己的名字,可也有两次,一个是把自己说成是"外公",另一个受试儿童则指着别人说自己的名字。

虽然这只是从6个受试儿童的实验中得出的推论,但有着重要的意义。因为这与"自闭症谱系障碍儿童的社会性发展障碍的根本原因在于自我与他人的非分化"的结论相左,也为今后的干预提供了依据。

实验结果给我们的启示是,这些自闭症谱系障碍儿童对自我与他人的认知并非混沌一片,处于不可教之状态。但他们还处于朦胧的萌芽阶段,因此,要抓住他们的社会认知发展的关键期,提高他们对自我与他人的分化认知水平。

二、静态—动态自我再认

"静态、即时的镜像自我再认"是指儿童在自由游戏活动中,自发地看、走近或面对镜中的自己微笑等反应;"动态、延时的录像自我再认"则指受试儿童在看到自己15分钟前被拍摄的游戏活动中"我"的影像时的反应。

为探索处于前语言期的自闭症谱系障碍儿童在对"静态即时的视觉自我"与"动态延时的视觉自我"进行自我再认时其心理过程的异同,我们进行了下述实验。

(一)研究方法

与上述实验一样的6名自闭症谱系障碍儿童接受了实验。在实验中通过让他们看镜中的自我影像和录像中的自我影像时的视觉行为和情绪表现,来推测他们能否进行自我再认。

在受试儿童熟悉的幼儿园中,分别安排他们到一个面积约 $50 m^2$ 的活动室里,活动室的一面装有大玻璃镜。受试儿童与同伴自由游戏。受试儿童被安排在离大镜子最近的地方并面对镜子进行游戏。游戏时间为20分钟,实验者用数码式摄像机(Victor,GR-DVFI)将全过程拍录下来,时隔15分钟后,让受试儿童与他熟悉的老师一起观看刚才拍摄的他本人在自由游戏中活动的录像,录像通过数码式摄像机(Canon MV550I)放映,摄像机所放高度与受试儿童坐在椅子上的视线水平相等,距受试儿童的眼睛距离为35 cm。一位受试儿童熟悉的老师坐在他身旁,与他一起在同一方向观看录像,而实验者坐在受试儿童对面,用数码式摄像机将全过程拍录下来。

(二)研究结果

主要从受试的自闭症谱系障碍儿童的视觉行为和情绪表现来判断他们在静态的镜像中和动态的录像中对自我的再认能力。

1. 镜像自我再认与录像自我再认的视觉行为比较

图3-13显示的是6名自闭症谱系障碍儿童在"镜像自我再认"和"录像自我再认"两种情况下的视觉行为的平均发生率的比较结果。

从图3-13中可以看到,自闭症谱系障碍儿童在"镜像自我再认"和"录像自我再认"的两种条件下,"注意看自己"的平均发生率都高于"瞥自己"的行为。

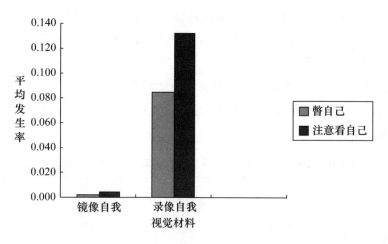

图 3-13 自闭症谱系障碍儿童的两种自我再认中视觉行为的比较

通过 T 检验,两种条件下的"注意看自己"的平均发生率都在 $p<.05$ 的显著水平上高于"瞥自己"行为的平均发生率。这说明自闭症谱系障碍儿童对自我影像都表现出很大的兴趣。值得关注的是,自闭症谱系障碍儿童注意看"录像自我"的行为远高于"镜像自我",其显著水平达 $p<.01$。

2. 镜像自我再认与录像自我再认的情绪表现的比较

图 3-14 显示的是自闭症谱系障碍儿童在"镜像自我再认"和"录像自我再认"两种情况下的情绪表现平均发生率的比较结果。

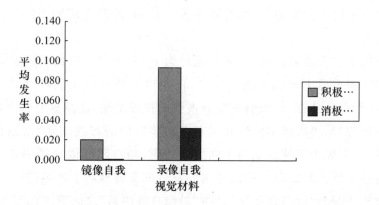

图 3-14 自闭症谱系障碍儿童的两种自我认知中情绪表现的比较

从图 3-14 中可以看到,6 名受试儿童在"镜像自我再认"和"录像自我再认"的两种条件下,"积极情绪"的平均发生率都高于"消极情绪"。

通过 T 成对检验,所获结果是,自闭症谱系障碍儿童在"镜像自我再认"条件下的积极情绪平均发生率在 $p<.01$ 的显著水平上高于消极情绪的平均发生率。自闭症谱系障碍儿童在"录像自我再认"条件下的积极情绪平均发生率虽然也高达 0.093,比消极情

绪的平均发生率高出 0.060,其差异却没达到显著水平;然而,在"录像自我再认"条件下的积极情绪平均发生率明显高于"镜像自我再认"的发生率,其显著性达到 $p<.05$ 水平。

3. 镜像自我再认与录像自我再认的视觉行为之间关联

表 3-10 显示的是自闭症谱系障碍儿童在"镜像自我再认"和"录像自我再认"的三种视觉行为之间的相关系数。

表 3-10 "镜像自我再认"和"录像自我再认"视觉行为的相关系数

		录像自我		
		瞥自己	注意地看	十分关注
镜像自我	瞥自己	−0.09	−0.30	0.21
	注视	−0.31	−0.46	0.30
	接近	0.90***	0.38	−0.17

*** $df=4, p<.02$。

表 3-10 显示了一个令人十分惊讶的结果,"录像自我再认"中的"瞥自己"的行为竟然与"镜像自我再认"中的走近镜子行为的相关系数都高达 0.90,在如此小的样本中,其显著性达到 $p<.02$ 的水平。这说明自闭症谱系障碍儿童能够发现即时静态的"我",并接近镜中的自己,其实是与对延时动态的"我"的瞬间注意有着密切的关系。与此同时,"镜像自我再认"中的接近行为,还与"录像自我再认"中"注意地看"之间有着一定的相关关系,因为相关系数为 0.38。然而,"镜像自我再认"中的"注视"与"录像自我再认"中的"注意地看"呈一定的负相关关系,相关系数为 −0.46,说明这两种不同状态下的自我再认可能不是同类。

该实验获取了三个结果。第一,从视觉行为上,发现了受试的自闭症谱系障碍儿童都对"录像自我"表现出更大的兴趣。第二,自闭症谱系障碍儿童在"镜像自我再认"与"录像自我再认"上的共同点是他们都带着很强的积极情绪,注意地看自我影像。这个结果也为前面所述的"自闭症谱系障碍儿童有着初步朦胧的自我认知"结论提供了一个佐证。与此同时,还发现了两种认知的不同之处,那就是自闭症谱系障碍儿童带着更强的积极情绪来看镜中的自我影像。积极情绪的发生率显著地高于消极情绪。第三,受试的自闭症谱系障碍儿童的"镜像自我再认"与"录像自我再认"之间有着内在关联。"录像自我再认"的"瞥自己"的行为与"镜像自我再认"中的接近行为之间有着非常密切的相关关系。说明两种认知也是相互影响,互为作用的。

这给我们今后的干预提供了一个参考:要强化自闭症谱系障碍儿童的自我认知,提高他们的自我认知水平,我们可以首先通过镜子来进行。在提高自闭症谱系障碍儿童即时静态的自我认知水平的基础上,进而提高他们延时动态的自我认知水平,最后达到能对"自我"的抽象概念有初步的理解。与此同时,要通过教育干预来提高自闭症谱系障碍儿童的自我认知水平,我们可以运用录像或电脑软件来进行。只有当自闭症谱系障碍儿童对干预内容产生兴趣的时候,才可能让他们乐意接受教育干预,才可能据此提高他们视觉性自我认知水平。

第3节 他人认知发展特点

在社会交往中,我们可以从交往对象的面孔、语调、手势、躯体运动等方面获得大量的社会线索。其中以面孔所传达的社会线索最为丰富,因为从面孔可以判断一个人的年龄、情绪、性别、注视方向、身份等,因此,对面孔所传达信息的正确识别对于合适的社会行为获取有着极其重要的意义。面孔认知一般分为两个维度,一是通过面孔的结构特征,识别他人的身份和个体的形状特征;二是通过面部表情的识别来洞察他人内在的情感状态。本节将主要从第一个维度来探讨自闭症谱系障碍儿童对他人的面孔识别特征,从而推论出他们在进行他人认知时的特点,而关于第二个维度,我们将在第4章中详细论述。

一、面孔认知的神经生理特点

面孔信息加工过程主要集中于颞叶皮质的特定区域:包括梭状回、杏仁核和颞上沟(Superior Temporal Sulcus,简称STS)等。当进行面孔编码时梭状回首先被激活,杏仁核和颞上沟则负责编码从面孔获得的社会信息。杏仁核中部分神经元对来自面部的视觉信息有着选择性的调节作用,它对面部情绪以及对他人行为中社会意义的感知方面有着特殊重要的作用。颞上沟周边脑区与面部动作加工和注视指导的感知有关。纵观先行研究,不少研究结果都显示了自闭症谱系障碍儿童对他人认知能力的低下。究其原因,这种能力低下与其神经生理有何内在关联?我们对近年来相关研究做一简单梳理或可略见端倪。

(一)事件相关电位的研究

近年来,国外已开展了许多关于自闭症谱系障碍儿童面孔识别的脑电生理学和影像学研究,这些都对我们了解和探索自闭症谱系障碍儿童的面孔加工的神经生理特点提供了参考。

1. 熟悉与非熟悉面孔的认知

道孙等运用事件相关电位(Event Related Potential,ERP)探索了3~4岁自闭症谱系障碍儿童对熟悉和非熟悉面孔进行认知时的脑电波变化情况。他们向被试呈现了熟悉的面孔(妈妈的脸),不熟悉的面孔(陌生人的脸)。结果发现,他们的ERP电位没有明显区别,令人深思的是,他们在看喜欢与不熟悉的玩具时却显示不同的ERP电位。而对照组,即心理年龄相当的普通儿童和先天发育迟滞儿童的ERP电位变化情况正好与之相反。他们在识别不熟悉的面孔与熟悉的面孔时ERP电位发生显著变化,但看到喜欢的玩具和不熟悉的玩具时,其ERP电位相当。这一研究结果表明,自闭症谱系障碍儿童可能在其幼年时就存在面孔加工能力的损害。

2. 正立面孔与倒立面孔的认知

麦帕特兰德和道孙(McPartland & Dawson)在一项对自闭症谱系障碍青少年进行的ERP研究中,呈现了正立面孔和倒立面孔,以此探究自闭症谱系障碍儿童和成人在面孔识别时大脑的神经细胞被激活情况。大脑中区域N170是面孔加工早期阶段的敏感成分,该成分在普通人中对面孔的波形比对非面孔的波形大,主要在右脑半球出现。当让自闭症谱系障碍儿童和成人对倒立面孔和正立面孔加以认知时,他们的N170潜伏期都明显延长,但没有显示因面孔的倒置效果而出现的延长。相比之下,对照组则在识别倒立面孔时的N170潜伏期要比识别正立面孔的潜伏期长。这昭示了自闭症谱系障碍儿童对面孔的早期结构编码过程可能已受到破坏,导致其对面孔识别的加工速度迟缓。

(二)功能核磁共振的研究

研究者运用功能核磁共振对人的面孔识别的脑生理机制进行研究时发现,当人在识别他人面孔时,其右侧梭状回(Fusiform Gyrus,简称FG)有强烈激活,因而认为梭状回是对面孔反应的特异区域,称其为"梭状回面孔区"(Fusiform Face Area,简称FFA)。这个区域是面孔身份知觉的特殊区域。它有别于其他涉及面部表情识别知觉的脑区如颞上沟。普通人看到他人面孔时脑部的FFA区域呈现被激活状态,然而自闭症谱系障碍儿童或自闭症谱系障碍儿童成人的该区域未呈现被激活状态。

斯库兹等曾将同心理年龄的儿童作为对照组,用fMRI研究14名高功能自闭症谱系障碍儿童在对他人面孔认知时该区域的被激活情况。研究结果表明,与对照组相比,自闭症谱系障碍儿童组的右侧颞下回(ITG)区域被激活程度显著而右侧梭状回(FG)区域被激活程度不显著;而在物件加工过程中两组都显示右侧颞下回区域明显被激活。表明自闭症谱系障碍儿童行为和神经学的异常是特别针对面孔认知的,其在表情识别过程中的脑部被激活区域模式与在认知非面孔物体过程中的以形状为基础的区域模式相一致。这可以解释为什么自闭症谱系障碍儿童在感知人物面孔时会同感知无生命物体一样,从而常常对人没有什么兴趣。

其他类似的研究重复了该实验,不管是识认面孔的表情有无,还是对熟悉和不熟悉面孔的识别,结果都说明了自闭症谱系障碍儿童的FFA区域激活减弱。

二、面孔认知的视线行为特征

如何进行面孔识别,与人的视线行为特征有直接联系,要了解自闭症谱系障碍儿童的特殊性,我们有必要先对普通儿童对他人面孔认知的发展有一个粗略的了解。

(一)普通儿童的视线行为发展

对他人的面孔认知,为人的生存和交流提供了非言语信息,因此对前言语阶段的儿童而言有特别重要的意义。

在出生头几天,婴儿就表现出喜欢看人脸,到3~7个月时,就开始区分熟悉与不熟悉的面孔、会对不同性别的面孔产生不同的反应,还表现出对倒立面孔的认知偏好。1岁左右的婴儿则能根据他人目光注视、面部姿势的指示行动。到2岁左右,儿童开始对他人的悲伤有情感性和亲社会性的行为反应。

(二)自闭症谱系障碍儿童的视线走势特点

多项研究显示,相比较而言,普通儿童对面孔视觉刺激的记忆明显优于非面孔视觉刺激,自闭症谱系障碍儿童的非面孔认知任务中的成绩往往优于面孔认知。自闭症谱系障碍儿童在面孔识别测试中的成绩比其他发育障碍的儿童低;在人物照片匹配和识别任务中则比普通儿童差,但在使用建筑物的图片匹配和识别任务中,他们的能力与对照组没有差别,这说明了自闭症谱系障碍儿童面孔识别能力低下不是由于视觉辨别困难所致。那么是什么原因造成的呢?

有研究表明,自闭症谱系障碍儿童在加工面孔信息时其视线走势有异常。图3-15是研究者运用眼动仪来检测记录的自闭症谱系障碍儿童与普通儿童在面孔认知时视线走势的比较图。这张图直观形象,有助于我们理解这个自闭症谱系障碍儿童面孔识别能力低下的原因。

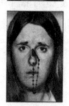
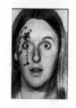

图3-15 自闭症谱系障碍儿童与普通儿童的面孔认知视线走势比较

图3-15的左列是自闭症谱系障碍儿童的视线走势记录图,而右列是普通儿童的视线走势记录图。从图中我们可以看到,不管所呈现的是人的喜、怒、哀、惧哪种表情,自闭症谱系障碍儿童的视线都集中在人脸的一侧,视线走势狭小,很难对人脸进行全面认识,而普通儿童的视线走势集中在包含人的五官的中心三角地带,因而他们易于全面识别他人的面孔。或许正是由于这种只注重局部细节而不是整体特征的视线的信息加工,使自闭症谱系障碍儿童与普通儿童相比,其面孔认知的能力明显薄弱,由此也印证了在第2章中所阐述的弱中心统合理论之假设。

道孙等对此提出了两种解释,一是知觉、认知缺陷,二是动机和情感缺陷。"知觉、认知缺陷"论认为自闭症谱系障碍儿童可能总体知觉方面存在问题,因为始于生命早期的总体知觉、认知缺陷,使自闭症谱系障碍儿童不能从对面孔相应的知觉中有效地提取信息,也可能是因为支持面孔加工的梭状回存在着功能障碍。"动机、情感缺陷"论认为自闭症谱系障碍儿童面孔加工的缺陷可能源于其社交动机的缺陷,而社交动机缺陷与形成社交刺激的奖赏机制存在障碍有关。

综上所述,自闭症谱系障碍儿童尽管在共同注意、自我认知和他人认知上存在不同薄弱的程度甚至是缺陷,但如果我们在他们更年幼的时候,能做到及早发现并及早干预,这些问题会在很大程度上得到缓解或得到改进。因此,我们不仅要知其然,更要知其所以然;不仅能知其所以然,更需有良好的改进、改善策略。这些问题我们将在后面章节中继续探讨。

 本章小结

本章主要阐述了以下问题:

揭示了自闭症谱系障碍儿童在共同注意上的特征,共同注意行为的"少"和"缺"是其主要特点;要唤起他们稀缺的共同注意行为,最好的方式是口头语言加手势;而他们自主性共同注意的所及对象主要是同伴。在自我认知方面,即使年幼的低功能自闭症谱系障碍儿童,也具有初步的自我与他人的分化认知,其动态的自我认知优于静态的自我认知。而在他人认知方面,可能由于面孔认知的神经细胞受损和视线走势的狭小,致使自闭症谱系障碍儿童很难对人的面孔有全面的认知。这些问题警示我们,需对自闭症谱系障碍儿童及早发现和及早干预,促使其共同注意、自我和他人认知的发展,唯有此,才可能促进其社会性发展。

 思考与练习

1. 促进自闭症谱系障碍儿童共同注意的策略主要有哪些?
2. 如何让同伴成为干预自闭症谱系障碍儿童共同注意的生力军?
3. 怎样利用电脑、DVD等动态媒体来促进自闭症谱系障碍儿童的自我和他人认知?
4. 如何解读自闭症谱系障碍儿童面孔认知时视线走势记录图?

第4章　自闭症谱系障碍儿童人际交流能力发展

学习目标

1. 通过本章学习，希望能够从神经生理学的角度，理解自闭症谱系障碍儿童在情绪和言语发展上的问题症结之所在。

2. 从行为学的角度，了解自闭症谱系障碍儿童在情绪的理解和表现、言语的接受和表达上的独特方式，以便于今后能有的放矢地为其制订教育干预计划，获得事半功倍之效。

人际交流（interpersonal communication）障碍，是自闭症谱系障碍儿童的最主要的标志之一。为了更好地理解这一核心概念，在本章中聚焦人际交流中两个最为直接的工具：情绪和言语，立体地对自闭症谱系障碍儿童的特异性进行阐述和分析。

如前所述，1943年卡纳在其研究报告中已提出了自闭症谱系障碍儿童的三个主要特征是3岁前已出现社会交往障碍，言语、非言语交流障碍和局限性兴趣，重复刻板的行为方式。由此将社会交往障碍作为自闭症谱系障碍儿童的三大症状之一，也是自闭症谱系障碍儿童的核心特征。人际交流上的困难的确是困扰自闭症谱系障碍儿童的最大问题。

研究表明，多数自闭症谱系障碍儿童在婴幼儿时期就已经出现明显的人际交流困难。逗他们笑时毫无反应，回避他人目光，至12～13个月时其症状日益明显。严重的，甚至对母亲或者主要抚养者都没有愉快反应。到了2～3岁以后，他们往往表现出缺乏主动与人交往的倾向，即使在同伴中间也如入无人之境，常如独行侠那般喜欢孤独自由地活动，没有与同伴一起游戏的兴趣。尽管也有一些自闭症谱系障碍儿童会表现出欲接近同伴的行为，但缺乏社会交往技巧，达不到社交的目的，社会交往有"质"的缺损。

自闭症谱系障碍儿童在社会交往方面主要存在下列问题：

不能进行主动社会交往。因自闭症谱系障碍儿童缺乏社会兴趣，经常会表现出不理人、不看人、对人缺少反应、不怕陌生人、不容易和亲人建立亲情关系。

不能很好地建立伙伴关系。自闭症谱系障碍儿童很少有自己的朋友。他们缺少普通儿童的模仿学习能力，很难和同伴一起游戏。

自闭症谱系障碍儿童很难确立稳定依恋关系。自闭症谱系障碍儿童缺乏对父母或者其他亲人的依恋感。依恋关系往往出现得较晚。

自闭症谱系障碍儿童的这种社会交往能力的低下,究其因,与在人际交流中的两大工具即情绪和言语的心理层面发展有密切关联。因此在本章中我们将从情绪的理解和表现、语言的接受与表达这两个维度来探讨自闭症谱系障碍儿童的人际交流之特征。

第1节 情绪发展特征

情绪不是从属于其他心理活动的副产品,而是心理发展中的重要层面,是儿童的认知和行为的唤起者和组织者,在协调人物关系、人际关系上起着突出的作用。近年来,对于自闭症谱系障碍儿童的情绪、情感发展的研究日益增多,因为人们认识到情绪、情感是自闭症谱系障碍儿童发展的核心之所在,在他们整个心理发展中具有十分重要的地位。他们之所以不能很好地进行人际互动,其主要原因可能就在于对他人的情绪、情感的理解上存在困难,在自我表达上缺乏合适的表现。

在本节中,我们将聚焦于自闭症谱系障碍儿童的情绪理解和表达这两个方面的特点进行阐述。为了更好地理解他们的外显行为,我们有必要先了解他们的与情绪关联的内在神经生理机制上之特异性

一、神经生理的特异性

随着神经生理学、脑影像学的蓬勃发展,对自闭症谱系障碍儿童的情绪、情感的研究,也从传统的实验心理学、行为观察深入到神经生理层面。迄今为止,研究者从单个神经元、局部功能区、神经递质等不同角度对自闭症谱系障碍儿童的情绪解读能力低下等社会性发展提出了不同的解释。下面介绍两个主要理论。

(一)大脑边缘系统多重障碍假设

雷伊尼·沃特豪斯(Lynn Waterhouse,1996)所提出的自闭症谱系障碍儿童大脑边缘系统多重障碍论颇具影响。他认为,自闭症谱系障碍儿童的情绪发展薄弱可能是由于大脑边缘系统多重障碍的重叠所致。边缘系统中主要包含了系统的重要组成部分,如内侧颞叶中杏仁核、海马、内嗅皮层、眶前额皮质(orbital prefrontal cortex)等脑区。雷伊尼·沃特豪斯指出,海马功能障碍、杏仁核功能障碍、垂体后叶催产素-鸦片样剂(oxytocin-opiate)功能障碍以及颞叶和顶叶皮层功能障碍是导致自闭症谱系障碍儿童的情绪发展薄弱的主要因素。

该假设得到了实验研究的支持。一系列脑功能的研究(Ceraldine Dawson 1998,Scott E. Hemby 2001,Thayne L. Sweeten 2002)报道了自闭症谱系障碍儿童的脑神经在

侧颞叶中,尤以海马、杏仁核内嗅皮层等边缘系统中存在不同程度的功能障碍。道孙等人的研究发现,在完成有关情绪反应的实验任务时,自闭症谱系障碍儿童的内侧颞叶和相关边缘系统的被激活程度明显低于唐氏综合征的儿童。[1] 大脑灌注技术测到的自闭症谱系障碍儿童大脑血流量灌注异常的脑区域也和雷伊尼·沃特豪斯提出的模式十分吻合。[2][3]

(二) 自闭症的杏仁核理论

除了验证边缘系统的多重障碍,研究者们还应用多种脑成像技术,对自闭症谱系障碍儿童与面部表情识别有关的脑区作了大量的研究。结果发现,杏仁核区和梭状回与自闭症谱系障碍儿童的情绪调节有关。这些区域的功能障碍影响着面部认知,特别是杏仁核在识别刺激的情感意义及社会行为和奖赏的关系等方面有重要的作用,因此提出了"自闭症的杏仁核理论"(Amygdala Theory of Autism)。此理论已被不少研究证实。

黛恩(E. W. P. M. Daenen,2002)运用与动物比较的研究方法,发现了即使腹侧海马区域未受损害,但如果婴儿期杏仁核受损,就会和杏仁核受损的老鼠一样导致社会游戏性的减少。由此推测杏仁核内嗅皮层等边缘系统是影响人们进行社会认知和社会适应等人际交流的重要的脑功能区。[4] 斯通(V. E. Stone)等人的研究进一步说明,杏仁核接受来自大脑皮质多个感觉区域传入的信息,向丘脑下部、腹侧纹状体区域、额叶、脑岛皮层投射,与此同时,又与眶额皮质保持非常密切的联系,从而对自主活动和复杂的情绪识别等社会认知产生重要影响。

脑核磁共振研究也表明自闭症谱系障碍儿童的杏仁核活动异常。王(A. Wang,2004)采用让被试观察面部表情图片的方法,对12个自闭症谱系障碍儿童与12名普通儿童的脑功能进行了对比研究,结果表明,两组被试参与情绪识别的神经网络是相同的,但是控制组的杏仁核的激活水平要高于自闭症谱系障碍儿童组。另一个以成人为被试的fMRI研究发现,自闭症谱系障碍组在完成实验任务(呈现完整的面孔或者只呈现上半部分)时杏仁核被激活程度较小(Golarai et al,2006)。一系列的相关同类研究(Simon,1999;Critchiey,2004;Kim,2005)也表明,自闭症谱系障碍儿童的情感反应迟钝

---

[1] Ceraldine Dawson, Andrew N, Meltzoff, Julie Osterling, et al. Neuropsychological correlates of early symptoms of autism Child Development[J]. 1998;69(5). 1278-1285.

[2] Takashi Ohnishi, Hiroshi Matsuda, Toshiaki Hashimoto, et al. Abnormal regional cerebral blood flow in Childhood autism [J]. Brain,2000,123(9) 1838-1844.

[3] Meryerm Kaya, Serap Karasaliho. The relationship between 99mTe-HMPAO brain SPECT and the scores of real life rating scale in autistic children [J]. Brain & Development,2002,24,77-81.

[4] Elisabeth W,Daenen P M, Cerri Wolterink, Mirjam A,Cerrits F M, et al. Amyglada of ventral hippocampus lesions at two early stages of life differentially affect open field behavior later in life:an animal model of neurodevelopmental psychopathological disorders[J]. Behavioral Brain Research,20002,131,67-68.

与杏仁核的低激活水平有关。[①]

综上所述，与自闭症谱系障碍儿童的情绪、情感识别有关的神经科学研究的结果可归纳如下：海马功能障碍可能是影响自闭症谱系障碍儿童对情绪感知"渠道化"的原因之一；杏仁核功能障碍会阻碍自闭症谱系障碍儿童对他人情绪认知的定向和跨通道联系，从而影响其对刺激源的情感意义的表征；垂体后叶催产素系统（包括异常的 5-羟色胺水平、异常的垂体后叶催产素/胺多酚水平）的功能障碍可能导致自闭症谱系障碍儿童社会交往能力薄弱；神经递质的变异可能会影响一系列的行为和技能；颞叶和顶叶多感觉联合区功能异常可能导致自闭症谱系障碍儿童对情绪注意的扩张；大脑两半球功能非对称性异常和胼胝体的大小和两半球联结障碍阻碍了自闭症谱系障碍儿童的情绪识别。

二、他人情绪理解特点

早在 1943 年，卡纳就提出了自闭症儿童有"先天性的情绪接触障碍"之说，即认为自闭症谱系障碍儿童难以识别他人的面部表情，对他人情绪等方面的意识特别薄弱。赫伯逊（Hobson）还进一步提出了自闭症儿童的"情绪认知障碍论"，由此引发了一系列对自闭症谱系障碍儿童对他人情绪理解的认知研究，其中最主要的研究范畴是对他人的面部表情理解。

（一）基本情绪的实验研究

人类从种族进化中获得的基本情绪大约有 8～10 种，如愉快、愤怒、惧怕、悲伤等。所有这些不同的情绪在婴儿出生到半岁左右陆续发生，每种情绪都有不同的内部体验和外部表现，而且各有不同的适应功能。先行研究发现，自闭症谱系障碍儿童在对他人的面部表情认知上，与身心年龄相近的普通儿童甚至是弱智儿童之间都有显著差异。4～16 岁的自闭症谱系障碍儿童在对面部表情进行配对和判断表现愉快情绪的面部表情这两个实验课题中，成绩都明显劣于唐氏综合征儿童和普通儿童。但也有的组间研究表明，4～7 岁自闭症谱系障碍儿童在给录像带的人物表情与照片人物的表情进行配对时，不管是动态的还是静态的实验条件，与普通儿童没有显著差异。还有研究发现，自闭症谱系障碍儿童的视觉空间认知能力发展极不平衡，一般的视觉空间认知能力甚强，但对带有情绪表现的面部表情的视觉认知能力偏低。

这些研究虽然揭示了自闭症谱系障碍儿童对他人的面部表情认知上的某些特点，但研究对象大都是 5 岁以上的自闭症谱系障碍儿童，其中有的还是接近成人的高功能型的自闭症谱系障碍，这便无从认识处于发展初期的自闭症谱系障碍儿童的认知特点。

[①] Valerie E. Stone, Simon Baron-Cohen, Andrew Caldeer, et al. Acquired theory of mind impairments in individuals with bilateral amygdale lesions[J]. Neuropsychologia, 2003, 41. 209-220.

组间比较的实验结果,研究者只发现了自闭症谱系障碍儿童在对他人的面部表情认知上的弱项,最多也只得出了与其他儿童没有显著差异的结论,而没发现自闭症谱系障碍儿童有任何强项。为弥补这些研究的不足,我们进行了下列实验。

1. 实验目的

实验的目的有四个:一是探明不同的提示方法对低功能自闭症谱系障碍儿童在面部表情认知上所产生的影响;二是解析自闭症谱系障碍儿童对不同"他人"的面部表情认知上的差异所在;三是找出自闭症谱系障碍儿童在不同的材料和条件下对他人面部表情认知的行为关联;四是发现自闭症谱系障碍儿童对他人面部表情认知上的优势。

2. 实验方法

(1) 被试

自闭症谱系障碍儿童5名,与之心理年龄匹配的弱智幼儿5名,普通幼儿5名。

(2) 实验设计

自变量:人物表情、人物类型和提示方法。

因变量:情绪判断的正答率;指认行为、注视行为和情绪表现发生率。

采用(组别3)×(人物表情4)×(人物类型2)×(提示方法2)的混合实验。

三个组分别为AU(自闭症谱系障碍儿童)组、MR(弱智幼儿)组和T(普通幼儿)组;人物表情为喜、怒、悲、惧四种基本情绪;人物类型为卡通人物米老鼠和婴儿照片;提示方法为"语言提示"和"表情提示"。

(3) 实验材料及呈现

在实验中,采用了婴儿"喜、怒、哀、惧"的照片共四张;卡通人物米老鼠"喜、怒、哀、惧"的图片共四张。

婴儿的"喜、怒、哀、惧"一组照片和卡通人物米老鼠"喜、怒、哀、惧"一组图片,被分别贴在A4尺寸的白纸上,四张照片或图片的相隔距离大致相等。而与之完全匹配的照片和图片都同时正向地放在被试的面前。

(4) 实验地点与主试

实验地点为各个被试所在幼儿园(共4所)的一间安静的房间;自闭症谱系障碍儿童熟悉的老师担任主试。

(5) 实验程序

① 语言提示课题

在"语言提示条件"中,依次呈现婴儿的"喜、怒、哀、惧"照片,卡通人物米老鼠的"喜、怒、哀、惧"图片。对每一组图片的四种情绪的述说是随机的。在主试说完一个描述情绪用语之后,让被试指认相应的情绪照片或图片。因自闭症谱系障碍儿童缺少用食指来指点的行为,所以也可让他们将相应的情绪照片或图片拿给主试。

为了使年幼的被试能对四种基本情绪有个大致了解,在"语言提示条件"实验中,主试都以简单的说明对四种基本情绪进行描述,以唤起被试自身曾有过的相同情绪体验,在理解的基础上再施行实验。

对"喜"的说明为"××拿到一颗糖,高兴地笑了,××笑的是哪张,拿给老师"。

对"怒"的说明为"××要吃糖,可是妈妈不给他吃,××生气了,××生气的是哪张,拿给老师"。

对"哀"的说明为"××要吃糖,可是妈妈不给他吃,××吃不到糖,难过得哭了,××哭的是哪张,拿给老师"。

对"惧"的说明为"××正要吃糖,可是突然飞过来一只虫子,××害怕了,××害怕的是哪张,拿给老师"。

② "表情提示"课题

呈现实验材料的顺序同"语言提示条件"。

主试在说出"××笑了,这里的××也笑了,我们给他找朋友"之后,让被试给每张图片配对。

实验者用笔记录被试在两个课题中所出现的正误反应,而另一名观察者用数码式摄像机(Canon,MV550I)进行了全过程的录像。

3. 结果

(1) 课题反应的分析

① 两种提示方法的组间比较

图4-1显示了AU(自闭症谱系障碍儿童)组、MR(弱智幼儿)组和T(普通幼儿)组三组幼儿在"语言提示"和"表情提示"的正答率的比较结果。

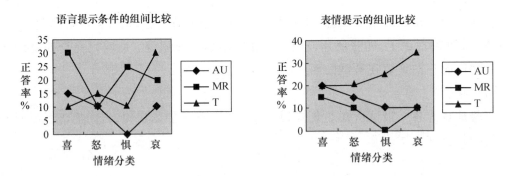

图4-1 两种提示条件下的三组正答率比较

图4-1表明,三组幼儿对他人的面部表情认知都处于很低的水平。在两种提示条件下,没有一个组对任何一个基本情绪的正答率达到40%以上。

从AU组的正答率来看,在"语言提示"条件下,除了对"喜"的面部表情认知的正答的人次比普通幼儿组高,总体上比对照组都低。T 组幼儿从总体来看,也低于 MR 组。

然而,在"表情提示"条件下,AU 组的幼儿对四种面部表情认知正答率虽然全部低于 T 组,但都高于 MR 组。

② 提示方法与人物表情关系比较

图 4-2 是自闭症谱系障碍组幼儿在两种实验条件下对四种面部表情认知的正答率。

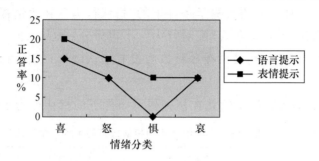

图 4-2　自闭症谱系障碍组幼儿在两种条件下的面部表情认知正答率

从图 4-2 中我们可以看到,不管是语言提示条件,还是表情提示条件,自闭症谱系障碍组幼儿对面部表情认知有一个共同的规律:对"喜"和"哀"的认知成绩较好,而对"怒"的认知就显得较为困难。他们最难以理解的就是"惧"的情绪,两种提示条件下的正答率分别为 0% 和 10%。

③ 提示方法与人物类型关系比较

图 4-3 是自闭症谱系障碍组幼儿在两种实验条件下对卡通人物米老鼠和婴儿的面部表情认知正答率的比较。

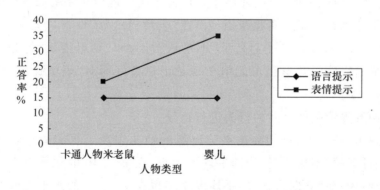

图 4-3　自闭症谱系障碍组幼儿对两类人物面部表情认知的正答率

图 4-3 表明,在"语言提示"条件下,自闭症谱系障碍儿童对他人面部表情的认知,并不受人物类型的影响,两者的正答率完全相等,但是在"表情提示"条件下,情况就完全不同了。自闭症谱系障碍儿童对米老鼠的面部表情认知的正答率只有 20%,但对婴儿的面部表情认知的正答率达 35%,反映了自闭症谱系障碍儿童更容易识别婴儿的情绪。

实验结果表明,自闭症谱系障碍组幼儿在"语言提示"条件下,对他人的面部表情认知正答率都低于弱智组的幼儿,但是,在"表情提示"条件下,却都又高于弱智组儿童。其原因何在?为了探索这个问题,该研究对自闭症谱系障碍组幼儿在实验过程中所表现出来的行为与情绪表现进行比较分析,以推论其差异性产生的原因。

(2) 两种实验条件下指认行为的比较

在对实验过程编码时,将语言提示条件下的"指认行为"(在表情提示条件下为"配对行为",后面所言"指认行为"均包含"配对行为",不再另分)分为三类:不指认、延迟指认和立即指认。"延迟指认"是指被试在 5 秒以内没有指认动作;"立即指认"指 3 秒以内就有指认反应。

表 4-1 是自闭症谱系障碍组幼儿在两种提示条件下的指认行为平均发生率的比较。

表 4-1 自闭症谱系障碍组幼儿的指认行为的平均发生率比较

提示条件	不指认	延迟指认	立即指认
语言提示	0.119*	0.017**	0.063*
表情提示	0.081*	0.019*	0.108*

注:此表的发生次数以每 5 秒为一个单位计算。

* $p<.10$,** $p<.05$;这里是同实验条件 T 成对检验后比较的结果;* $p<.10$;这里是不同实验条件 T 成对检验后比较的结果。

根据表 4-1 的结果,首先,对两种提示条件内的行为进行比较。

在"语言提示"条件下,自闭症谱系障碍儿童组的"不指认"行为的平均发生率在 $p<.10$ 的显著水平上高于"立即指认"行为;在 $p<.05$ 的显著水平上高于"延迟指认"行为的平均发生率。由此可见,自闭症谱系障碍儿童组可能由于接受语言能力低下,在"语言提示"条件下感到难以完成实验课题。而在"表情提示"条件下,"立即指认"行为的平均发生率在 $p<.10$ 的显著水平上高于"不指认"行为和"延迟指认"行为的发生率。由此可见,自闭症谱系障碍儿童组可能由于视觉记忆良好而对"表情提示"条件下的实验课题感到较易入手。

其次,从两种提示条件之间的行为进行比较。

在"语言提示"条件下,自闭症谱系障碍组的幼儿表现了更多的拒绝和犹豫。因为"语言提示"条件下的"不指认"行为的平均发生率,在 $p<.10$ 的水平上高于"表情提示"条件下的同类行为;而"立即指认"的平均发生率也在 $p<.10$ 的水平上低于"表情提示"条件下的同类行为。

综上所述,自闭症谱系障碍儿童组对"表情提示"条件下的课题任务的反应速度要明显快于"语言提示"条件的反应速度,其差异达到了显著水平。

(3) 两种实验条件下视觉行为的比较

在对实验过程编码时,将两种提示条件下的"视觉行为"分为三类,"不看"、"瞥一下"

和"注视"。"瞥一下"是指被试在 2 秒以内对呈现的照片或图片有视线接触;"注视"指 5 秒以上持续看着照片或图片的行为。

表 4-2 是自闭症谱系障碍幼儿组在两种提示条件下的视觉行为平均发生率的比较。

表 4-2　自闭症谱系障碍组幼儿的视觉行为平均发生率比较

提示条件	不看	瞥一下	注视
语言提示	0.103*	0.043	0.024*
表情提示	0.049*	0.029**	0.127**

注:此表的发生次数以每 5 秒为一个单位计算。* $p<.10$,** $p<.05$;这里是同实验条件 T 成对检验后比较的结果。* $p<.10$,** $p<.05$;这里是异实验条件 T 成对检验后比较的结果。

根据表 4-2 的结果,首先,对两种提示条件内的行为进行比较。

在"语言提示"条件下,自闭症谱系障碍儿童组的视觉行为的发生率从高到低的顺序依次排列为"不看"、"瞥一下"和"注视"。其中"不看"行为的平均发生率在 $p<.10$ 的显著水平上高于"注视"行为的平均发生率。由此可见,自闭症谱系障碍儿童组可能由于接受语言能力的低下而对实验的课题任务表现出一种漠不关心。而在"表情提示"条件下,"注视"行为的平均发生率在 $p<.10$ 的显著水平上高于"不看"行为的平均发生率,在 $p<.05$ 的显著水平上高于"瞥一下"行为的平均发生率。由此可见,自闭症谱系障碍儿童组可能由于视觉记忆的良好而对"表情提示"条件下的实验课题表现出很大的兴趣。

其次,从两种提示条件之间的行为进行比较。

在"语言提示"条件下,自闭症谱系障碍组的幼儿表现了更多的视线缺乏和游离。因为在"语言提示"条件下的"不看"行为的平均发生率在 $p<.10$ 的显著水平上高于"表情提示"条件下的同类行为的发生率;而"注视"的平均发生率在 $p<.05$ 的水平上低于"表情提示"条件下的同类行为。

综上所述,自闭症谱系障碍儿童组在"表情提示"条件下,对课题表现出更多的兴趣,也给予了更多的关注。

(4)两种实验条件下指认与视觉行为的关联研究

表 4-3 显示的结果,是将自闭症谱系障碍组儿童在两种提示条件下的指认和视觉行为的平均发生率进行相关分析后所得相关系数的排列。

表 4-3　两种提示条件下指认和视觉行为的相关系数比较

	语言提示			表情提示		
	不看	瞥一下	注视	不看	瞥一下	注视
不指认	0.36			0.79		
延迟指认		−0.20			0.06	
立即指认			0.27			0.75

从表 4-3 中可以看到,自闭症谱系障碍组在"表情提示"条件下,指认行为和视觉行为之间的关联程度要比在"语言提示"条件下大得多。

在"表情提示"条件下,"不看"与"不指认"之间相关系数达 0.79,同时"注视"与"立即指认"之间相关系数也达 0.75,说明这两种行为之间都有着很强的相关。

然而,在"语言提示"条件下,"不看"与"不指认"之间相关系数只有 0.36,同时"注视"与"立即指认"之间相关系数也只有 0.27,说明这两种行为之间并没有什么相关。

这些相关系数说明了一个问题,那就是自闭症谱系障碍组儿童在"表情提示"条件下,是用心地对他人情绪进行认知。他们不看,也就不会去指认;注视了,才会立即指认。而在"语言提示"条件下,他们却带着更大的随意性。

上述实验获取了一些非常有意义的结果。这些结果可以使我们对一些定论进行反思,也给我们对自闭症谱系障碍儿童进行社会认知干预带来启迪。

第一,关于三组幼儿在实验中对他人面部表情认知的正答率都低于 40% 的结果的思考。

前面所叙述的先行研究,都从不同的角度为卡纳的自闭症谱系障碍儿童情感先天缺乏论做了诠释和印证。然而,本实验的结果却表明,自闭症谱系障碍儿童与心理年龄相仿的弱智儿童和普通儿童,在对他人的面部表情认知方面,并没有很大的差异,甚至在"表情提示"的实验条件下,他们的成绩还略优于弱智儿童。尽管他们可能是运用了某种替代性策略,来完成对他人情绪的辨识,但至少说明他们对他人的面部表情认知并非完全浑然不觉。

第二,关于自闭症谱系障碍组儿童对四种面部表情认知差异结果的思考。

在对提示方法与基本情绪做的相互关系分析时发现,自闭症谱系障碍组儿童不管是哪种提示条件,他们对"惧"的情绪最难认知。这个结果与巴伦-考恩(Baron-Cohen, 1985)对高功能的自闭症谱系障碍学龄儿童进行的实验研究所得出的结果是一致的。相对而言,对其他三种面部表情认知似乎更容易些。根据这个结果,我们对自闭症谱系障碍儿童进行社会认知干预时,就可先忽略"惧"的情绪,而着重使自闭症谱系障碍儿童理解"喜"、"怒"和"哀"这三种基本情绪。

第三,关于自闭症谱系障碍组儿童对两种人物类型的认知差异结果的思考。

在对提示方法与人物类型做相互关系分析时发现,自闭症谱系障碍组儿童更偏好与自己接近的婴儿,而非卡通人物米老鼠。这个结果给我们的启示是:我们在对自闭症谱系障碍儿童进行干预时,可选用婴儿照片,甚至是自闭症谱系障碍儿童自己的婴儿期照片,作为干预材料。这样自闭症谱系障碍儿童可能会更容易接受面部表情认知活动。

第四,关于自闭症谱系障碍组儿童在表情提示条件下,对他人面部表情认知的成绩优于弱智组幼儿的结果的思考。

实验中发现，自闭症谱系障碍组儿童在表情提示条件下，对他人面部表情认知的成绩均优于弱智组幼儿。为回答这个问题，用微观分析法对自闭症谱系障碍儿童在实验过程中的指认行为和视觉行为进行了分析。结果表明，自闭症谱系障碍组儿童在表情提示条件下，有更多的注视行为，也有更多的立即指认行为，并且，这两个行为之间还有着很强的相关关系。

综上所述，对尚无言语能力或只有很低的言语能力的自闭症谱系障碍儿童来说，他们对语言理解的困难，妨碍着他们对课题本身的兴趣。而表情提示条件课题，因更偏重于图形认知，这是大多数自闭症谱系障碍儿童都擅长的，所以，他们有兴趣用心地去完成，因而能取得较好的成绩。这就启发我们，在对自闭症谱系障碍儿童进行社会认知干预时，我们应该用更多的直观可视的材料来进行。只有多使用属于自闭症谱系障碍儿童优势领域的材料，才能唤起自闭症谱系障碍儿童对干预活动本身的兴趣，从而使他们能坚持下去，并容易获得自我效能感。

（二）社会情绪理解特征分析

上述实验主要探索了年幼的低功能自闭症谱系障碍儿童在基本情绪识别上的特点，而其他一些先行研究还聚焦于中偏高或高功能自闭症谱系障碍儿童对基于他人信念和愿望有关的社会情绪理解上，如"尴尬"、"失望"等。这些研究表明，自闭症谱系障碍儿童在理解别人"愿望"和"信念"这两个关键的心理状态上，表现出明显的差异。开普斯（Capps）等人研究了自闭症谱系障碍儿童认知"骄傲"、"尴尬"等情绪的特点，其研究结果显示，自闭症谱系障碍儿童对外部的、不可控事件体验为"尴尬"，同时他们也不能将"伤心"和"尴尬"区分开来。

自闭症谱系障碍儿童这种对社会情绪理解上的困难可能源于以下两个原因

1. 共同注意能力薄弱说

基于愿望和信念的情绪在面部表现时不如基本情绪那么显而易见，要解读这样的情绪首先需要儿童能很细微地观察并识别他人面部的细微表情。在第3章所述的关于自闭症谱系障碍儿童存在共同注意缺陷（joint-attention deficits）的假设或许可在一定程度上说明这个问题。共同注意行为基本目的就是与别人分享事物的经验，它不仅要求儿童与另外一个人分享或者协调对于第三方事物的注意，同时还包括传递情绪。在儿童早期的情绪交流中，共同注意行为发挥着重要的作用。它是儿童使用视觉注意（非言语）与别人分享经验的重要方式。然而，在通常情况下，自闭症谱系障碍儿童缺乏对社会刺激的注意时间要比普通儿童和弱智儿童都短。因此，他们很难通过注意别人的面部表情来分享对事件或物体的关注，因此失去了很多从他人的面部表情学习识别社会情绪的机会，进而在理解这类情绪上出现困难。

2. 心理理论的缺乏

在心理理论的构成结构中，愿望和信念这两个核心成分处于不同的发展层级中，因而基于愿望和信念的两种情绪也存在于不同的发展层级上。泰格-弗拉西伯格和苏利文（Tager-Flusberg & Sullivan,2000）提出了心理理论模型观。该模型认为心理理论能力应包括两个成分：一个是社会知觉成分,他主要负责对人的面部表情和身体姿态等所反映的心理状态进行判断；另一个是社会认知成分,他负责对别人的心理状态进行表征和推理加工。隋晓爽等（2003）对心理理论两成分认知模型进行的实验验证,基本证实了该假设。应用该模型来解释现有的研究结果,可以看到那些高功能的自闭症谱系障碍儿童基本能依据别人的表情如声调、语气来判别他人的基本情绪；然而由于他们的社会认知能力受到了损害,难以理解别人头脑中的想法、观点以及信念,因而很难理解诸如"惊讶"、"尴尬"这样的社会情绪。

综上所述,由于智力发展水平的差异,自闭症谱系障碍儿童在理解他人的基本情绪和社会情绪上表现各异。对低功能的自闭症谱系障碍儿童,我们对其干预的重点应放在促进其理解他人表现基本情绪的面部表情上,而对那些智力水平较高、语言障碍较少的高功能自闭症谱系障碍儿童,则更应将干预重点放在促进其对他人内心的理解,基于愿望和信念的社会情绪理解上。

三、自我情绪表现特点

情绪表现是指个体将内心的情感世界表现为外显性的面部表情、肢体表情或口头言语等形式,是人际交流中极为重要的媒介手段。

自闭症谱系障碍儿童,特别是无口头言语能力的低功能自闭症谱系障碍儿童,由于存在严重的语言发展落后及社会交往能力的障碍,他们往往只会用哭闹、叫喊、发脾气,以及自伤或攻击他人来表达他们的情绪反应。通过观察他们独特的情绪表现,从而解读他们的内心世界,是每一个自闭症谱系障碍儿童家长以及与之关联的教育工作者必修的科目。

（一）面部表情的特点

婴儿的面部表情是唤起母亲感情的重要源泉。母婴之间感情联结在这样的交流中建立,成为婴儿健康成长的关键。对大多数的自闭症谱系障碍儿童来说,从他们出生伊始,其面部的情绪表现与同龄的普通儿童就有着较明显的差异,主要表现在两个方面,一是能表现的种类少,二是不合时宜。

普通儿童从新生儿期开始,就已能通过面部表情向成人传递信息。他们通过皱眉或微笑向成人表明他们是饥饿还是饱足、病痛还是舒适的状态。3个月时普遍出现"愉快"表情,4～6个月时普遍出现愤怒的表情；5～7个月时普遍出现悲伤的表情,7～9个月时普遍出现恐惧的表情,12～15个月时普遍出现惊奇的表情,大概在15个月左右时,已获得了基本表情的表现能力。概言之,在获得口头言语能力之前,婴儿基本上已能通过面部表情来吸引成人接近、拥抱、哺育他。但是,自闭症谱系障碍儿童在婴儿期间就缺乏这种与母亲情绪上的交流,面部表情的发展相当薄弱。

我国学者王梅、杨磊(2004)在对自闭症谱系障碍儿童表情及变化诱因的研究中发现,自闭症谱系障碍儿童表情的种类没有普通儿童丰富。虽然大多数自闭症谱系障碍儿童能表现"喜、怒、哀、惧"这四种基本情绪,但他们当中只有少数儿童会表现出惊讶的表情。在低功能自闭症谱系障碍儿童的脸上几乎从未出现过其他基本情绪,由此可以说明自闭症谱系障碍儿童面部表情发展存在异常。

不合时宜面部表情的表现也是自闭症谱系障碍儿童的一大特点。尽管他们也会表现"喜、怒、哀、惧"四种情绪,但往往不能切合现实状况来正确适宜地用自己的面部表情来表达自己的高兴和伤心。例如,有的自闭症谱系障碍儿童在没有任何诱发事件的情况下,会在全班幼儿一起准备午睡前突然大笑半小时,并笑得前俯后仰,使幼儿们大感不解。还有的自闭症谱系障碍儿童会在吃饭或午睡时,没有任何负面事件出现的情况下大哭不止。由于与彼时彼地的氛围不相符合,因此会让人有一种莫名其妙的感觉、难以应对。

自闭症谱系障碍儿童这种面部表情的表现种类少、与气氛不符的异常表现应该与他们缺乏共同注意、对人的面孔识别视线的狭小有关,也与他们社会认知能力有密切关联。也许正因为二者具有彼此影响的效应,所以自闭症谱系障碍儿童在面部表情的表现和社会认知上都是表现得非常薄弱。

(二)需求的情感表现

人在痛苦、害怕、有困难和受委屈时,往往会去找自己亲近的人帮忙,即使非常年幼的儿童也不例外。自闭症谱系障碍儿童在表现自己的情感需求时往往会有所不同。

雷克斯(Ricks,1975)对年幼的自闭症谱系障碍儿童在各种场合中发出的声音进行研究,发现他们在表达自己需求之时发声非常独特,与正常儿童和弱智儿童的发声完全不同。除了发声的特点外,有的自闭症谱系障碍儿童很少靠肢体语言来表达自己的情感需求。低功能的自闭症谱系障碍儿童不太会用点头表示"同意",摇头表示"不"。如果为了拿到自己想要的东西,不会用手指以表示自己的需求,而是牵着某个人的手,把那个人的手放在想要的东西上。

当然,也有截然相反的情况。有的自闭症谱系障碍儿童不管对方的性别和年龄,无法揣度别人的情感,看见谁都会上前一把将别人抱住,引起对方很大的不快。

无法适当地表达自己内心的需要,除了前面所论述的神经生理问题,可能还与自闭症谱系障碍儿童共同注意行为中的"指点行为"的缺乏有关,更为重要的是他们无法站在别人的角度来思考问题,无法根据他人的好恶来调节自己的行为模式。因此,我们有必要加强他们的共同注意行为的质和量,促进他们自我分化认知能力,推测他人内心心理的能力。

(三) 移情获得与表现

移情(empathy),是个体感同身受他人的情绪、情感并在行为上有所表现的心理现象。移情也应属于社会情绪范畴产生的过程中,它与认知的相互作用密不可分,两者互为基础,互为条件,认知水平和情绪唤起共同决定着移情的性质、强度、方式和内容。所以从这个层面上讲,移情就可分为情感性移情和认知性移情。情感性移情,指个人在情感上体验他人的内部情绪;认知的移情,指个人在理智上洞察、理解他人的内部经验。

自闭症谱系障碍儿童在情感性移情方面显得不足,其主要原因可能是因为感受别人的情感体验能力不足。他们主要通过观察他人的面部表情而获得即时感受,很难真正地去理解他人的喜悦、恐惧、痛苦和挫折,因而缺乏与别人建立相同情感的能力。他们无法将内心的情感体验与外界世界建立联系。

从情感性和认知性角度考虑自闭症谱系障碍儿童的移情能力的获得与表现,就会给我们带来一定的教育上的启示。因为虽然有些自闭症谱系障碍儿童情感性移情能力缺失,但是认知性移情能力却可以得到良好的发展,可以在培养他们进行简单思考的同时,提高其通过思考去理解别人情感的能力。同时在教育训练和干预中,也可以通过设计角色游戏帮助自闭症谱系障碍儿童对别人设身处地的情感理解,从而可以提高他们的移情能力。

第2节 言语发展特征

语言是人际交流中必不可少的符号系统和社会交际工具。许多跨文化的研究表明,无论哪种民族,无论使用哪种语言,发展正常儿童对母语的获得和发展都有一个共同的规律。

幼儿期是儿童口语发展的关键时期,也是人类获得语言的一个重要发展时期。一般情况下,3岁左右儿童可以掌握母语的全部发音和简单的语法规则,掌握1000个左右的词汇。但是,至少一半以上的自闭症谱系障碍儿童有语言发展滞后的现象。

由于部分自闭症谱系障碍儿童对某些声音,尤其是对他人的讲话充耳不闻,常被误认为听力障碍而首诊于耳鼻喉科。在排除听力障碍和发音器官障碍的情况下,研究者发现大部分自闭症谱系障碍儿童都存在不同程度的语言障碍,或是接受性语言障碍,或是表达性语言障碍。有关统计数字表明,大约一半的自闭症谱系障碍儿童有获得性功能语言方面的缺陷。[①] 一个低功能的自闭症谱系障碍儿童,往往到了5岁左右,才有简单的口头言语能力。更有甚者,一生无语。中功能,甚至是高功能的自闭症谱系障碍儿

---

① Bryson S E. Epidemiology of autism [J]. Journal of Autism and Developmental Disorders,1996,26,165-167.

童也在不同程度上存在言语障碍。正如世界卫生组织制订的精神障碍诊断统计手册第4版(DSM-IV)对自闭症社会交往与语言障碍的界定中所指出的那样,这些语言障碍的具体表现是言语行为的迟滞或缺失(Delay or absence of spoken language),与人谈话的启动和维持能力受损,词或词组的异质性使用等。自闭症语言障碍的内容涉及语音、语义、语用、词汇、语法等多方面的问题。

在本节中,将首先从神经生理特点去探寻自闭症谱系障碍儿童存在语言障碍的深层原因,然后聚焦于他们在言语接受和言语表达上的特点加以条分缕析。

一、神经生理特点

针对自闭症谱系障碍儿童的言语发展特点,运用神经生理学的方法,研究者们对神经系统的细胞联接和脑区激活情况进行了仔细的确认,他们艰苦卓绝的探索研究所获得的结果给我们以启迪。

(一)神经联接异常分析

"脑神经联接不足论"与"脑神经联接过度论"同时并存于对自闭症谱系障碍儿童言语能力获得的研究领域。

1. 脑神经联接不足论

1988年,美国国立卫生研究院神经科学实验室的霍维兹(Horwitz)等研究者运用正电子断层扫描技术(Positron Emission Tomography,简称PET)探查了14名自闭症谱系障碍儿童和14名相匹配正常儿童的脑区功能联系状况。结果发现,与正常组相比,自闭症谱系障碍儿童组被试的顶叶等其他低级脑区与额叶之间的功能性联结受损和减少。自此,有关自闭症谱系障碍儿童脑神经联结方面的研究就不断涌现,并朝着两个方向展开。一方面,一些研究者采用新的研究设计,重新考察了自闭症谱系障碍儿童个体不同脑区之间结构联结和功能联结的状况。这些研究不仅证实了霍维兹等的结论,还进一步得出"脑神经联结不足"(under connectivity)的观点(Just等,2004;Brock等,2002),即认为自闭症谱系障碍儿童个体不同脑区之间缺乏正常的结构联结和神经联结,造成各脑区间的协作功能低下,语言障碍和社会认知障碍。

2. 脑神经过度联结论

有一些研究者提出了与"脑神经联接不足论"截然不同的观点,他们认为,自闭症谱系障碍儿童存在脑神经过度联结(over connectivity)(Belmonte et al.,2004;Herbert et al.,2004)。在一项研究中,赫尔伯特(Herbert et al.,2004)采用白质分割技术将脑白质分成外层白质(outer zone)(包括顶叶、枕叶、额叶等区域)和内部白质(inner zone)(包括胼胝体、带状沟、基底神经节等区域)两部分。赫尔伯特等发现,在内部白质部分,自闭症谱系障碍儿童组与控制组之间没有显著差异;但在外层区域,自闭症谱系障碍儿童组和语言发展障碍组均存在脑白质过度生长、神经元过度联结的现象。此外,越是神经髓鞘化偏迟的区域(如前额叶),这种神经过度联结的状况越严重。

近年来,越来越多的研究者认为自闭症谱系障碍儿童的脑神经同时并存着"局部联结过度"(local over connectivity)和"长距联结不足"(low distant connectivity)的现象,并用这种双重意义的"脑神经联结异常"的假设来解释自闭症谱系障碍儿童的语言障碍。

如图4-4的模拟所示,贝尔蒙特等(Belmonte et al.,2004)在左边正常大脑的神经网络中,由于存在适当的局部联结和有效的长距联结,信息输入(双箭头)能够在两个脑区共同表征和传播,额外的干扰信息(单箭头)被有效地区分出去。在对应的激活模式上,视觉注意任务的信息输入导致了脑区的同时性分布式激活。而在右边自闭症谱系障碍儿童个体的神经网络中,由于存在过度的局部联结和不足的长距联结,低级功能脑区的信息加工是未经分化的(信息输入和额外的干扰信息都得到了过度的加工),而脑区之间是缺乏协同的。在对应的激活模式上,视觉注意任务的信息输入只导致了低级功能脑区异常强烈和集中的激活,其他脑区却没有被同时激活。

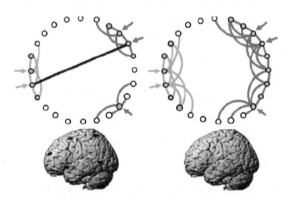

图4-4 正常个体(左)和自闭症谱系障碍儿童(右)的脑神经联结模式(上)及脑激活模式(下)[①]

中枢神经系统的可塑性是自闭症谱系障碍儿童语言康复、矫治和训练的基础。尽管神经系统的可塑性具有物种的特异性和个体的差异性,但加强和改善突触联结(包括新突触的建立,神经环路的稳定性、永久化,保留最佳神经通路等)是中枢神经系统的可塑性的关键所在,包括期待性突触可塑性和经验性突触可塑性。

(二)相关脑区激活分析

为了进一步从大脑神经活动的层面上了解自闭症谱系障碍儿童语言发展障碍的生理基础,许多研究者开展了一系列有关自闭症谱系障碍儿童语言的脑电研究和脑成像

---

① 资料来源:Belmonte M K, Allen G, Beckel-Mitchener A, et al. Autism and abnormal development of brain connectivity [J]. Journal of Neuroscience, 2004, 2442:9228-9231.

研究。

在几项脑神经成像的核磁共振研究中发现,自闭症谱系障碍儿童在完成语义任务中呈现出异常的脑激活模式:一是自闭症谱系障碍儿童表现出更多的视觉脑区被激活;①二是自闭症谱系障碍儿童表现出更少的高级脑区,如左前额回和左额下叶被激活;②三是自闭症谱系障碍儿童的皮质功能区域之间缺乏联系,缺乏神经功能的整合机能。③这些发现从认知神经科学的角度解释了自闭症谱系障碍儿童在语言理解中倾向于利用视觉信息等低层次知觉信息,而不是深层次语词编码策略的生理机制。

贝林(P. Belin,2000)等人关于听觉信息处理,尤其是语言的脑功能研究的结果表明,人脑的双侧颞上回的上背面是对人的声音进行处理加工的重要部位。正常被试接受语音刺激时,该脑区的激活水平高于非语音刺激的激活水平;自闭症谱系障碍儿童被试则相反,其非语音刺激对双侧颞上回的上背面的激活水平高于语音刺激的激活水平。④杰斯特(Just et al.,2004)对17名自闭症谱系障碍儿童和自愿参加实验的正常对照组进行了有关语句理解课题的脑功能对比实验,发现两组在2个重要的语言功能区被激活范围有显著的差异。具体表现为负责字词加工的左颞上回后部的威尔尼克(Wernicke)区被激活范围大,而负责句子理解加工的左颞下回的布洛卡(Broca)区被激活范围小。此外,自闭症谱系障碍儿童脑皮质激活区的时间校正曲线低于正常值,由此推测,自闭症谱系障碍儿童语言信息整合的异常可能与上述两个脑区的神经活动有关。

高顿(J. H. Gordon,2006)的研究进一步表明,在接受语言刺激时,正常被试用来理解句子的布洛卡(Broca)区、额中上回与左侧小脑明显被激活,但自闭症谱系障碍儿童被试的被激活程度明显减低,但负责字词解码的另一个语言中枢威尔尼克(Wernickecs)的激活水平高于正常被试,这意味着自闭症谱系障碍儿童被试可能停滞在单个字词的加工水平,故不能有效地理解语句,造成语言沟通的困难。⑤

以上陈述的研究说明,自闭症谱系障碍儿童的言语发展存在障碍,确实有其神经生理上的问题。根据大脑的可塑性和言语发展的关键期理论,对自闭症谱系障碍儿童的言语障碍的早期发现和干预就显得十分迫切。

---

① Gaffrey M S, Kleinhans N M, Haist F, et al. A typical participation of visual cortex during word processing in autism: an fMRI study of semantic decision [J]. Neuropsychological, 2007,45:1672-1684.

② Harris G J, Chabris C F, Clark J, et al. Brain activation during semantic processing in autism spectrum disorders via functional magnetic resonance imaging [J]. Brain and cognition, 2006,61:54-68.

③ Just M A, Cherkassky V L, Keller T A, et al. Functional and anatomical cortical under connectivity in autism: evidence from an fMRI study of an executive function task and corpus callosum morphometry[J]. Cerebral Cortex, 2004, 127 (8): 1811-1821.

④ Belin P, Zatorre R, Lafaille P, et al. Voice-selective areas in human auditory cortex [J]. Nature,2000,403(6767): 309-312.

⑤ Gorton J H, Christopher F G, Jill Clark, et al. Brain activation during sematic processing in autism spectrum disorders via functional magnetic resonance imaging [J]. Brain and Cognition, 2006,61(1):54-69.

二、言语理解特点

言语接受是指对他人语言的理解能力。自闭症谱系障碍儿童在语言的理解上呈现出独特的异常类型。

1. 单词的理解

高功能自闭症谱系障碍儿童对单词和意义的理解并不比弱智儿童逊色(Tager-Flusberg,1987)。研究结果表明,自闭症谱系障碍儿童的障碍在于对语言概念的抽象化等高度信息处理的能力不足和不会对概念进行活用等问题上。虽然轻度和中度的弱智儿童一开始在单词的意义理解和概念的掌握上要比这些高功能自闭症谱系障碍儿童的速度迟缓,但他们一旦切实理解和掌握选择句、疑问句、人称代词及语法的使用后,就能缓慢地接近普通儿童水平,而自闭症谱系障碍儿童的语言发展,却呈现出独特的发展特点,主要表现在对语义的理解上。

2. 语义的理解

值得注意的是,高功能自闭症谱系障碍儿童在语义理解上并不是全面落后,而是表现出掌握了大量的词汇却很难理解语义的逆差上。从能力上说,高功能自闭症谱系障碍儿童一般能够掌握正常乃至异常多的词汇量,也能够理解单个的词汇和概念。如他们能够正确地将"鸟"、"船"、"食物"和"工具"等单词进行正确分类,表明他们具有正常的类别表征。但是,在语义理解上却存在以下几个主要问题:

不能利用语义信息来提高单词系列的回忆效果。在理解句子时,更倾向于使用语法策略,而不是语义策略。不能根据语义情境来解释单词。当要求列举某些类别(如动物)的例子时,尽管能够快速而准确地说出类别成员,但提供的例子远离原型,如"虎猫"、"刺猬",而不是通常人们熟悉的狗、猫等。[①] 以上研究成果表明,自闭症谱系障碍儿童虽然能够掌握基本的语词,却无法运用这些基本的语义能力来完成较复杂的记忆、语言和概念等任务。长期以来,自闭症谱系障碍儿童这种词汇与词义相并存的认知矛盾常令父母和教育工作者感到困惑不解。

对于上述现象,不少研究者对其原因做了有益的探索。日本东京大学的户一(Toichi)和神尾(Kamio)等认为,高功能自闭症谱系障碍儿童在语义理解中可能使用了某种异常的语义编码策略。从他们的研究中发现,图形和语词都能够促进自闭症谱系障碍儿童的语义加工,但图形的促进作用呈现出明显的优势,由普通儿童组成的控制组则呈现出语词的优势。在研究中还发现,自闭症谱系障碍儿童的语词理解能力与其非言语智商存在着显著相关,与瑞文图形测验的相关系数可达 0.59,而控制组的同类相关系数

[①] Toichi M, Kamio Y. Verbal association for simple common words in high-functioning autism [J]. Journal of autism and developmental disorders. 2001,31(5):483-48.

只有0.15。这些研究表明,高功能自闭症谱系障碍儿童虽能够像正常人那样理解基本的词汇,却更可能依赖于较低水平的知觉能力,尤其是视觉能力。由于这种较浅层的加工策略往往缺乏灵活性,就可能使得他们只能够机械地掌握基本的概念类别,而难以运用这些语义能力完成较复杂的实验任务。

我国青年学者曹漱芹(2009)在国外大量的拼音文字(如英语、法语等)研究的基础上,结合中国的象形表意文字的特点,探讨了我国高功能自闭症谱系障碍儿童在语义理解上的特点和相关机制。该研究通过5个递进性实验逐层探讨了在汉语言上高功能自闭症谱系障碍儿童的视觉性语义理解的认知特点和心理机制。实验得出了以下主要研究结论:

以汉语为母语的高功能自闭症谱系障碍儿童具有较简单的单词水平的语义加工能力,但在较复杂的单词水平、句子水平和篇章水平的语义理解上则凸显出明显的缺陷;他们在语义加工过程中,尽管这种视觉编码所启动的是一种机械和浅层的语义理解机制,表现出明显的视觉图形编码优势,即借助更多的视觉参照;从认知途径来看,他们在理解语义时,"自下而上"和"自上而下"两方面的信息加工同时存在障碍。①

综上所述,不论自闭症谱系障碍儿童智力水平如何,在言语理解上都有不同程度的障碍:低功能自闭症谱系障碍儿童因只有很少的词汇量,要获得语词理解能力有极大的难度,而高功能自闭症谱系障碍儿童即使掌握了大量语词,由于缺乏整合和迁移能力,依然表现出语词理解的困难。由此给我们带来的教育干预思考是,我们应当积极地运用以形象直观的图片或图像为主的视觉性支持策略,来有效地促进自闭症谱系障碍儿童的言语理解能力。

三、言语表达特点

与言语的理解相比较,自闭症谱系障碍儿童在言语表达上呈现出更多的困难和特异性。近半个世纪以来,对自闭症谱系障碍儿童言语表达的解读有一个发展过程。研究发现,约75%的低功能自闭症谱系障碍儿童口头言语获得迟滞或能力缺损,口头言语能力与同龄儿童相比明显落后,有的自闭症谱系障碍儿童甚至终身无语。也有部分自闭症谱系障碍儿童在2~3岁前有简单的口头言语,但会瞬间消失,出现原因不明的"失语"现象。在他们当中,即使有些人有一些简单的口头能力,但也主要是以仿说、回声性语言为主。

15%左右的中功能自闭症谱系障碍儿童除了回声性语言,代词混乱、韵律失调是他们的主要问题。10%左右的高功能自闭症谱系障碍儿童虽然有一定甚至是足够的口头言语表达能力,但会出现因不符合说话情境从而使人难以理解的怪异的独特语病。1980

---

① 曹淑琴.自闭症谱系障碍儿童的语义理解[D].华东师范大学学前教育与特殊教育学院博士论文,2009

年,有人对此进行了研究,他们发现,这些具有较强的言语表达能力的自闭症谱系障碍儿童,虽然他们的语言同样有要求、肯定、自我规范、复述、描述、维持和互动等七种功能,但容易出现刻板言语、重复言语和语法错误。自闭症谱系障碍儿童难以理解他人的隐喻、幽默,除此之外,他们说话时声调单调、呆板,声音太高或者太低,缺少应有的抑扬顿挫和情感表达;说话时无躯体姿势的辅助;即使能进行谈话,也无法维持话题,对别人的反应毫不在意。这些现象被归纳为"语义—语用"缺陷。下面我们将根据不同功能自闭症谱系障碍儿童的言语表达特点进行条分缕析。

(一) 回声性语言

如前所述,低功能自闭症谱系障碍儿童很少有沟通性的口头言语,最为常见的是鹦鹉式仿说的回声性语言。这种口头表达形式成为自闭症谱系障碍儿童的典型特征。

回声性语言属于一种"完形语言"记忆,即"作为一种记忆形式或整体形式的口语,这种口语形式可能是规则应用的结果,说话者并不清楚这些语言的内部语义结构。

细分起来,回声性语言有"即时性"和"延时性"回声语言两种。所谓"即时性回声语言",是指重复刚刚听到的单词或句子。如果问一个自闭症谱系障碍儿童"你叫什么名字?"他的回答还是"你叫什么名字?"所谓"延迟性回声语言",是指自闭症谱系障碍儿童重复在过去的某一时刻听到的话语。过去曾有一些研究者认为回声式语言没有价值,必须予以制止。但是,近年来,有研究者指出,对自闭症谱系障碍儿童而言,回声性语言具有一定的功能性价值。在自闭症谱系障碍儿童不能理解话语,没有习得适当回应他人的语言技能时,回声性言语使得他们具有交流的倾向,产生与交流对象谈话的轮流现象,这样将有利于他们学会以及维持和他人的交流。

(二) 语义表达的特点

"言语的意义论"是在语言学中专门研究根据语言的形态等特征来传递语言意义的一个领域。所谓语义,就是语言形式所表达的内容。语言研究者从语言的层次结构上将语义分为词素义、词义、句义、话语义和篇章义。但目前有关自闭症谱系障碍儿童谱系障碍语义的研究主要集中于单词、句子和篇章三个不同水平。

1. 人称代词的错用和避用

"代词逆转"是自闭症谱系障碍儿童运用语言的一个显著特征,也被视为诊断自闭症谱系障碍儿童的重要指标之一。通常情况下,自闭症谱系障碍儿童把自己说成"你",把交谈对象说成"我",表明他们在交流时理解说者与听者之间转换对话角色的困难,也反映出自闭症谱系障碍儿童在对自己和他人的概念进行概念化加工过程中存在问题。

此外,自闭症谱系障碍儿童说话时还有回避使用人称代词的倾向。在一项将弱智儿童与自闭症谱系障碍儿童的匹配研究中发现,自闭症谱系障碍儿童较少运用人称代词"我"的宾格,他们更多地用指物或指人的名称代替人称代词。这说明大多数自闭症谱系障碍儿童在日常生活中有明显的人称代词使用问题,存在以其他名称指代自己或者其他人、事的现象。

2. 奇异新词的杜撰与使用

"创造新词",是一些高功能自闭症谱系障碍儿童常出现的言语表达现象。如,他们会把去游泳说成"去鳄鱼",因为他们在水里见到过鳄鱼,而游泳也在水中,因此将这两个相似点提取出来后,便杜撰了一个奇异的新词。弗尔登(Volden)等人在研究中以生理年龄和语言技能为匹配标准,对80个自闭症谱系障碍儿童、弱智儿童和正常儿童使用的新词或者特异性语言进行了编码。研究证实,自闭症谱系障碍儿童使用更多的新词与特异性语言,特异新词的使用频率随着语言的复杂性增多,而弱智儿童特异新词的使用频率随着语言能力的增长而下降。由此可知,自闭症谱系障碍儿童的自创特异性新词倾向与他们的认知、社会和语言能力发展的水平低下有关。

(三) 语用表达的特点

"言语的语用论",是在语言学中专门研究社会交流中,通过对语言的选择,给谈话对方所带来的语言效果的一个领域。在这个语言的社会性功能领域的研究中,研究者们同样也发现了自闭症谱系障碍儿童所特有的现象,其特征表现在以下几个方面:在会话中,喜好拘泥于某一细微处;在会话中,会对某一话题作无数次的重复;一个人独占话题,随意打断或者改变对方的话题。

泰格-弗拉西伯格(Tager-Flusberg,1993)在研究中发现,自闭症谱系障碍儿童由于不了解社会生活中的会话规则,他们无法理解自己与他人是有所区别的这一事实。在过去的30年里,有关儿童语言运用的研究经历了三个不同的阶段。最初的研究以在不同的语境中儿童如何学会使用委婉方式来表达自己的愿望;20世纪80年代之后,关注的焦点是儿童如何学习寻找话题、轮流谈话以及延长谈话的修补能力等;20世纪90年代,研究者们的焦点又重新回到了儿童在语言发展中如何获得必要的知识技能,以便在相互交往中适当、有效、规范地使用语言。

对自闭症谱系障碍儿童语用障碍的研究,主要从言语交流行为(communication act)、会话技能(conversational skill)、语篇能力(discourse competence)三个方面展开。

1. 言语交流行为

有关自闭症谱系障碍儿童言语交流行为的研究发现,自闭症谱系障碍儿童通常缺乏社会性言语行为。虽然他们在运用语言提出要求、进行想象假装和自我管理时,与正常儿童相比似乎不存在显著差异,但是,他们很少使用指向人的一些社会指向性的言语行为类型,包括评论、展示、感谢听者、要求信息等。在使用语言保持社会接触时,自闭症谱系障碍儿童几乎从来不对正在进行的或过去的行为做出评论,也较少使用语言寻求或分散注意,不提供新信息,不倾向于表达意图或现状。罗林斯(Rollins)的研究发现,在言语倾向水平评估方面,与唐氏综合征儿童相比,自闭症谱系障碍儿童几乎不回应母亲有关关注物体的讨论,而且他们表达自己交流意图的言语倾向类型十分有限,甚至出现发展过程中语言交流倾向表达倒退的现象。研究者认为,这种社会性言语行为缺乏的问题,可以称之为自闭症谱系障碍儿童语用交流倾向习得异常。自闭症谱系障碍儿童在言语行动水平上更多地指向较基本的需求。鲍尔(Ball)发现,自闭症谱系障碍儿童仅仅使用直接回应问题的陈述性句子,但是不会做出陈述性的陈述与评论。

2. 会话技能

在有关自闭症谱系障碍儿童会话技能的研究中发现,自闭症谱系障碍儿童发起话题能力比其他儿童要差,他们较少主动发起交流。有的研究指出,自闭症谱系障碍儿童在高结构化社会环境中,如参与仪式活动时,有较强的发起会话的能力;但是在低结构化社会环境中(如游戏互动),他们发起会话的能力就比较弱;被迫与同伴亲近时,他们就会对社会环境做更多限定,以求环境结构化。研究同时发现,在发起会话的问题上,弱智儿童和正常儿童更为接近,他们在非结构化情境中表现出更多的主动发起谈话的现象。罗林斯对自闭症谱系障碍儿童会话能力的研究发现,这些儿童发起话题和回应话题有脱节现象。对这个研究结果,罗林斯解释为自闭症谱系障碍儿童发起话题与回应话题存在着两个不同的能力板块,这与正常儿童发起话题与回应话题的能力一致是截然不同的。由此,罗林斯认为,自闭症谱系障碍儿童的会话技能的问题主要在于,他们缺乏足够的会话所需的交互意识。有关自闭症谱系障碍儿童会话技能研究还告诉我们,自闭症谱系障碍儿童与正常儿童在话轮转换,即会话轮流的相对比率上没有差异,说明他们不存在这种低水平的会话技能障碍。

3. 语篇能力

对自闭症谱系障碍儿童语篇能力的研究主要集中在叙事的语用能力方面。因为叙事能力的研究可以同时为儿童语言、认知和社会性发展知识提供丰富的信息。叙事语用能力通常包括:在情境叙事能力和去情境叙事能力。在情境叙事能力是指表述时对交流对象、场景以及交往目的的敏感性和适宜性;去情境交流是指表述时对不在面前的事件、人物、发展结构的敏感性和适宜性。关于在情境叙事能力的研究表明,自闭症谱系障碍儿童在叙事时对交流对象、情境的敏感性不够。罗西(Losh)等研究者用一本 28 页的无字图书(*Frog on His Own*),引发被试对一个没有听过该故事的听者叙事。该项研究以智商、心理年龄和语言年龄为匹配标准,探讨自闭症谱系障碍儿童、弱智儿童和正常儿童在保持听者注意的方式以及在因果框架内表达思想和情感的方式的差异。研究发现,以听者不知晓故事为前提,在图画书阅读的情境中,12 岁的自闭症谱系障碍儿童使用因果关系的语言及表达内部状态的词汇方面与其他儿童相似;但是自闭症谱系障碍儿童不能识别引起人物内部状态的原因,他们在标识情感与解释行动时倾向于简单化,易于提供更多的模糊不清的指代;同时,自闭症谱系障碍儿童很少使用评价方式以传递信息,以便保持听者的参与状态。

在另一项以玩偶剧引发自闭症谱系障碍儿童和唐氏综合征儿童(生理年龄与语言智力年龄相配)叙事的研究中,发现了自闭症谱系障碍儿童更易出现违背语用的状况,其中包括使用奇异的或不适当的话语和很少考虑听者需要及背景知识的话语。在一项为期两年的追踪研究中,美国学者罗林斯采用了成长模型(growth model)研究方法,以生理年龄和语言年龄为匹配标准,对6个自闭症谱系障碍儿童与6个弱智儿童进行了跟踪研究。在语用、语法和语义三个部分的线性发展曲线上,发现自闭症谱系障碍儿童具有特定的和普遍的语用障碍,其语用缺损导致语法习得严重滞后于研究初始具有同等语言年龄和生理年龄的弱智儿童。这样的研究证实了自闭症谱系障碍儿童语言的主要问题是语用发展障碍。儿童语用的发展称之为"儿童语言发展的源泉",因为儿童在早期与成人交往过程中表现出的积极的语用倾向,给他们创造了语言学习的机会。对于自闭症谱系障碍儿童来说,他们的语用发展有可能导致语言的其他方面的发展滞后。

综上所述,中、高功能的自闭症谱系障碍儿童言语表达障碍的核心还是语义理解和语用问题。正如多年从事自闭症谱系障碍儿童语言研究的学者泰格-弗拉西伯格所指出的那样:"自闭症谱系障碍儿童不存在一致的语音和语法缺陷,其受损的主要是语义—语用能力……他们可能违背一般的语义制约原则,也不能有效地运用以语义为基础的词汇提取策略。"①

因此,针对自闭症谱系障碍儿童的上述语言现象,我们有必要从心理理论、社会认知等不同的角度来探讨其成因以及语言障碍与其他发展障碍之间的关系,找到促进其言语表达发展的有效途径。

本章小结

在本章中讨论了自闭症谱系障碍儿童在情绪和言语发展上的主要特点。

从神经生理学的角度,我们可以了解到自闭症谱系障碍儿童之所以理解他人的情绪有困难,可能与其大脑边缘系统的多重障碍和杏仁核、海马等部位的受损有关。对人的面部表情认知,也因为共同注意行为的缺失等原因而显得困难重重。功能越低的自闭症谱系障碍儿童,其情绪表现能力越差,因为不能用口头言语表达自己的感受,他们会出现更多的自伤或他伤行为,因此解读他们的独特情绪表现形式至为重要。

从神经生理学的角度,我们可以了解到自闭症谱系障碍儿童之所以在言语理解和

---

① Tager-Flusberg H. Semantic processing in the free recall of autistic children: further evidence for a cognitive deficit [J]. British journal of developmental psychology, 1991:417-430.

表达上有困难或特异,也许与大脑神经联接过度或不足有关。即使掌握了大量词汇的高功能自闭症谱系障碍儿童,在语义理解上也有困难。而在言语表达上,低功能自闭症谱系障碍儿童以回声性语言为主,中功能自闭症谱系障碍儿童的主要特征是人称代词的错用及避用,高功能自闭症谱系障碍儿童在语用上,从交流行为到语篇表达,大都有使人费解的不合时宜之处。因此,需根据大脑的可塑性和言语发展的关键期理论,对自闭症谱系障碍儿童的情绪和言语发展做到及早发现和及早干预。

 思考与练习

1. 如何从神经生理学的角度来理解自闭症谱系障碍儿童的情绪发展的特点?
2. 增强自闭症谱系障碍儿童对他人情绪理解有哪些主要的途径?
3. 怎样才能使自闭症谱系障碍儿童获得适当表现自己情绪的方法?
4. 影响自闭症谱系障碍儿童言语发展的重要脑区有哪些?
5. 脑神经可塑性理论对早期干预自闭症谱系障碍儿童的言语能力带来的启示是什么?
6. 有效促进自闭症谱系障碍儿童的语义—语用能力的途径何在?

第5章 自闭症谱系障碍儿童的评估

学习目标

1. 通过本章学习,希望能够大致了解对自闭症谱系障碍儿童进行测评的历史进程,知晓所介绍的主要评估工具。
2. 对源于社会生态学理论而形成的功能性评价的概念和操作步骤有初步了解。
3. 了解综合性评估的特点及主要内容。

由于75%左右的低功能自闭症谱系障碍儿童伴有智力和言语发展迟缓,情绪和社会化发展又相对薄弱,因此,他们极易与弱智儿童、言语发展迟缓儿童、活动性注意力缺陷儿童、情绪障碍儿童等混淆起来。没有智力和言语障碍的自闭症谱系障碍儿童则因其往往以天资聪颖的表象出现在众人面前,所以又很容易与资赋优异儿童混为一谈,因此,要对他们进行准确评估,实在是一件至难之事。特撰写本章,以期唤起相关人员的注意。

对自闭症谱系障碍儿童的评估,直接关系着判断他们是否属于广泛性发展障碍之范畴、进行医学与教育干预模式的选择和绩效评估。因此,具有十分重要的意义。

纵观自闭症谱系障碍儿童的评估历史,我们可以看到卡纳对11名自闭症儿童的研究,拉开了自闭症谱系障碍儿童评估的序幕。他对自闭症的解读是史上第一次对自闭症谱系障碍儿童的行为特征进行现象学的观察评估。

然而半个多世纪过去了,能对自闭症谱系障碍儿童进行分类、分功能的精确评估工具却仍未见诸于所查到的资料文献中。其中主要的原因是由于大多数自闭症谱系障碍儿童集言语、智力、情绪和社会化发展障碍于一身,对其进行评估难度非常大。尤其是自闭症谱系障碍儿童在其早期发展中,往往表现得十分听话、又漂亮可爱,有些儿童甚至较早开口,因而不少家长不会对自己孩子有任何疑虑,所以要对他们进行筛查,就显得十分困难。

与此同时,自闭症的确切病因迄今为止尚不十分清楚,评估和诊断工具的研发就有许多困难。如第1章所言,目前对自闭症谱系障碍儿童的医学诊断,主要是根据世界卫生组织于1993年公布的《国际疾病分类》(第10版)(*International Classification of*

Mental and Behavioral Disorder Diagnostic Criteria for Research,10th ICD-10)与美国精神协会公布的精神障碍诊断统计手册第4版(DSM-IV)等比较权威的量表中所制定的相关鉴别标准。从心理和教育的角度来看,不少学者通过自己的努力,为探索自闭症谱系障碍儿童的心理发展评估做出了不懈努力,建立了独特的评估体系,研发了不少相关的评估工具。本章将首先对这些评估工具做一回溯性的综述和评析,其次将介绍已被用于自闭症谱系障碍儿童教育之中的功能性评估,最后将介绍我们在构成自闭症谱系障碍儿童综合评估工具的探索之路。

第1节 回溯与思考

由于ASD概念的提出始于20世纪80年代,在此将以往为自闭症谱系障碍儿童所研制和使用的心理评估工具均列入回顾之列。纵观自闭症谱系障碍儿童心理评估历史,可知其主要聚焦三个部分:诊断性心理评估、认知性心理评估以及教育干预评估。

一、诊断性心理评估

诊断性心理评估是自闭症谱系障碍儿童评估的重中之重。从内容来看,主要由三大板块构成:以行为表现为依据的评估、以社会和情绪为依据的评估以及以早期发现为目的的评估。

(一)以行为表现为主要依据的心理评估

自1943年以来,一直到1980年,心理学家们力图从行为层面来判断和甄别自闭症儿童,为此制定了一系列评量工具,其中有的工具至今仍被广泛使用。

利姆兰德(Rimland,1964)[①]公开发表的"行为障碍儿童的诊断性核对表"(Diagnostic Checklist for Behavior-Disturbed Children)是对自闭症儿童进行评估的最早尝试。在这个量表中,有E-1和E-2两种形式,前者聚焦于0~5岁儿童的生长发育史、言语类型等,由76个问卷项目构成;后者则着重于儿童的社会互动、言语、对外界刺激的反应、智力、有关家庭的信息以及儿童的心理发展等问题,由80个问卷项目构成。两种形式均以向家长访谈来获取信息。对2218人施测后得出了自闭症儿童约占10%的结论。[②] 这一结论与卡纳的1962年研究结果一致。

这个量表的制定和发表具有里程碑意义,同时该量表也有不足之处,其主要表现为

[①] Rimland B. Infantile Autism: The syndrome and its implications for a neural theory of behavior[M]. New York: Appleton-Century-Crofts. 1964.

[②] 转引自 Rimland B. The differentiation of childhood psychoses: An analysis of checklists for 2218 psychotic children [J]. Journal of Autism and Childhood Schizophrenia,1971,1: 161-174.

两点：

其一，内容信度较低。由于只通过家长的模糊记忆来获取信息，难免有疏漏之处，所以，在评估内容的稳定性和真实性方面略有欠缺。其二，辨别效度较低。用 E-2 形式的量表调查所获得的结果，并没显示出低、高功能自闭症谱系障碍儿童之间的显著差异，这说明该量表在区分自闭症儿童功能的辨别性上略有不足。

鲁特伯格等（Ruttenberg et al.，1966）[①]开发的"自闭症儿童的行为评定法"（Behavior Rating Instrument for Autistic and Atypical Children，简称 BRIAAC）从 8 个维度来评估自闭症儿童在不同的场景下所表现出来的行为。这 8 个维度是：与成人的关系、交流、抑制力、发音与表现性语言、对语音和言语的感受性、社会反应、身体运动以及精神生物学的发展。通过观察儿童的行为，用 10 级评分制来进行评估的这一工具，将精神分析法治疗的方案包含其中。

BRIAAC 最重要的特征是从实际临床的行为观察来进行评估。对 BRIAAC 的信度和效度进行检验后发现，8 个维度的相关系数值范围为 0.54 至 0.86。用因素分析法抽取出来的是"拒绝参与现实性活动"单一因素。效度分析研究显示，这一工具没有很高的辨别力效度。

肖普勒等（Schopler et al.，1980）[②]基于对上述评估工具的反思而研制开发的"儿童自闭症评定量表"（Childhood Autism Rating Scale，简称 CARS），是一个具评估者一致性系数很高的评估量表，共有"人际关系"、"模仿"、"味嗅等感觉"、"言语性交流"等 15 个范畴构成。评定者通过单向玻璃，来观测儿童在预先设计的结构化场景中的行为。由于该量表被证明具有较高的信度，所以沿用至今。虽然在我国没有做过常模，但目前在我国有些医院都用此量表对自闭症谱系障碍儿童进行评估。[③] 然而，在我国运用 CARS 对自闭症谱系障碍儿童进行评测时，已省去了通过单向玻璃进行自然观察这样的费时费力的做法，取而代之的是运用电脑，将 CRAS 的所有项目呈现给家长，让家长根据其主观观察和模糊记忆来进行选择，而后通过电脑软件，直接生成一个反馈，以此来判断该儿童是否属于自闭症及其症状程度。所获结果本来就是从跨越了文化、穿过了 30 年的时空、其效度尚未得到很好检验的量表而来，其所测内容是否真正符合当今自闭症谱系障碍的评估标准，就很值得探讨。

[①] Ruttenberg B A, Dratman M L, Frankno J, Wenar C. An instrument for evaluating autistic children[J]. Journal of the America and Academy of Child Psychiatry，1966，5：453-478.

[②] Schopler E, Reichler R J. DeVellis R E, & Daly K. Toward objective classification of childhood autism: Childhood Autism Rating Scale (CARS)[J]. Journal of Autism and Developmental Disorders，1980，10：91-103.

[③] 李建华，钟建民，蔡兰云，陈勇，周末芝. 三种儿童孤独症行为评定量表临床量表应用比较[J]. 中国当代儿科杂志，2005，7(1)：59-62.

库鲁格等（Krug et al.,1980）[1]在卡纳、（Rimland）和鲁特伯格（Ruttenberg）等开发的评估工具的基础上，从感觉、介入、使用物体、言语和社会自立5个层面构成了著名的"自闭症行为核对表"（Autism Behavior Checklist，简称ABC）。运用这个量表可以检测出自闭症儿童与心理发展迟缓、聋儿和盲童等其他各类儿童之间的差异，因此被广泛认可，至今在我国也被较广泛地运用。但遗憾的是，同CARS一样，该量表也尚未被证明其有较高效度。

弗利曼（Freeman et al.,1984）[2]历时6年制定和修订了"行为观察量表"（Behavior Observation Scale），其主要特点是将能观察到的行为加以客观定义，并能对应不同年龄的儿童，获取自闭症儿童和正常儿童的客观得分。这个观察量表将原来的76个问题项目缩减为24个，分别为"孤独性"、"对物关系"、"对人关系"和"言语"四个维度，通过让孩子玩适合其年龄的自由游戏来对儿童进行观察，以10秒为单位，将所拍摄到的录像进行微观分析。由于对"行为"的定义比较客观，因此其观察者一致性系数达到0.84。但由于只限于现场观察到的行为以及其发生的次数，没有其他相关项目的参照，因而没有一个问题项目能完全独立地区别普通儿童、心理发展迟缓儿童与自闭症儿童。弗利曼等人直面辨别信度较低的现实，除了量的分析、力图在质的研究上下功夫。

（二）以社会、交流为主要依据的心理评估

1981年以后，由于"自闭症谱系障碍"概念的提出，对自闭症谱系障碍儿童的心理评估就开始聚焦于社会、交流等方面。其中最具代表性且被最广泛运用的是罗德（Lord et al.,1999）[3]研发的"自闭症诊断性观察量表"（Autism Diagnostic Observation Schedule，简称ADOS）和雷克顿尔（Le Counter et al.,2003）[4]研制的"自闭症诊断性访谈量表修订版"（Autism Diagnostic Interview-Revised，简称ADI-R）。

ADOS和ADI-R虽然都聚焦于社会互动、交流和反复性行为三个层面，但ADOS是由四个不同材料、任务构成的结构性观察，而ADI-R旨在区别自闭症谱系障碍儿童与同属广泛性发展障碍中的非谱系障碍儿童。由于对自闭症谱系障碍儿童进行评估诊断绝非易事，因此这两份量表的研发者都强调须将ADOS和ADI-R结合在一起运用，只有这样才可以增强评估的信度。

由于运用ADI-R评估自闭症谱系障碍儿童需受专门训练和花费很长时间，替代

---

[1] Krug D A, Arick J & Almond P. Behavior checklist for identifying severely handicapped individuals with high levels of autistic behavior [J]. Journal of Child Psychology and Psychiatry, 1980, 21:221-229.

[2] Freeman B J & Ritvo E R. The syndrome of autism:[J]. Establishing the diagnosis and principles of management. Pediatric Annals, 1984, 13:284-288.

[3] Lord C. Rutter M, DiLavore P, Risi S. Autism Diagnostic Observation Schedule-Genetic. Los Angeles[J]. CA: Western Psychological Service. 1999.

[4] Le Couteur, A., Lord, C., Rutter, M. The Autism Diagnostic Interview-Revised(ADI-R)[J]. Los Angeles, CA: Western Psychological Service, 2003.

ADI-R 的简易版评估工具"社会交流问卷"(Social Communication Questionnaire，简称 SCQ)已被研制出来。[1] 但发现其敏感度低于全版评估，其差异已达显著水平。

我国学者不仅对 ADI-R 进行了临床检验，得出诊断信度较好和评定者之间的一致性较高的结论，[2] 还根据中国的实际情况进行了改编。[3]

除上述两个量表，将家长问卷与临床观测结合起来的评估工具还有"社会性反应量表(Social Responsiveness Scale，简称 SRS)[4]，交流能力核对表(The Communicative Competence Checklist，简称 CCC)[5]，威尼兰德(Vineland)适应性行为量表(Vineland Adaptive Behavior Scales，简称 VABS)[6]，但这些评估工具尚未被很好地运用于实践研究中。

(三)以早期发现为主要目的的心理评估

以往的评估工具往往要等到自闭症谱系障碍儿童 2.5 岁以后才能被诊断确定，贻误了早期干预的最佳时机。心理学家力图在早期发现上有所突破，因此以婴儿为对象的筛查量表便应运而生。巴伦-考恩团队历时 9 年研发的"学步儿自闭症核对表"(Checklist for Autism in Toddler，简称 CHAT)[7]及其修订版(M-CHAT)[8]，是其代表之作。

CHAT 主要用于对高危儿童进行早期筛查。运用该工具对 235 名 16 个月的婴儿进行评估后，对其中存在疑问的高危儿童做了为期 2 年的追踪评估后，证实了该工具的有效性。M-CHAT 则在原来的基础上增加了评估项目数，由 23 个项目构成了一个新的量表。对 1293 名儿童进行的筛查结果表明，修订版更具准确性，具更高的信度和效度。

---

[1] Rutter, M., Bailey, A., Lord, C., & Berument, S. K. [J]. Social Communication Questionnaire. Los Angeles, CA, 2003.

[2] 郭延庆,杨晓玲,刘靖,贾美香.孤独症诊断访谈量表的诊断效度及信度研究[J].修订版.中华精神科杂志 2002, 35 (1):42-45.

[3] 刘靖,王玉凤,郭延庆,杨晓玲,贾美香.儿童孤独症筛查量表的编制与信度、效度分析[J].中国心理卫生杂志,2004,18(6): 400-403.

[4] Constantino J N, Przybeck T, Friesen D & Todd R D. Reciprocal social behavior in children with and without pervasive developmental disorders [J]. Journal of Development and Behavioral Pediatrics, 2000, 21(1):2-11.

[5] Bishop D V. Children's Communication Checklist (CCC-2), 2nd ed. [M]. London, Psychological Corporation. 2003.

[6] Sparrow S S, Cicchettti D V, & Balla D A. Vineland Adaptive Behavior Scales (2nd ed.)[M]. Circle Pines, MN: AGS Publish, 2005.

[7] Baron-Cohen S, Allen J & Gillberg C. Can autism be detected at 18 months? The needless, the haystack, and the CHAT [J]. British Journal of Psychiatry, 1992,161:839-843.

[8] Charman T, Baron-Cohen S, Baird G, Cox A, Wheelwright S, Swettenham J, et al. Commentary: The modified Checklist for Autism in Toddler [J]. Journal of Autism and Development Disorder, 2001, 31:145-148.

二、认知性心理评估

为使诊断性评估更为准确,有必要同时对自闭症谱系障碍儿童的认知和言语能力进行评估。迄今为止,被认为较适用于自闭症谱系障碍儿童的评估量表主要有维克斯勒量表(Wechsler Scale)、穆勒量表(Mullen Scales)、梅丽尔·帕玛量表(Merrill Palmer Scales)和贝利量表(Bayley Scales)。前文所提到的威尼兰德适应性行为量表,由于是基于家长访谈而形成的量表,其特点是年龄跨度大,涉及的认知维度多,因而更适用于年幼和多重智力层面缺损自闭症谱系障碍儿童的评估。

三、教育干预之评估

心理评估的主要目的之一,就是为自闭症谱系障碍儿童制订有效干预计划,与此同时,又是检验干预计划的有效手段。因此,从教育干预的角度对自闭症谱系障碍儿童进行心理评估也至为重要。

肖普勒等在研制 CARS 之前,为给自闭症儿童家庭提供教育指导,制订了"心理教育测查"(Psycho-educational Profile,简称 PEP)[1]。该量表可用于判断自闭症谱系障碍儿童的知觉、运动和认知等领域的能力,因其评估任务适合于 1~7 岁儿童,对评量低功能自闭症谱系障碍儿童尤为合适。虽然肖普勒等有对 565 名儿童进行评估的研究报告,也经常被用于为自闭症谱系障碍儿童制订个别化教育计划,也用于其他心理测试比较的效度报告,其相关系数都在 0.7 以上,但仍缺乏信度报告,也没有与正常儿童的比较资料。我国学者孙敦科等自 1996 年起,历时 4 年,在 PEP 的基础上进行了跨文化的修订[2],并研制了具有较高信度和效度的中国版 PEP[3]。

综上所述,为了更好地早期发现、筛查出高危自闭症谱系障碍儿童,也为了更好地检验对自闭症谱系障碍儿童实施的教育干预之绩效,不少的研究者进行了艰苦卓绝的探索研究,为研发用于评量自闭症谱系障碍儿童心理发展和教育干预评估工具奠定了坚实的基础。但是,由于各种评估工具依然存在信度和效度检验不够全面的问题,至今没有一套立体、多维度的综合评估体系,因而,要么导致疏漏,即把自闭症谱系障碍儿童说成不是,要么扩大化,即把不是自闭症谱系障碍儿童说成是。这种疏漏和错误,不仅会影响儿童的一生,更有甚者,导致其家庭从此分崩离析。因此,研讨一套切实可行、具信度和效度的评估工具,已是时不我待。

---

[1] Schopler E & Reichler R J. Individualized assessment and treatment for autistic and developmentally disabled children. Vol [N]. I: Psycho educational profile. Baltimore: University Park Press. 1979.

[2] 孙敦科,魏华忠,于松梅,袁茵. PEP 量表跨文化修订的预测报告 [J]. 特殊儿童与师资研究,1996,1: 31-36.

[3] 孙敦科,魏华忠,于松梅,袁茵,等.《心理教育评定量表中文修订版 C-PEP》修订报告[R]. 中国心理卫生杂志,2000,14(4):221-224.

第 2 节 功能性评估

由于评估自闭症谱系障碍儿童是一个复杂的过程,即使在美国,在 21 世纪之前,评估者通常也只用一些诊断弱智以及多重障碍的测验来诊断自闭症谱系障碍儿童。根据一项对全美 42 个州的调查,通常用来作为适合于评估自闭症谱系障碍儿童的内容包括:"说话和语言(18 个州)、学业成绩(15 个州)、认知功能(14 个州)和医学生理状况(14 个州)"。针对这样的情况,心理学家和教育工作者经过探索研究,开拓了一种新的适合于自闭症谱系障碍儿童的评估方法,那就是功能性评估。

一、功能性评估的概念

所谓功能性评估(functional assessment),是指将评估对象置于现实的社会生态环境中考察其心理发展水平和行为特征的方法。这种社会生态学视野下的功能性评估对于自闭症谱系障碍儿童来说是一种很有价值的工具,因为这些儿童的显著特点是特别拒绝陌生环境,要适应一个全新的物理环境和陌生人,对他们来说是一个极大的挑战。所以当我们请自闭症谱系障碍儿童到治疗中心接受测评时,往往无法测查出他们平时的真实水平。而功能性评估将自闭症谱系障碍儿童置于他们熟悉的人和物理环境之中,又明确了行为以及环境之间的特定关系,该环境就会促使他们有更多真实的行为产生(Horner et al., 2000; Horner & Carr, 1997; Lewis-Palmer, Sugai, & Larson, 1999)。

二、功能性评估之操作

功能性评估的基本步骤如下:

(1) 尽可能准确清晰地记录下妨碍自闭症谱系障碍儿童学习或其他人学习的行为实质。

(2) 从教师、家庭成员、自闭症谱系障碍儿童本人、相关服务人员,以及拥有大量第一手资料(该资料指与出现和不出现妨碍行为有关的环境)的任何人那里收集资料。尽可能具体地确定事件发生前、过程中,以及发生后儿童的刻板行为或非刻板行为。

(3) 确定自闭症谱系障碍儿童为何产生妨碍性行为的原因。他们通过妨碍性行为试图完成什么?试图表达什么?例如,是否想引起注意或要求更适合的任务,他是否想表达受挫的心情、不安全感或焦虑感;是否试图逃避任务,想要控制某事,或是寻找报复的机会?

(4) 对妨碍性行为与事件发生前、过程中,以及发生后的行为间的关系做出假设。

上述步骤可参见图 5-1。

观察	
医学或心理专家和家长的观察	该儿童是否在社会交往方面有困难，不能和别人游戏，经常对声音没有反应，表现出回声性语言或其他不正常的语言方式，通常出现语言发展迟缓，会对日常起居的变化反应剧烈，睡眠困难，以及有刻板行为？

筛选	
评估措施	结果表明是否有必要做进一步的诊断
生理检查	看该儿童是否已处于相应的发展关键期，尤其是在社会性和语言发展上。如该儿童的生理方面正常，一般应建议给该儿童找精神病学家或心理医生做进一步的诊断
心理评估	该儿童通常会被要求做有关诊断性标准测试

预选对象
有问题的自闭症谱系障碍儿童在一般情况下在学龄前就被确定。极少数情况没有在学前期被确定，严重障碍的儿童可能会被排除在预选对象之外

治疗对象
在婴儿期或学前期，医务人员或父母就要对自闭症谱系障碍儿童进行早期干预的治疗。这种治疗要一直持续到孩子的学龄期

无歧视诊断的程序和标准	
评估措施	结果表明有自闭症谱系障碍儿童
个人智力测验	75%自闭症谱系障碍儿童会表现出两种或两种以上的标准偏差，说明智力发展延缓。由于社会性和语言行为方面的问题，做出正确的智力诊断通常是很困难的
个人成就测验	有正常或超常智力水平的自闭症谱系障碍儿童在成就方面，也通常具有正常或超常的水平。甚至一些自闭症谱系障碍儿童在一个或多个领域内具有不平凡的天赋。当然，自闭症谱系障碍儿童最典型的，还是较低的智力水平
适应性行为量表	自闭症谱系障碍儿童通常在适应性行为方面得分低于普通儿童水平；在一些诸如交流、日常生活、社会化、广泛主动地寻求合作，以及社会适应性行为等技能上，有严重的缺陷
判断自闭症谱系障碍特殊量表	儿童的得分符合确诊为自闭症谱系障碍儿童的标准
直接的观察	是否很少自发性地与教师或同伴发生相互作用，语言发展迟缓，可能使用诸如回声性语言等不同寻常的语言方式。观察者可能注意到，他很难改变日常行为和明显的刻板行为
个人案例的记录	记录儿童心情，活动能量水平，环境变化的累积程度，以及个人偏爱等方面的表现和变化

图 5-1　功能性评估的实施步骤

如将功能性评估与自闭症谱系障碍儿童的个别化教育计划（IEP）相结合，就更能将注意力集中于环境性事件和环境的改变，使儿童不需要依靠妨碍性行为来达到自己的目的。进而能帮助自闭症谱系障碍儿童发展选择性行为，使他可以通过更多社会可接受的方式来达到同样的效果。

第3节 综合性评估

从本章第1节中我们可以看到，所用评估量表主要靠家长的记忆和现场对自闭症谱系障碍儿童的观察。由于家长的爱子心切、记忆疏漏或错误记忆等多种原因，家长的回答也可能会有意无意地提供某些虚假信息，有的因为平日观察不仔细，无法提供有效的信息。归纳起来，以往对自闭症谱系障碍儿童的评估量表存在以下三个方面的不足之处：

一是大部分量表没有进行必要的信度和效度检验，有的虽进行了一定的检验，但信度和效度都不理想；二是从评估对象的年龄上看，虽也有针对18个月婴儿开发的自闭症核对表，但也远远没能反映出自闭症谱系障碍儿童早期症状，因为最近的相关研究表明，6个月的高危自闭症谱系障碍婴儿就出现诸如此类的症状：如无视线对视，逗他不笑，妈妈走不哭等；三是目前一些用来评测自闭症谱系障碍儿童的认知和言语的智力量表本身是为评估普通儿童的智力发展设计的，并非为自闭症谱系障碍儿童度身定做，故很难精确地评估自闭症谱系障碍儿童在感知觉、运动、记忆和言语上的特征，如只注意细节而疏于整合的知觉特征、超乎寻常的照相式机械记忆能力、高频度的回声性语言等。

除此之外，国外学者研制的心理教育评估PEP以及中国学者据此修改的C-PEP，为自闭症谱系障碍儿童制订个别化教育计划有很好的指导作用。但是，通过这个评估可以勾勒出自闭症谱系障碍儿童的各个心理侧面的强项和弱项，却没能将自闭症谱系障碍儿童的某种"孤岛能力"和较薄弱能力之间的具体落差用心理年龄来加以精确比较。

"自闭症谱系障碍"概念的提出，虽然省却了区别高功能自闭症儿童与阿斯伯格症儿童的烦劳，但由于将自闭症的低、中、高三种功能与阿斯伯格症儿童以一名以蔽之，只以三种特征为判断依据，对自闭症谱系障碍儿童进行心理评估难度更大。从教育干预角度来说，如果不对自闭症谱系障碍儿童进行分层、分类的评估和鉴别，是无法真正有的放矢地进行教育干预的。

就我国目前来看，据所查阅的资料表明，迄今为止，在我国也无一套多方聚焦、形成系统的自闭症谱系障碍儿童的综合评估工具。因此，如何结合我国的实际情况，根据自闭症谱系障碍儿童独特的认知特征,在上述主观性评估与测量的基础上,采用综合的汇聚性评估方法来研制一套适用于我国早期发现、早期甄别、早期干预自闭症谱系障碍儿童的综合评估模式,是目前我国在自闭症谱系障碍儿童研究领域中亟待解决的重要课题之一。

鉴于此,我们在上述反思性评估的基础上,开展了三年多的自闭症谱系障碍儿童综合评估和干预绩效的研究,在前人开创的自闭症谱系障碍儿童心理评估之路上进行了尝试性探索。

一、综合性评估之特点

根据大量的先行研究,在构成自闭症谱系障碍儿童综合性评估量表之过程中,明确了以"会聚式"、"分层式"和"分类式"为该套综合评估之特点。

(一)"会聚式"评估

所谓"会聚性",是指运用多种评量工具,同时聚焦于自闭症谱系障碍儿童的行为、社会互动、人际交流、认知和言语能力等方面,并同时进行评估,使评估具有聚光灯效应。

纵观先行研究,主要是通过观察加访谈来获得资料,从而对自闭症谱系障碍儿童进行评估,这往往带有很大的主观性。虽然在以往的研究中,除了上述方法,有的研究者还会加上一些智力测试,如运用维克斯勒量表、贝利量表等对自闭症谱系障碍儿童的心理发展水平进行评估,但由于不少自闭症谱系障碍儿童不适应陌生环境、拒绝陌生人,在评估过程中不能表现出真实水平,从而影响了诊断的正确性。为弥补上述先行研究中的不足,在本模式中着重加强主客观评量的结合,有机地整合主客观评估方法。既有对主要养育者所进行的访谈,又有通过自由游戏和象征游戏及行为的观察;既有对自闭症谱系障碍儿童的绘画作品的分析,又有对他们在沙箱游戏中的过程和结果的分析;还有根据自闭症谱系障碍儿童认知和言语特点而编成的心理发展和言语发展量表对其进行认知和言语评估。

(二)"分层式"评估

所谓"分层式"评估,是指根据自闭症谱系障碍儿童实际年龄以及心理发展年龄来分层评估的方式。纵观先行研究,运用各种量表对自闭症谱系障碍儿童进行行为观察来进行诊断,已成为主要研究手段,如前所述,运用各种经典的智力测试量表来对自闭症谱系障碍儿童的功能加以划分,也是流行做法。近20年来,随着尖端的仪器设备问世,对神经生理学的研究得以实施,对自闭症谱系障碍儿童的神经生理进行研究的论文也纷纷发表。但是,很少看到将这三者有机地整合起来,共同作为综合评估系统中的工具。如图5-2所示,将神经生理、心理和外显行为三个层面有机地整合在一起,立体地评估自闭症谱系障碍儿童是本模式的一个特点。

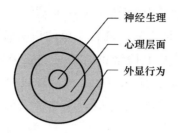

图 5-2　自闭症谱系障碍儿童综合评估模式的总体分层

除了上述总体分层之外,还有根据年龄的分层。由于儿童发展心理的特点,年龄是一个重要的参数,因此,在对自闭症谱系障碍儿童进行心理评估时,需充分考量自闭症谱系障碍儿童的实际年龄与心理年龄。据此,形成对 13~72 个月学前儿童分层式评估的综合心理评估体系。具体说来是将 13~72 个月儿童分成 13~30 个月、30~72 个月两大阶段来加以评估。第一大阶段又以每三个月为 1 个年龄小段,第二大阶段以每半年和一年为 1 个年龄小段。这样就可以明确地区分自闭症谱系障碍儿童在心理发展各大层面的实际年龄和心理年龄之间的一致性或落差。

(三)"分类式"评估

所谓"分类式"评估,是指根据自闭症谱系障碍儿童心理发展水平,切割成不同水平类型的评估方法。自闭症谱系障碍儿童虽然只有一个共同的名字,但其个体间的差异特别悬殊。为此,在综合性评估体系中,欲根据对他们的社会交往能力、认知和言语以及刻板行为和固定兴趣等诸方面的评测结果,来区分出高、中、低三种能力的自闭症谱系障碍儿童,见图 5-3。

图 5-3　运用自闭症谱系障碍儿童综合评估模式的评估分类①

根据国际上通行的对低、高功能自闭症儿童的定义,在本模式中对自闭症谱系障碍儿童分类作了如下操作性概念的界定。

(1) 低功能自闭症谱系障碍儿童。将几乎没有口头言语能力或只有极为简单的口头言语能力,情绪理解和表达能力均很薄弱,有十分显著的刻板行为,在绘画中只能信笔涂鸦,沙箱游戏中不能按照一定的规则和情景摆放玩具,心理测评中心理年龄与实际

---

① 图中 ASD 为英语的(Autistic Spectrum Disorder)之略写,即自闭症谱系障碍。

年龄落差大的儿童归为"低功能自闭症谱系障碍儿童"。

（2）中功能自闭症谱系障碍儿童。将有简单的口头言语能力，能与人进行简单的应答性会话，能理解"喜"、"怒"等基本情绪也有表达自己基本情绪能力，有显著的刻板行为，在绘画中能画出人脸的眼睛、嘴巴等部位，沙箱游戏中能摆放玩具进行5～10分钟游戏，心理测评中心理年龄与实际年龄落差距离不是最大的儿童归为"中功能自闭症谱系障碍儿童"。

（3）高功能自闭症谱系障碍儿童。将有正常的口头言语能力但很难与人维持"接球式"的会话，能理解基本情绪和社会情感，也知道准确表达自己基本情绪但常常情绪失控，有一定的刻板行为，在绘画中不仅能画出自画像，而且还能准确表达与家人关系的家庭画，沙箱游戏中能根据规则设置游戏情景并能有想象地进行长达1小时左右的游戏，心理测评中心理年龄与实际年龄完全一致，甚至在数学、言语等方面超出实际年龄的儿童归为"高功能自闭症谱系障碍儿童"。

基于这样的创造性定义所做的分类，能对自闭症谱系障碍儿童进行较适宜的个别化教育计划，为有效地实施教育干预提供了参考依据。

二、综合性评估之建构

我们在文献研究和实践研究的基础上，进行了艰辛的探索，尝试建构了一套兼具"会聚性"和"层次性"的自闭症谱系障碍儿童心理综合评估模式。

（一）建构会聚性综合评估模式

为使自闭症谱系障碍儿童心理综合评估模式具有"会聚性"，我们设计了同时运用五种方法对自闭症谱系障碍儿童进行评估的评估方案，具体见图5-4。

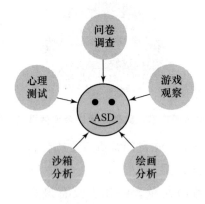

图5-4　自闭症谱系障碍儿童综合评估模式的会聚性

1. 问卷调查

问卷调查主要是通过对自闭症谱系障碍儿童的主要养育者的访谈来进行。内容由两大部分构成：一是聚焦儿童的生长史和迄今为止的行为表现及变化，二是聚焦家庭的生活环境。

儿童的行为表现问卷部分主要参考了 ICD-10 和 DSM-Ⅳ中相关部分的评量标准，还参考整合了被广泛运用于自闭症儿童评估的一些经典量表，如日本名古屋大学丸井文男(1974)等研制的"自闭症儿童发展水平量表"(Nagoya University Autistic Child's Development Scale-NAUDS)、肖普勒(Schopler et al.,1980)研制开发的"儿童自闭症评定量表"(Childhood Autism Rating Scale,简称 CARS)、库鲁格(Krug et al.,1980)开发的"自闭症行为核对表"(Autism Behavior Checklist,简称 ABC)、罗德(Lord et al.,1999)研发的"自闭症诊断性观察量表"(Autism Diagnostic Observation Schedule,简称 ADOS)和 Le Counter 等(2003)研制的"自闭症诊断性访谈量表修订版"(Autism Diagnostic Interview-Revised,简称 ADI-R)、巴伦-考恩团队研发的"学步儿自闭症核对表"修订版(M-CHAT)。

问卷评估所得结果，通过计量分析后用雷达图来表示，分值越高，其自闭倾向越严重。

家庭生活环境问卷则聚焦于家庭形态、育儿环境、育儿方式等方面，这些信息的获得主要是以备今后进行分析时参考。

2. 游戏观察

游戏观察主要由两部分构成，自由游戏和象征游戏。自由游戏的观察目的在于了解自闭症谱系障碍儿童与其养育者之间的互动类型，言语及非言语的人际交流特征。设计与分析参考了弗利曼等(1984)制定的"行为观察量表"(Behavior Observation Scale)，通过让孩子与家长一起玩适合其年龄的自由游戏来对儿童进行观察，全过程均以录像记录，并将所拍摄到的录像以 10 秒为 1 个单位，进行微观分析。

在标准评估中，将缺乏象征或想象性游戏作为判断是否自闭的评估标准之一，但在以往的研究中发现，不少家长因不知道装扮游戏的重要性，所以不太关注自己的孩子是否具备这样的能力，因而很难准确地回答询问。鉴于此，特别设计了半结构化的游戏观察，即投放适用于玩象征游戏的玩具，通过儿童的游戏行为来记录他们的"以人代人"、"以物代物"和"想象"这三种装扮游戏行为的发生率，从而推断他们的认知发展水平。

3. 作品及动态分析

作品分析也有两大部分构成：一是对自闭症谱系障碍儿童的绘画作品的分析，二是对他们在沙箱游戏中的过程和结果的分析。由于自闭症谱系障碍儿童，特别是不具言语能力的低功能自闭症谱系障碍儿童，很难接受用言语进行的心理发展测试，因此，绘画和以摆放玩具为主的沙箱游戏，便成了了解他们心智发展水平的重要抓手。

对不能理解指导语的儿童(心理年龄一般在 3 岁以下)，就让他们信笔涂鸦。对能初步理解指导语的儿童,请他们绘人物像。对能较好理解指导语的儿童,则请他们画动态家族画。将自闭症谱系障碍儿童的绘画作品和在沙箱游戏中的过程和结果均用摄像机拍摄下来,然后进行质与量的分析,从而获取第一手客观资料。

人像的绘画分析,主要参考古德依纳芙(Goodenough,1926)的绘人 DAM(draw-a-man)的得分标准进行;动态家族画的分析则主要参考奔斯和考夫曼(Burns & Kaufman,1970)的动态家庭画 KFD(kinetic family drawing)评估标准来进行。目的是评估自闭症谱系障碍儿童的自我认知水平和对自己与他人的关系的认知水平。

由于尚未见到将沙箱游戏用于评估儿童的心理发展水平之先行研究,因此,对沙箱的作品分析是在前人的研究基础上,提炼出对过程和结果的分析范畴。

除此之外,还有根据自闭症谱系障碍儿童认知和言语特点而编成的心理发展和言语发展量表对其进行认知和言语评估,这方面的具体内容在后面将再详述。

(二)建构分层性综合评估模式

为深入了解自闭症谱系障碍儿童的心理发展特征和问题出现的主要层面,以及在各个心理发展领域中心理与生理年龄的落差,在自闭症谱系障碍儿童综合评估模式构成之际注意了模式的"层次性"。

在本模式中,将自闭症谱系障碍儿童的社会交往、语言和情绪表达作为综合评估的主要内容。外显行为主要通过访谈、问卷和游戏的观察分析进行评量;心理层面的发展水平主要通过心理测试、绘画作品分析和沙箱游戏的过程及结果分析来掌握;神经生理特点主要聚焦于社会脑,通过核磁共振和事件相关电位等手段,检测自闭症谱系障碍儿童在接受和处理人际互动信息时大脑神经活动的一些基本特征。

1. 横跨领域的年龄分层

年龄在儿童发展心理中是一个重要的参数,而自闭症谱系障碍儿童,特别是伴有智力发展障碍的自闭症谱系障碍儿童,其心理年龄与实际年龄相差甚远,只有切实掌握他们在各个心理层面上其心理年龄和实际年龄的落差,才能制订出一套符合每个自闭症谱系障碍儿童心理发展特征的个别化教育干预计划。本模式构成一套对13~72个月学前儿童分层式评估的综合心理评估体系,以明确区分自闭症谱系障碍儿童在心理发展各大层面的实际年龄和心理年龄之间的一致性或落差。

在心理发展评估量表中,除了传统的感知觉、运动、思维、言语等能力,还根据自闭症谱系障碍的特征,把"共同注意"和"社会性"纳入了评估范围,共由七大领域构成,详细参见图5-5。

心理发展领域的各指标构成,一是参考了日本津守真和稻毛教子(1960)、津守真和礒部景子(1965)分别合著的婴幼儿精神发展诊断法(0~3岁)和(3~7岁)两个量表,以及日本的嶋津峯真和生澤雅夫等集格塞尔的发展诊断量表、贝利量表和维克斯勒量表之大成而研发的"新版 K 式发展检查法",二是参考了中国版心理教育测查(Psycho Education Profile,简称 PEP)。

我们在心理评估量表中,将儿童的年龄分为 10 个年龄段,30 个月以前以每 3 个月为一个年龄段,30～36 个月以半年为一个年龄段,36～72 个月则以每 12 个月为一个年龄段。测查起点是儿童的实际年龄,以深入考察其心理年龄与实际年龄之间的落差。图 5-5 显示的是一个实际年龄为 51 个月的自闭症谱系障碍儿童,其七大领域的心理年龄的大致轮廓。

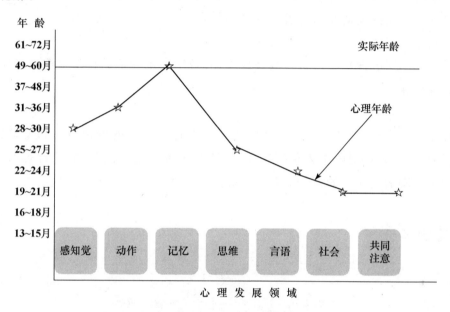

图 5-5　心理各领域的生理与心理年龄的分层(例)

从图 5-5 所举的例中我们可以看到,这名自闭症谱系障碍儿童除了记忆之外,其余六个方面都低于实际年龄水平。其中,感知觉和动作分别处于 28～30 个月和 31～36 个月儿童的心理发展水平,思维在 25～27 个月儿童的心理发展水平,言语只有 22～24 个月儿童的心理发展水平,落差最大的是社会和共同注意,只达到 19～21 个月儿童的心理发展水平。因此,我们可以直观地看到这个自闭症谱系障碍儿童在言语、社会和共同注意方面的明显滞后,在为其度身定做教育干预计划时,可以将这三个领域作为主要干预内容。

由于人际交流障碍被认为是自闭症谱系障碍儿童的重要特征,因此,本模式除了在心理发展的 7 大领域中有言语测查的内容之外,还参考了刻尔克(Kirk et al.,1968)研发的伊丽诺依心理语言能力测试(Illinois Test Psycholinguistic Ability,简称 ITPA),研制了一套评估自闭症谱系障碍儿童在言语的接受过程、统合过程和表达过程中所表现出来的问题特征的言语评估量表。

三、综合性评估之检验

运用自闭症谱系障碍儿童综合评估模式对 67 名有自闭倾向的儿童进行综合评估所得结果,初步验证了模式的有效性。

(一)"会聚性"特点的检验

虽然自闭症谱系障碍儿童有着很大的个体差异,但通过问卷调查、游戏观察、绘画和沙箱游戏的过程和作品分析,以及心理评估和言语评估的会聚性评估,还是能发现不同发展水平的自闭倾向的儿童有着一些共同特点。

1. 低功能自闭症谱系障碍儿童

通过 5 种不同的评估手段进行测查发现,心智发展水平低的自闭症谱系障碍儿童有一些共同的规律。

(1) 外显行为的评估

在外显行为上,低功能自闭症谱系障碍儿童有特别显著的刻板行为和反复行为,生活自理能力低,难以接受陌生人和陌生环境,情绪极难控制。因此,问卷调查的得分高,大都处于雷达图的边缘。如案例 5-1 中所示。

案例 5-1

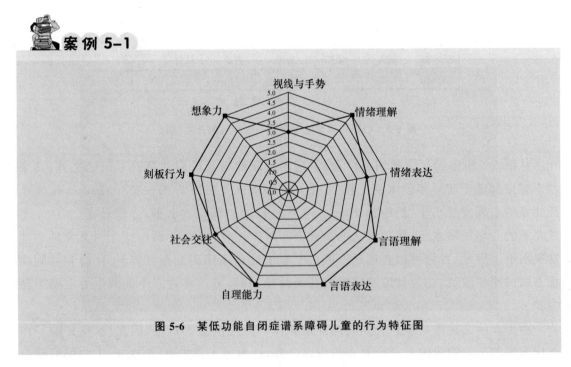

图 5-6 某低功能自闭症谱系障碍儿童的行为特征图

从图 5-6 中我们可以清楚地看到这位低功能自闭症谱系障碍儿童,除了有一点视线对视,对他人的手势能有所理解外,表现出很多的刻板行为,社会交往与情绪表达能力非常弱,自理能力、言语理解和表达、情绪理解和想象力都极为薄弱。

个案的雷达图说明如下：

情绪理解：不能理解他人的喜、怒、哀、惧等情绪，更不会表示关心和同情。

情绪表达：会运用面部表情表达自己喜、怒、哀、惧等基本情绪，但经常让人感觉不恰当。

言语理解：对知识、言语的理解较差，不能接受简单的指令。

言语表达：不能用语言表达自己的需要。

想象力：想象力发展较差，不能进行想象和模仿游戏，也不能区分想象的世界和现实的世界。

自理能力：自己的事情都不会自己做；对环境改变的适应非常困难；自控力差。

特殊的能力、爱好：运动技能发展良好，对某些物体有偏好，但不很明显。

刻板行为：刻板性、重复性行为多。

社会交往：在与同伴的活动中不会受欺负，但活动中的规则意识、合作意识差，很少与同伴交往，对别人的主动接触也很少回应。

（2）游戏评估

在自由游戏中，低功能自闭症谱系障碍儿童始终处于被动地位，几乎没有主动发起交流的行为，不管是非口头语言还是口头语言。在半结构象征游戏场合中，无法正确认知玩具的功能，完全没有"以人代人"、"以物代物"和"情境想象"这三种装扮游戏行为的发生。下面同样以这个低功能自闭症谱系障碍儿童为例，具体说明如下。

① 装扮性游戏测评结果

首先，从游戏兴趣和情绪表现来看，该幼儿大部分时间处于不会玩、不玩的状态，情绪一般，没有波动。

其次，从玩具的使用方面来说，没有对玩具的功能认知，有3次拿起针管，但是据他妈妈说他是不认识这个玩具的。

最后，从装扮结果来看，"以人代人"、"以物代物"和"情境想象"的能力都没有。因此，幼儿的延迟模仿和情境的想象与迁移的能力还不具备。

② 儿童与父母的语言交流结果分析

从语言交流和非语言交流的维度来看，在自由游戏中大部分时间是父母对幼儿的语言，其中40%是为了引起幼儿的注意，22%是对幼儿的要求和建议，20%是提问部分，但是因为幼儿没有也不理解语言，听不懂指令，所以没有对上述语言的配合。非语言交流的频率很低。

从主动交流和被动交流的维度来看，幼儿没有主动性，只有一次幼儿发出无意义的声音。

（3）绘画评估

在我们测评的4~14岁低功能自闭症谱系障碍儿童当中，有一个共同的特点，那就是他们的绘画都停留在信笔涂鸦水平。从普通儿童的绘画发展水平来看,信笔涂鸦通常代表的是2岁左右的心智水平。图5-7展现的是同一案例的儿童绘画作品,这个儿童实际年龄是6岁。

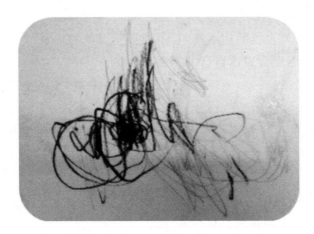

图5-7　某低功能自闭症谱系障碍儿童的绘人图

从图5-7中看到,该低功能自闭症谱系障碍儿童的绘画以线团状图形为主,虽已经可以流畅地画出相对较长的直线,且表现出很重的笔触,表明在用笔时手的稳定性已经有了一定的发展,但从构图来看,仅处于乱线涂鸦期,无具象、无结构特征,不反映事物的特征,无创造性、无意义地用色,表现出其心智发展水平的低下。

（4）沙箱评估

低功能自闭症谱系障碍儿童在沙箱游戏过程大都不能坚持十分钟以上,基本不会将玩具摆放其中,即使在沙箱中能摆放几个玩具,作品也都杂乱无章,呈无序样式。图5-8呈现的是上述儿童的作品。

图5-8所呈现的沙箱作品体现了该低功能自闭症谱系障碍儿童的心理发展如下特点：

① 想象力发展水平：没有故事情节,选取的玩具之间缺少联结和互动,不具想象力,说明其思维的逻辑性水平还不成熟。

② 注意力发展水平：操作过程中注意力集中在沙箱游戏的时间有限,有效操作还不足十分钟,虽然完成规定的操作时间,但操作过程注意力很容易被分散。

③ 空间布局：作品中的玩具量少,无规则地散乱摆放,整体布局空乏,超过1/2的空间是空白的,说明其内心世界的空旷,缺乏均衡性。

2. 中功能自闭症谱系障碍儿童

通过5种不同的评估手段进行测查发现,中功能自闭症谱系障碍儿童心智发展虽低于实际年龄水平,但比起低功能自闭症谱系障碍儿童,他们的外显自闭性行为分值低,

图 5-8 某低功能自闭症谱系障碍儿童的沙箱作品

游戏水平、绘画和沙箱摆放能力都略高一筹。

(1) 外显行为的评估

他们有显著的刻板行为，生活自理能力较低，接受陌生人和陌生环境需要较长时间，情绪很难控制，问卷调查的得分处于雷达图的中间为多。我们同样以一个中功能自闭症谱系障碍儿童为例来做具体说明，如案例 5-2 所示。

案例 5-2

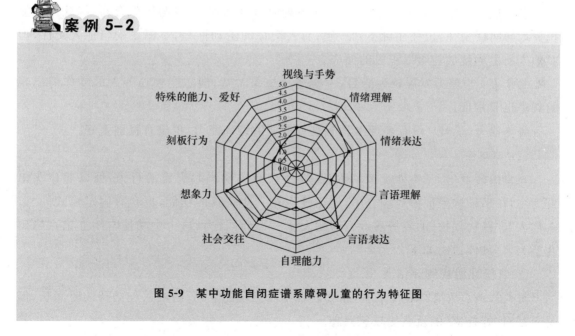

图 5-9 某中功能自闭症谱系障碍儿童的行为特征图

从图 5-9 中我们可以清楚地看到这位中功能自闭症谱系障碍儿童，视线对视行为较多，对他人的手势能较好地理解，刻板行为少，自理能力、言语理解力较强，但社会交往与情绪和言语表达能力及想象力还是相对比较薄弱。

个案的雷达图说明如下：

视线与手势：当被叫到自己的名字时能够与他人视线对视，但对视的时间比较短，与人交流时经常会不看对方的脸，以避免视线的接触；能够用指点行为较为准确地表达自己需要某物品。

言语理解：能够理解简单的日常生活用语，对较为复杂的言语以及挖苦、讽刺的话理解较差；有一定的是非感，能根据社会道德标准判断对错。

自理能力：日常生活基本能够自理，能够较好地适应环境的变化，也能较为持久地与他人交流；面对挫折的容忍度较低，会有发怒、不满表现，经常有一些低于实际年龄水平的行为表现。

情绪理解：基本能够理解他人表现出的生气、害怕、伤心等表现，但不会用语言表示关心和同情。

情绪表达：能够准确地运用面部表情表达自己的喜、怒、哀、惧等情绪，但基本不会用语言表达；有时会有交往性微笑，如点头、微笑、与人打招呼等；不会适当地表现自己的情绪。

言语表达：只能一个音节、一个音节地表达，言语表达能力发展迟滞，不能运用言语准确地自我表达，也无法用言语与他人有效地交流。

社会交往：社会交往能力发展较差，不理解游戏规则，很少与同伴合作，因此即使能积极地与同伴交往，也往往玩不到一起；与人交往的主动性差，不愿主动与他人交往，但对他人的主动接触能给以积极的回应。

想象力：想象力发展较为滞后，不能进行想象游戏，偶尔会模仿他人的动作但出现的频率也非常低。

特殊能力、爱好：没有表现出具有显著特征的特殊能力，也没有特别爱好。

（2）游戏评估

在自由游戏中，基本处于被动地位，偶然会有主动发起交流的行为，但以非口头语言为主；在半结构象征游戏场合中，能正确认知一些玩具的功能，也会有固定模式的"以人代人"、"以物代物"的装扮游戏行为的发生。下面同样以这个中功能自闭症谱系障碍儿童为例，具体说明如下。

① 装扮性游戏测评结果

游戏兴趣：从情绪表现来看，始终表现出乐意玩的意愿，游戏兴趣的持续时间长，但是只是对"娃娃家"的玩具比较感兴趣。

玩具使用：对"娃娃家"的玩具功能认知较好，并且能够主动的使用材料；由于生活经验的缺乏，对医生和超市的玩具功能认知较低，只是机械地摆弄这两组玩具。

装扮行为:装扮行为主要是家庭生活情境的装扮和想象,游戏中出现实物想象和以物代物,并且在"娃娃家"的游戏中将摆放桌椅和有客人来了有机地结合在一起。

② 儿童与养育者的言语交流测评结果

言语使用方式:在自由游戏中,儿童和家长的言语方式主要是语言交流,儿童的语言表达能力发展滞后,反映在语句的结构、用词及语序上。但是非语言的交流有所缺乏,表现在儿童和养育者的眼神和身体接触频率不高。

言语内容分析:家长的语言中30%是鼓励,28%是对儿童的建议或要求,21%是提问部分,19%是为了引起儿童的注意。而儿童的语言中40%是回答家长的问题,35%陈述自己的意见,20%是向奶奶发问或提出对奶奶的要求。

言语交流发起:对游戏过程进行5秒为一单位的微观分析和编码显示,儿童具有一定的主动性,但主动性程度较低,需要成人主动地引导和激励。

综上所述,儿童具有初步的语言理解及表达能力。

(3) 绘画评估

在我们测评的4~14岁中功能自闭症谱系障碍儿童当中,他们有一个共同的特点,那就是他们的绘画基本具人形,但大都为蝌蚪形人物或头与身体的比例严重失调。从普通儿童的绘画发展水平来看,蝌蚪形人物以及人体比例严重失调的绘画通常代表的是3~4岁左右的心智水平。图5-10展现的是同一案例的儿童绘画作品,这个儿童的实际年龄也是6岁。

图5-10 某中功能自闭症谱系障碍儿童的绘人图

从图5-10中看到,个体的画像位于图纸的中央位置,表达出个体内心的稳定性。但由于关键性部位的缺失或歪曲,也表达出个体内心的消极方面。如,对腿这一部位的描写,异于正常的情况,表现出个体对一部分的不知觉,说明在活动范围上的局限性。此外,某些部分的夸张表现也表现出个体对这一内容的重视程度,如很大的头部在投射意义上表现出期望自我控制的倾向。

（4）沙箱评估

沙箱游戏一般能坚持在20分钟以上，在沙箱中能摆放几个玩具，但玩具之间缺乏关联。图5-11呈现的是上述儿童的作品。

图5-11　某中功能自闭症谱系障碍儿童的沙箱作品

图5-11所呈现的沙箱作品体现了该中功能自闭症谱系障碍儿童的心理发展如下特点：

① 想象力发展水平：在操作过程中，选取的玩具种类丰富，但数量过多，玩具之间没有内在关联，并且不具有情节性，故事情节的转换不顺畅，说明其思维的逻辑性还不成熟。

② 注意力发展水平：操作过程中将注意力集中在沙箱游戏上的时间有限，有效操作时间约十五分钟，因兴趣减退，未能完成规定的操作时间。

③ 空间布局：作品中的玩具分散排列于整个沙箱，说明其人格发展比较全面，但是玩具的放置没有秩序感，对自身及外界的经验感受比较混乱；整体布局比较拥挤，说明其目前的内心比较烦乱，不够平衡，缺乏均衡性。

3. 高功能自闭症谱系障碍儿童

通过5种不同的评估手段进行测查发现，心智发展水平高的自闭症谱系障碍儿童有一些共同的规律，尽管为数不多。

（5）外显行为的评估

高功能自闭症谱系障碍儿童虽然还有少许的刻板行为，但生活自理能力尚可，接受陌生人和陌生环境需要一定时间，情绪较难控制，问卷调查的得分通常较低，处于雷达图的中心周围。我们同样以某个高功能自闭症谱系障碍儿童为例来具体说明，该儿童同样为6岁儿童。

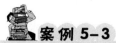
案例 5-3

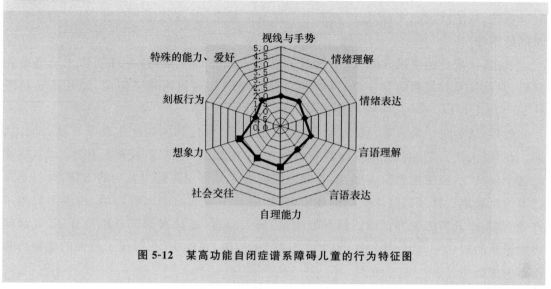

图 5-12 某高功能自闭症谱系障碍儿童的行为特征图

从图 5-12 中我们可以清楚地看到这名高功能自闭症谱系障碍儿童,除了想象力、社会交往和自理能力尚略显薄弱外,视线对视、对他人的手势理解、社会交往与情绪表达能力、言语理解和表达都较好。

个案的雷达图择要说明如下:

视线与手势:现在有比较敏感和持久的视线对视,当无法拿到需要的物品时,能够准确地使用语言或指点行为表达自己的愿望,视线与手势的发展良好。

情绪理解:能够准确地理解他人表现出的生气、害怕、伤心等情绪,且基本能够用语言对他人表示关心和同情,不会不顾及别人的感受而横加批评。

情绪表达:有交往性微笑。能够准确地用面部表情表达自己的喜、怒、哀、惧等情绪,但在用语言表达自己情绪时偶尔会不恰当,有时会情绪表达失控。

言语理解:能够准确地理解简单的日常生活指令,对于较为复杂的指令以及挖苦、讽刺等的理解则稍差一些,基本能够根据社会道德标准判断对错,有基本的是非感。

言语表达:能够较为准确地运用言语表达自己的意思,会使用由较多词语和连接词组成的长句,但有时用得不是很准确,使用的句子有时会词语颠倒,让人难以理解,但出现的频率比较低。

(6) 游戏评估

在自由游戏中,会有一些主动发起交流的行为,并以口头语言为主,但用词显得相对单调贫乏;在半结构象征游戏场合中,能正确认知玩具的功能,有较多的具固定性的"以人代人"、"以物代物"和"情境想象"的装扮游戏行为的发生。下面以同样的案例来具体说明。

① 装扮性游戏测评结果

首先,从游戏兴趣来看,始终表现出乐意玩的意愿,游戏持续八分钟,只有两次短暂时间的跑掉。

其次,从玩具的使用方面来说,玩具的功能认知正确率很高,并且能够主动地使用材料,对玩具具有较强的专注性,针管和自己设想的药房使用频率很高,使用的正确率达90%以上,只有1次用听诊器量爸爸的脖子。

最后,从装扮结果来看,从"以物代物"方面来看,替代物的匹配正确率很高,动作协调。在"以人代人"方面,有两次在游戏框架之外,比如说:"妈妈,我要玩积木","我现在玩这个玩具"。在情境想象方面,游戏的时候能够充分再现医院里发生的事情,并且把这些事情正确地迁移到医院体验的游戏中,比如游戏中主动给妈妈听心跳,还说妈妈得了神经衰弱,张开嘴巴说"阿"给妈妈看喉咙,要病人验血,吊盐水到五号柜台开药,并且能够编造药品的名字,能回答妈妈问的"吃几次"的问题,总的来说,体现了较强的想象力和延迟模仿能力。

② 儿童与父母的语言交流结果

注:儿童的语言发展正常。

从语言交流和非语言交流的维度来看,总的来说,儿童和妈妈大部分进行的是语言交流,非语言的交流很少。在自由游戏中,父母的语言中62%是提问,8%是建议,9%是指令。而在儿童的语言中,48%是回答父母的问题,40%是自己的陈述,儿童的求助也很明显,即缺少需要的东西时会要求妈妈的帮助。而且儿童最明显的特征是有扩展自身语言情况的出现,比如说"妈妈对我要求太高"等。

儿童的主动性主要表现在自由游戏中,比如,儿童主动描述自己要红烧番茄,并且主动描述用具的名称是"美的"电磁炉等。

(7) 绘画评估

高功能自闭症谱系障碍儿童绘画已具人形,且头与身体的比例较适中,对家庭成员也有认知,但在人物画像中都缺失耳朵。

从图5-13中可以看到,该高功能自闭症谱系障碍儿童的家庭动态画不仅大小比例合适,表情也十分生动。从画面上人物的表情及排列来看,这是一幅很和谐的家庭画,一家人正在开心地拍照,从此可见印刻在该儿童心中的家庭成员的一贯印象以及与家庭成员相处的积极心态和方式。同时还能抓住人物的主要特点,比如父母的眼镜,说明了个体对父母有很清楚与正面的意识,能意识到人物的外在特征。但遗憾的是所有的人物都没有耳朵,说明这些儿童缺乏对人脸、身体特征的认知。

(8) 沙箱评估

他们对沙箱游戏饶有兴趣,在沙箱游戏中能一边摆放玩具,一边叙述自编的故事,但比起同龄的普通儿童,摆放的玩具量少,故事的叙述重复、简单。图 5-14 呈现的是上述儿童的沙箱作品。

图 5-13 某高功能自闭症谱系障碍儿童的绘人图　**图 5-14** 某高功能自闭症谱系障碍儿童的沙箱作品

图 5-14 所呈现的沙箱作品体现该高功能自闭症谱系障碍儿童的心理发展如下特点:

① 想象力发展水平:玩具摆放有关联,构成的故事富有情节性,画面生动丰富,作品气氛比较和谐,并具有较丰富的想象力。

② 注意力发展水平:操作过程中,有效操作时间约 30 分钟左右,相较于普通儿童,注意力的持久性发展还不充分。

③ 空间布局:作品中的玩具均匀放置于整个沙盘,整体布局比较均衡,说明其目前的内心比较整合,丰富性和均衡性都发展得较好。

综上所述,自闭症谱系障碍儿童综合评估模式具有较强的会聚性。

(二)"层次性"特点的检验

由于各种因素,我们运用自闭症谱系障碍儿童综合评估模式,只从外显行为和心理发展层面对 67 名具有自闭倾向的儿童进行了探索性评估,还没能从神经生理层面上着手评估,因此,在此只能从不同心智发展水平的具有自闭倾向儿童的心理发展层面上的生理年龄与心理年龄的落差,来检验本模式的"层次性"。

心智发展水平低的有自闭倾向的儿童,在心理发展层面上,除运动能力之外,各大领域的心理年龄均与实际年龄一般有很大的落差,有的儿童生理年龄在 8 岁以上,甚至是 14 岁,但在思维、言语、社会等方面,心理年龄大都处于 2~3 岁水平。

心智发展水平中等的有自闭倾向的儿童,在心理发展层面上,各大领域的心理年龄均与实际年龄有一定的落差,在思维、言语、社会等方面落差尤甚。

心智发展水平较高的有自闭倾向的儿童,在心理发展层面上,各大领域的心理年龄均与实际年龄落差不大,有的在思维、记忆和言语上甚至还超过其生理年龄。

综上所述,自闭症谱系障碍儿童综合评估模式具有一定的层次性。

以上是我们建构自闭症谱系障碍儿童综合评估模式的理论与实践研究探索历程之一窥,这只是在研究评估自闭症谱系障碍儿童的万里长征中迈出的第一步。对研制出来的问卷调查量表、心理评估和言语评估的信度和效度检验,是摆在我们面前的系列艰巨任务,与此同时,如何完善游戏评估编码表、绘画作品和沙箱分析的编码,使其具有应有的信度,也是亟待解决的研究问题。更为艰巨的是,我们还需在神经生理层面对这套模式加以检验。我们希望自闭症谱系障碍儿童综合评估模式能经得起实践的检验,能为早期发现和筛查自闭症谱系障碍儿童,为自闭症谱系障碍儿童制订个别化教育计划,实施教育干预立下汗马功劳。

本章小结

在第 1 节里,测评自闭症谱系障碍儿童的历史从行为、认知和教育干预三个维度做了梳理。第 2 节则简单介绍了功能性评价的概念和操作步骤,第 3 节以较大的篇幅介绍了建构综合性评估的过程和检验结果,表明了这是一个具"汇聚性"和"层次性"的评估工具。

思考与练习

1. 评估对自闭症谱系障碍儿童早期发现和早期干预中起到哪些不可或缺的作用?
2. 试对已在我国广泛运用的诊断性评估工具做出全面评价。
3. 功能性评估的理论基础是什么?
4. 如何理解综合性评估中的"汇聚性"?
5. 分层评估和分类评估对自闭症谱系障碍儿童心理发展与教育的意义何在?

第6章 融合自闭症谱系障碍儿童的教育

 学习目标

1. 通过本章学习,希望能从理论和实践的两个层面上对自闭症谱系障碍儿童实行融合教育有立体的全面了解。
2. 在理论上,了解相关理念、知道学前融合教育模式的基本构想、知晓实施融合教育的一些原则。
3. 在实践上,能知道创设良好的物理环境的方法、温馨的人际环境创设的策略以及建构教学课程的视点。

对自闭症谱系障碍儿童实行融合教育,是一项十分艰巨的工程。在我国,目前尚无完整的融合自闭症谱系障碍儿童教育的课程。因此,这有待各位仁人志士去努力探索。

融合教育(inclusive education)是一个全新的教育概念,在国内外都日益受到重视。但在我国,特别是学前教育领域,融合教育还是处于发展阶段。对自闭症谱系障碍儿童实施融合教育,更是一个极具挑战的课题。在本章中,我们将从理论和实践的两大层面来深入探讨这一课题。

第1节 理论之思考

对任何一种颇具影响的教育理论,我们都不仅要知其然,还要知其所以然。不仅知其所以然,更有必要在原有的理论基础上,根据自己所处的文化和教育生态来构建本土化的理论模式。基于这样的思考,在本节中,我们聚焦于对自闭症谱系障碍儿童实施融合教育理念之审视,建构融合教育模式之探索,以及确立融合教育原则之讨论。

一、回顾融合教育相关理念

从20世纪的80年代开始,海外的心理学家和教育工作者在理念上就已经确立了将自闭症谱系障碍儿童的社会化发展,特别是他们的社会技能(social skill)和社会能力(social competence)作为融合教育的主要内容。在融合教育中将促进自闭症谱系障碍儿

童的社会化发展的有效方案分为三个领域：强调社会化经验的重要性；在个别化教育计划中都包含社会技能的内容；提供与普通儿童进行社会互动的机会。

（一）相关理论之回顾

20世纪80年代开始，研究者从以下四个方面论述了对自闭症谱系障碍儿童社会化发展教育干预的理论。

1. 及早进行教育干预理论

自闭症谱系障碍儿童在很幼小的时候已显示出社会性退缩行为（Osterling & Dawson,1994;Scott et al.,2000）。因此，越早进行教育干预，对他们今后的成长就越有利（Frea,1995;Strain,1983）。研究证明，在融合性教育环境中能帮助自闭症谱系障碍儿童更好地学习社会性和游戏行为（Scheuermann & Webber,2002）。

2. 在社会背景中教授社会技能理论

教育干预实践证明，在有着同伴、自然的社会刺激及强化的丰富社会背景中对自闭症谱系障碍儿童进行教育干预会卓有成效（Breem,Harring,Pitts-Conway,& Gaylord-Ross,1985;Frea,1995）。反之，如果没有这些自然的社会背景，教育干预会显得极为困难。自闭症谱系障碍儿童在社会环境中多次重复地接受社会刺激和强化，才能对这些刺激做出反应。

3. 进行普通儿童喜欢的活动

普耶罗德-罗斯（Gaylord-Ross,1984）等发现，对自闭症谱系障碍儿童进行教育干预时，如果鼓励他们进行普通儿童所喜爱的社会活动，会使他们有更多的社会性互动行为。因此，教师要仔细地观察普通儿童同伴的玩具类型、游戏、活动、语言表达甚至服装等，以此作为对自闭症谱系障碍儿童进行教育干预时的材料。教会自闭症谱系障碍儿童运用这些材料和进行这些活动，也是社会化教育干预的一个部分。

4. 教授关键行为

所谓"关键行为"（pivotal behaviors），是指包含着社会机能的一些多样化的社会性行为（Koegel & Koegel,1995）。这些行为能使自闭症谱系障碍儿童有更高质量的社会性互动和社会性行为的增强。摩斯（Moes,1995）强调了在教育干预中，应把这些关键行为作为目标行为。

（二）相关理论的审视

这些理论启发我们当尽早地让自闭症谱系障碍儿童在有同伴的环境中，学习关键性的社会交往技能和行为，以利于与普通儿童有更好互动。但是这些理论都过于宽泛，并没有具体指出及早教育干预，应早到什么时候？在社会背景中进行教育干预，这是一个怎么样的社会背景？由于自闭症谱系障碍儿童有刻板行为等特点，普通儿童所喜爱的活动并不一定是自闭症谱系障碍儿童所喜爱的。因此，仅教授普通儿童喜欢的活动可能不太妥当。何谓"关键行为"？对此的解释又过于宽泛。本节对上述理论中涉及的4点，提出反思性思考。

（1）及早教育干预的年龄。自闭症谱系障碍儿童在3岁前其症状大都已凸显，根据我国目前幼儿教育的现状，我们对自闭症谱系障碍儿童的早期教育干预应始于其入托年龄。也就是说对自闭症谱系障碍儿童进行融合教育，应从小班幼儿开始。因为及早教育干预，及时教育干预，都会对自闭症谱系障碍儿童的心理发展起到很好的促进作用。

（2）教育干预的社会背景。对自闭症谱系障碍儿童进行教育干预的最好的社会背景当是自闭症谱系障碍儿童所处的幼儿园和家庭。因为根据社会生态环境理论，对幼儿来说，最直接、最重要的社会背景就是家庭和普通幼儿园和学校。而要有普通儿童作为其同伴进行社会互动的，只有普通幼儿园和学校。只有通过对师生关系、同伴关系的优化，并让教师去直接指导自闭症谱系障碍儿童的家长，才能真正使教育干预在现实的社会背景中实现。

（3）融合教育中教授的活动。如前所指出，自闭症谱系障碍儿童有其独特的爱好。因此在融合教育中，要组织自闭症谱系障碍儿童开展的活动，当首先投其所好，继而接近于普通儿童所喜爱的活动。举例来说，某自闭症谱系障碍儿童特别喜爱拼图，我们就可以根据这一特点，让他与普通儿童一起拼图，通过这一活动，让他了解到其他同伴也有同样的喜爱。并学会与同伴分享快乐。

（4）关键行为的选择。根据自闭症谱系障碍儿童的特征，在融合教育中教授的关键行为当主要包括与同伴或教师的共同注意行为、自我与他人的分化认知，对他人的表情认知以及服从社会性指令等具体行为。因为只有让自闭症谱系障碍儿童有了与他人共同注意的行为，他们才会真正与他人关注同一人物或事物，分享重要信息。只有让自闭症谱系障碍儿童有了自我与他人的分化认知，他们才可能知道什么是"我"和"你"。有了自我意识，进而才可以进行自我管理，自我独立。只有让他们了解他人的表情，有了解读这些表情的能力，自闭症谱系障碍儿童才会知道别人的喜怒哀乐，从而走进他人的心灵。只有让自闭症谱系障碍儿童有了服从社会性行为指令的能力，他们才可能在将来的社会生活中，按照一定的社会规则独立地生活和工作。

二、建构学前融合教育模式

我们根据上述的理论反思，基于教育实践，探索性地建构了对自闭症谱系障碍儿童所进行的学前融合教育理论模式。为了便于对构想的理论模式有较全面的了解，在此，以上海的个案为例，详细陈述我们建构这一理论模式的时代背景和具体设想。

（一）模式提出的背景与现状

学前融合教育是指在幼儿园附设特殊教育班，让有轻度发展障碍和较严重问题行为的儿童在普通班中接受保教。在融合教育概念提出之前,在我国较为流行的概念是"随班就读"。

1. 背景

"随班就读"的概念,是进行正常化教育的理念的结晶。中国在1988年公布的《中国发展障碍人事业五年工作纲要》(1988—1992)中,首次提出了"随班就读"。此处所指的"随班就读",是指在普通学校和幼儿园附设特教班,及普通班中吸收轻度发展障碍的特殊儿童。随着对特殊儿童的关心度的增加,中国国家教育委员会于1994年7月发表了《关于开展发展障碍儿童少年随班就读工作的试行办法》;上海市教育委员会于1997年8月发表了《关于在本市普通中小学开展随班就读工作的暂行规定》。

这两个文件所言对象都是7~16岁的学龄特殊儿童,强调让学龄特殊儿童能在普通学校就读。这一个"读"字,使2~6岁的自闭症谱系障碍儿童很难被列为"随班就读"对象。因为在普通幼儿园和学校中,对儿童的保育和教育是根据他们的身心发展规律而全面展开,并非让儿童仅仅以在学校读书的教育形式而进行的。所以,"随班就读"这一概念,并不适合自闭症谱系障碍儿童。

2. 现状

随着经济的发展和理念的转变,上海自1994年以来,遵循着中国国家教育委员会的《关于开展发展障碍儿童少年随班就读工作的试行办法》的精神,12个行政区都在公办普通幼儿园和学校中挑选一至两所幼儿园,开始对轻、中度发展障碍儿童进行"随班就读"教育。

从实施"随班就读"幼儿园的师资来看,从园长到特教班的教师,毕业于特殊教育专业的为数不多,基本上没受过学前特殊教育的系统训练。从保教类型来看,主要有两种:一种是在普通幼儿园中,设置特殊班;另一种是将极其个别的轻度发展障碍儿童放在普通班中。

从对现状的分析中发现还存在着以下几个主要问题:

第一,教师对学前特殊教育不够了解。由于对自闭症谱系障碍儿童的教育理念和方法等尚在探索中,对从幼儿园园长到全体教师进行这方面的教育和训练尚未全面展开,所以,即使是已在实施"随班就读"的幼儿园,其师资队伍也还基本处于理论基础不够扎实,对自闭症谱系障碍儿童进行保教时具体方法不妥等。

第二,保教类型尚以"隔绝型"为主。通过对"随班就读"最早的幼儿园的调查,发现他们的主要类型是以开设特教班为主。有的幼儿园里同时开设了"弱智班"和"听障班";有的则只开"弱智班"或"听障班",这些班的孩子,平时与在一个幼儿园的其他孩子几乎没有接触,最多在一年一度的对普通孩子进行爱心教育时,把他们作为献爱心对象。能进入普通班中接受教育的,大都是有轻度脑瘫或因带着人工耳蜗而听力接近正常的儿童,因为这些儿童除了行动稍有不便,智力发展上无明显迟缓。

第三,入园的自闭症谱系障碍儿童人数少。在2~6岁的学前自闭症谱系障碍儿童中,能进入普通幼儿园接受"随班就读"教育的孩子只占10%左右,更多的自闭症谱系障碍儿童仍然在专门对学前特殊儿童进行保教的机构。显而易见,这样的规模远远达不到保证自闭症谱系障碍儿童接受正常化教育的要求。

对学前特殊儿童实行这样小规模的保教,固然有其历史原因和客观限制,但我们也痛心地看到,一些完全可以进入普通班的自闭症谱系障碍儿童,被个别园长拒之于门外。从这些分析中,我们深切地感到,建构"融合教育"模式的重要和必要。

为了让3~6岁的自闭症谱系障碍儿童也能真正享受正常化教育理念的成果,根据查芬(Chaffin,1974,1976)的"充分教育模式"中所言及的"在儿童的每个发展阶段,都能保证根据其个别需要进行教育"的理念,我们针对自闭症谱系障碍幼儿的身心发展阶段的特征,针对普通幼儿园或学校工作的特点,提出"融合教育"的概念,并在此尝试构想融合教育模式。

(二)融合教育模式的建构

融合教育模式的建构主要包括体系模式、形态模式和联合模式三个内容。

1. 融合教育的体系模式

融合教育的体系模式是指在普通幼儿园构筑出一个以园长为核心,以特教班负责教师为基础、全园教师为整体的团队式保教体系的一种模式。构想见图6-1。

图6-1 融合教育体系模式的构想

在这个模式中,园长与特教班教师及全园教师之间关系紧密,是有良好互动的保教整体。

(1)模式中园长所起作用的构想

在此模式中,幼儿园园长所起的作用主要表现在增强意识、把握方向和按需配备人员上。

① 增强全园教师对自闭症谱系障碍儿童进行保教的意识。从实际情况来看,幼儿

园园长自身很关心本园所设的特教班,但有些幼儿园还没能使全体教师对此有深刻的认识。所以,当特教班出现特殊情况后,幼儿园园长就忙于"救火",还没能在全园中形成整体协调地进行融合教育的氛围。所以,幼儿园园长要利用各种途径,加强全园教师团队式"融合教育"意识。

② 把握"融合教育"的实施方向。自闭症谱系障碍儿童有其各种各样的特殊性。所以,在实施保教计划和教育课程时,往往会有很大的出入。在这个过程中,要对全体教师,特别是特教班的负责教师要及时进行指导,完善其融合教育知识,改进其具体的指导方法。

③ 及时配备特教班教师。从目前实际情况来看,一般幼儿园中的特教班是2个教师和一个保育员带12人左右。但是,刚入园的自闭症谱系障碍儿童由于其适应难度大,因而,幼儿园园长应根据具体情况临时加配教师,或以二三名教师同时进班的形式加强融合教育。

(2) 模式中特教班教师的职责构想

特教班负责教师的主要任务是接受幼儿园园长的指导和实际工作及心理上的支持;及时与全园其他教师沟通信息。就自闭症谱系障碍儿童的发展情况、保教要点等进行信息传递,以利于临时被加配进来的教师能立即投入到融合教育中。

(3) 模式中全园其他教师职责的构想

自觉了解对自闭症谱系障碍儿童所进行的"融合教育"的意义、理论和方法。自觉向特教班教师了解本园的自闭症谱系障碍儿童的概况。在有需要和自己可能的情况下,根据自闭症谱系障碍儿童的特殊情况,与保教班的教师组成团队,担当起必要的保教责任。

2. 融合教育的形态模式

融合教育的形态模式是指教师根据自闭症谱系障碍儿童在普通幼儿园的普通班里接受融合教育的实际情况,适时、适地采取不同样式的保育形态的一种模式。构想见图6-2。

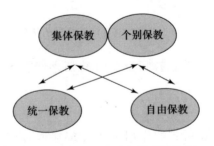

图6-2 融合教育形态模式的构想

这个模式的提出,是基于在融合教育中,必须使普通儿童和自闭症谱系障碍儿童各得其所的理念之上。其根本目的是使每个儿童,特别是自闭症谱系障碍儿童也能获得满足感、充实感,使他们有充分的自主性。

这儿的"集体保教"和"个别保教",是指保教形式,"统一保教"和"自由保教"则指保教内容。

在融合教育形态模式中,我们对保教形式和内容的不同组合进行了构想。

(1)"集体与统一"保教构想

当教师想对全体幼儿实施预先设定好的教育计划,特别是想让普通儿童通过游戏等教学活动,来增强对自闭症谱系障碍儿童的理解和关心时,可以这种形式来进行。当然,这个前提是自闭症谱系障碍儿童愿意并能参加。

(2)"集体与自由"保教构想

当教师希望增加自闭症谱系障碍儿童与普通儿童的交往,但是,这位(些)儿童又跟不上其他孩子的活动节奏时,可以让他(她)以自己的方式参加集体游戏等教学活动。使自闭症谱系障碍儿童感受集体的氛围乃主要目的。

(3)"个体与统一"保教构想

当自闭症谱系障碍儿童很想参加集体统一活动,又受到身心条件的限制无法参加时,教师可根据他(她)的实际发展水平,对统一活动的数量、时间和内容做出相应的调整,使其也能与普通儿童一样感受到成功的喜悦。

(4)"个体与自由"保教构想

当自闭症谱系障碍儿童不想或不能参加集体的统一活动时,可根据其本人的意愿,让他(她)选择感兴趣的内容方式,以其喜爱的方式进行个别活动。但融合教育根本目的是为了增强自闭症谱系障碍儿童的与同伴交往的能力,所以此法当慎用。

3. 融合教育的联合模式

所谓"融合教育的联合模式",是指普通幼儿园与入园的自闭症谱系障碍儿童的家庭、社区、治疗机构以及康复机构相互携手,以多方联合的方式对自闭症谱系障碍儿童进行一种融合教育的模式。其构想见图6-3。

图6-3 融合教育的联合模式的构想

在这个模式中,对普通幼儿园与入园的自闭症谱系障碍儿童的家庭、社区、治疗机构以及康复机构的多方联合分别作以下的构想。

(1) 普通幼儿园与自闭症谱系障碍儿童家庭的联合构想

普通幼儿园与自闭症谱系障碍儿童家庭联合的构想,主要有两点:一是保教人员和自闭症谱系障碍儿童的家长之间的情感联合。保教人员对刚入园(所)的自闭症谱系障碍儿童的父母要有充分的理解,以真诚之心减轻他们的不安和焦虑,逐步形成相互信任的关系。二是保教人员和自闭症谱系障碍儿童的家长之间的信息共有。保教人员可通过家访、谈话、家园联系册等多种手段加强与家长之间的信息交流,以便及时沟通。

(2) 普通幼儿园与所在社区的联合构想

普通幼儿园与所在社区联合的构想包含两个层面:一是依托社区,建立父母互助网。为能给自闭症谱系障碍儿童的父母以更多的心理支持,保教机构可与所在社区一起,组织本园的普通儿童家长与他们建立父母互助网。以此使自闭症谱系障碍儿童的父母减少自卑感和孤立无援感。二是深入社区,深化"与自闭症谱系障碍儿童共成长"的理念。在社区中,可组织一些生动有趣的活动,如组织游戏俱乐部等,加强普通儿童与自闭症谱系障碍儿童的交往,加深理解。

(3) 普通幼儿园与治疗和康复机构联合的构想

普通幼儿园与治疗康复机构联合的构想有两个方面:一是敦促自闭症谱系障碍儿童走出去,接受治疗和康复训练。二是把康复机构的专家请进来。根据自闭症谱系障碍儿童的实际情况,定时请专家来进行康复训练,在保教和治疗的齐头并举之下,使自闭症谱系障碍儿童能尽快地达到他(她)所可以发展的最好水平。

上述模式的提出迄今已逾十年,经过上海兰溪路幼儿园、百灵鸟幼儿园、车前托儿所暨幼儿园等幼儿园的实践检验,已证明了这样的模式不仅能促进自闭症谱系障碍儿童的言语、情绪和社会化发展,同时对普通幼儿的同情心、移情能力、宽容和忍耐都有很大帮助。希望这一模式在全国的托幼机构中得以推行,并能受到实践检验。

三、确立融合教育实施原则

融合教育的实施是当前全球特殊教育领域中受到关注的一个研究方向。国外的研究成果表明了融合教育的可行性以及它对于自闭症谱系障碍儿童终生发展的重要性。在我国已有一部分自闭症谱系障碍儿童获得了接受融合教育的机会,但在实际教学中,尤其在对于融合教育实施原则的把握方面,国内的教育实践工作者还处于摸索状态。以往的教学经验告诉我们,只有依据教育对象的实际情况,将各种教学策略、教学方法在正确的原则指导下合理应用,才能真正达成所期望的教学目标。为此开展融合教育实施原则的研究,可以提高融合教育课堂教学的针对性,使教育更加有效。

在此试从论述对自闭症谱系障碍儿童实施融合教育原则入手,具体介绍其含义及贯彻落实的相应策略或方法,并对原则的研究发展动向进行分析与比较。

(一)课堂教学原则

融合教育课程的教学研究在国内是一个较为新兴的研究方向,有针对性的课堂教学原则的研究更少有人涉及。国内现阶段在此方面的研究仍处于摸索阶段,还未形成系统的理论框架将融合教育实施原则有机地整合起来。

就目前国内所能收集的相关研究资料来看,可以概括为指导性原则和操作性原则两大方面,涉及早期干预原则、个别化原则、平等性原则、发展原则、缺陷补偿原则、主体性原则、直观性原则、游戏参与原则、成功性原则和安全原则共十项原则。

1. 指导性原则

融合教育课程中课堂教学的指导性原则包括早期干预原则、个别化原则、平等性原则、发展原则和缺陷补偿原则。这些原则以对自闭症谱系障碍儿童实施特殊教育的基本理论为基础,对融合教育课堂教学理念的把握具有整体的指导性作用。落实贯彻指导性原则能够帮助融合教育班级的任教教师更好地认识教学的特点,开展适合班级学生的教学活动。

① 早期干预原则

早期干预原则是开展学前特殊教育的根本原则,也是融合教育工作的理论依据。通常意义上早期干预指的是针对已存在或可能存在发展障碍的自闭症谱系障碍儿童实施预防、鉴别、治疗和教育的一系列措施。它包含了两方面的内容,即对自闭症谱系障碍儿童现有发展障碍的鉴别、干预与治疗,以及对可能存在的发展障碍的预防。研究证明,恰当的早期干预可降低儿童发展障碍的出现率,防止已有疾病或障碍的恶化,最大限度地缩小自闭症谱系障碍儿童与普通儿童之间的差异,促进残障儿童身心的健康发展(刘全礼,1995),同时还能减少家庭的压力和负担,减轻对社会的依赖,不仅有利于全民素质的提高,也具有一定的经济效益和社会效益。

首先,为特殊儿童提供入学前的融合教育就是早期干预原则的体现,让自闭症谱系障碍儿童切实享有接受学前教育的权利。在具体教学操作中,教师应对儿童各类发展障碍早发现、早干预和早治疗。实施早期干预的一项重要理论基础就是儿童心理发展的关键期理论。在自闭症谱系障碍儿童能力发展的早期阶段,教师正确把握关键期,并及时为之提供更多的相关刺激,可以帮助他们更好地发展自己基本能力。

其次,教师在课堂教学中既要注意为自闭症谱系障碍儿童提供适合他们能力发展的教育环境,设置相应的教学内容,同时也要对他们各方面能力的发展有一个整体把握,及时发现或制止潜在障碍或继发性障碍的发生。

② 个别化原则

个别化原则的提出最早可追溯到中国古代孔子的因材施教理念。这要求教师在开展教学活动时，首先应当明确"每个儿童都有其独特的特性、兴趣、能力和学习需要"[①]。在充分把握学生个体差异的基础上，认识和照顾到他们的不同需要，制订合理的、详尽的个别教育计划，实施适合儿童发展的教学，并根据个体参与教学活动的实际情况对其做出相应的评价。从个体发展的角度而言，个别化原则的落实为所有儿童提供了真正意义上的均等教育（刘秋芳，2004）。

在融合教育课程的研究中，个别化原则既是教学开展的一项基础理论，也是课堂教学中的一个难点。由于教育的对象是自闭症谱系障碍儿童，他们在行为和能力等方面的表现不稳定，也不全面。因此教师除了借鉴相关的医学、教育学、心理学和社会学评估报告来了解自闭症谱系障碍儿童的个体发展差异外，还应该通过一段时间的实际教学活动，用发现的目光，设身处地地从自闭症谱系障碍儿童的立场来看待他的行为、兴趣、能力、需要等方面的表现。在此基础上发现自闭症谱系障碍儿童之间的差异，确立发展的原有水平与学习的起点，并通过合理的教学安排、课程内容及教学方法的选择，使儿童的能力获得最大限度的发展，并最终成为个人适应，社会适应，平等参与社会的完整意义上的人。

需要强调的是，个别化教学不等同于一对一的个别教学。在融合教育课堂中教师开展的应该是在集体教学条件下适应并注意个体发展的个别化教学，是教学内容、要求以及评估的个别化，而不仅仅是教学形式的个别化。

在个别化原则的核心内容中，教学评估也是其重要的组成部分之一。及时的教学评估可以帮助教师在一段时间的教学后对儿童的发展状况有所了解，并根据评估结果适当地调整教学目标、修正教学方法及教学进程，以促进自闭症谱系障碍儿童个别化教学的持续开展。

充分把握儿童的个体差异、制订详尽的个别化教育计划、进行针对性评估都是个别化原则落实的具体表现，能够解决融合教育环境中由于儿童个体差异而带来的现实问题。

③ 平等性原则

平等性原则指的是在融合教育教学中，教师要对所有的儿童一视同仁，为他们提供公平的适合发展的学习机会。这一原则充分体现了融合教育精髓，也是联合国人权宣言的具体落实。这要求教师不仅要从形式上更要从情感上接纳有特殊需要的自闭症谱系障碍儿童，尊重他们的特点，使他们获得适合其水平和需要的和谐发展。在实际操作中我们可以从以下两方面落实此项原则。

---

① 联合国教科文组织.萨拉曼卡宣言——关于特殊需要教育的原则、方针和实践，1994.

首先，在课堂教学过程中教师既要面向全体学生，又要顾及有特殊需要的儿童；不能为迁就自闭症谱系障碍儿童的教育而忽视了普通儿童的发展，也不能置自闭症谱系障碍儿童于不顾。普通儿童和自闭症谱系障碍儿童的共同发展是融合教育的目标，教学决不能以牺牲一方的发展为代价（陈云英，1996）。教师应该运用巧妙的教学组织与教学方法使自闭症谱系障碍儿童与普通儿童相互促进形成良性的学习环境。在此过程中，教师应该防止对自闭症谱系障碍儿童的过分保护。不能因为他们某些能力的缺失而包办其所有的事务，或是限制他们的活动。这样不仅妨碍了自闭症谱系障碍儿童能力的训练与发展，还可能养成他们依赖等心理，一定程度上也会影响班级中普通儿童技能和心理的发展。

其次，在实际教学中为所有自闭症谱系障碍儿童提供标准化的统一教育干预并非平等原则的体现，这仅是形式上的统一。根据儿童的自身情况来决定、实施最适合其需要和特点的教育才是真正意义上的平等。这就要求教师在教学中要正视儿童的差异，把握班级的整体情况，为儿童确立不同的教学目标并通过运用分层教学或小组游戏等方法，使每个儿童都能在课堂教学中获得适合自己能力的最大收益。

④ 发展原则

发展原则要求融合教育班级的教师在教学过程中应该用发展的眼光看待每一个儿童，组织适合的教学内容，运用恰当的教学方法，为他们提供适合发展需要的恰当教育，最终使自闭症谱系障碍儿童能够获得和谐的发展。

首先，教育的目的就是促进个体的发展，即使是被称之为"特殊儿童之王"的自闭症谱系障碍儿童也有其发展的可能性和必要性。虽然自闭症谱系障碍儿童由于自身障碍的存在，使其各方面能力的发展都有异于普通儿童。但作为一个独立的个体，其发展的必然性是无法被磨灭的，只是这种发展偏离于常规，具有一定的特殊性。作为融合教育课堂的教师应该清楚地认识到这一点，才能树立正确的自闭症谱系障碍儿童发展教育观，才能有效地推动融合教育课程的开展。

其次，在融合教育课堂中，基本知识经验和基本能力的教学被认为是儿童发展的核心内容。教师不能因为儿童某些方面的缺陷而忽视或特别注重特定知识或能力的发展。儿童的教学内容应该涉及各领域的知识、技能和情感。对于自闭症谱系障碍儿童的教学及评估应该以普通儿童的标准为基础，根据个体的实际情况适当地降低发展速度方面的要求，而非人为地剥夺其某方面发展的权利。

再者，在教学过程中教师不仅要关注自闭症谱系障碍儿童各方面能力的全面发展，更要着眼于儿童的未来。众所周知，学前教育是自闭症谱系障碍儿童走出家庭踏入社会的第一步，也是其未来学习生活的基础。对于自闭症谱系障碍儿童来说，能否在学前教育阶段就缩短与普通儿童的差异直接关系到其今后能否进一步获得有利于发展的适龄融合教育。因而要求融合教育班级的教师在为普通儿童提供适应高一级学校学习的技能和知识时,也要考虑到自闭症谱系障碍儿童此方面的个别需要,为适龄自闭症谱系障碍儿童的转介服务提供支持。融合教育课堂教学的出发点和归宿都是为了促进儿童当前和未来的发展。发展原则的贯彻也旨在使学生当前的发展成为他终生发展的基础。

⑤ 缺陷补偿性原则

以遗传和环境的相互作用理论为基础的缺陷补偿性原则也称之为"扬优补缺"原则。缺陷补偿性原则表明,当人体的某一器官发生病变或功能障碍时,经过系统的训练,可以建立新的条件联系,调动受损器官的残余能力或利用其他器官的能力对失去的功能进行补偿或替代。

这一教学原则要求教师能够根据儿童障碍的实际情况,灵活地改进教学方法,提供丰富而多样的环境刺激,拓宽自闭症谱系障碍儿童的活动范围,最终发掘他们潜在的能力优势,并通过教学活动尽可能地扩大这种优势,从而帮助学生利用自身的才能来克服或弥补他们的薄弱之处。需要指出的是,在学龄前阶段,自闭症谱系障碍儿童的能力发展潜力较大。教学过程中缺陷补偿性原则的贯彻应该先考虑抓住关键期发展器官的残余能力达到补偿的效果,同时考虑部分能力的替代。这样才有利于儿童尽可能地回归正常化发展。

在自闭症谱系障碍儿童的教学中,缺陷补偿性原则的实施也十分重要。如果能够在儿童发展的关键期内,及时地对自闭症谱系障碍儿童残缺的能力进行补偿或替代,可以最大限度地缩短自闭症谱系障碍儿童与普通儿童的差距,增加儿童以后独立生活、适应社会的可能性。

2. 操作性原则

融合教育课程中课堂教学的操作性原则包括主体性原则、直观性原则、游戏参与原则、成功性原则和安全原则。这些原则直接涉及课堂教学活动的具体开展,以实践经验为基础,整合了学前教育和融合教育课堂教学操作的成功经验。落实贯彻操作性原则,有助于教师更好地把握融合教育教学的各项指导性原则,使教学活动能够更好地面向全体学生,满足所有儿童的发展需要。

① 主体性原则

主体性原则认为任何人都是以主体的身份在与外部世界相互作用的各种活动中发展自己的。它强调在教学过程中,每个学生都是能动的、发展的主体。在融合教育课堂中,主体性原则要求教师将每个自闭症谱系障碍儿童看成是一个有尊严、有动机的相对自主、不断变化发展的人,为他们创造各种能带来新感受的环境,从而帮助他们从各种感受中获取新知识。

对于自闭症谱系障碍儿童来说，教师可能因为他们的发展障碍而过多地包办、代替或过分地限制照顾，使他们无法主动地投入各项活动；同时也可能妨碍教师对于其学习需要的正确把握。因而在融合课堂中，主体性原则要求教师充分发挥自闭症谱系障碍儿童的积极性，特别是要根据自闭症谱系障碍儿童个性发展的特点，充分发挥其自主性，让他们有自我调节控制的权力，有表现自己的意愿和能力的可能，激发自闭症谱系障碍儿童对活动的兴趣，使他真正成为学习的主体。可以预想在融合教育课堂中切实贯彻主体性原则对于普通儿童的能力及个性的发展也能起到积极的促进作用，同时能为自闭症谱系障碍儿童提供良好的同伴榜样，促进整个融合教育课堂教学的良性循环。

在融合教育课堂中贯彻主体性原则还应该把握的一点就是，发展儿童的主体性活动并不意味着教师放弃了对于儿童的教育而任由其发展。教师在此类教学中的任务是指导儿童，并为其创造良好的自主活动的环境。换言之，只有协调好教师的主体性与儿童的主体性才能真正地落实主体性原则的根本要求。

自闭症谱系障碍儿童是教育的主体，虽然自闭症谱系障碍儿童的自主能力较弱，但教师仍应在实际教学中尽量挖掘和发挥他们的主动性。将以教师为主导的被动学习逐步转化为以儿童需要为主导的主动学习，让自闭症谱系障碍儿童也能成为学习的主人，从而使他们能够获得更全面的发展。

② 直观性原则

课堂教学中的直观性原则指的是教师要为学生提供易于感知和具体的知识，使概念的形成过程以事实、实物和形象为基础。这一点对于自闭症谱系障碍儿童的能力发展显得尤为重要。

根据儿童发展心理学的理论，儿童期是人的生命历程中，依靠直观、具体经验来获得对事物认识、形成态度和行为方式的主要阶段。这段时间由于个体经验与知识的缺乏，以及大脑皮层本身的生理结构发展不完善，使得儿童主要通过直观实际的刺激对外界进行认识与了解。因而在融合教育课程的教学过程中，教师应该充分利用直观的教学手段、形象的语言，丰富儿童的感性经验，帮助他们建立具体事物与抽象文字间的对应关系，以促进他们能力与智力的发展。

教师在选择和运用直观教学时应该综合考虑包括教学目标、教学内容、自闭症谱系障碍儿童的认知特点、自闭症谱系障碍儿童的实际能力等在内的多方面因素。既要考虑到班中正常学生的发展需要，也要顾及自闭症谱系障碍儿童的能力水平。在课程教学或活动中，将直观教学与抽象言语进行有机的整合，既要满足全体儿童的发展需要，同时还要为自闭症谱系障碍儿童感知、思维的发展提供足够的空间，逐步提高儿童的抽象概括能力。

在融合教育课堂教学中,提供充足的直观教学信息,能够简化自闭症谱系障碍儿童对于教学资料的加工,使他们更加容易地掌握教师所教授的知识,尽可能获得与同龄普通儿童相等的能力发展。

③ 教学游戏化原则

教学游戏化原则要求教师能够充分发挥游戏对儿童的吸引作用,让所有的儿童都能够积极主动地参与到教学中来。对于任何一个自闭症谱系障碍儿童来说,游戏都是他们最乐于参与的活动。儿童发展心理学家认为,自闭症谱系障碍儿童最主要的发展任务之一就是参与各类游戏,并在不同的游戏中学会各项技能。游戏参与原则不仅有利于融合教育课堂中的自闭症谱系障碍儿童在他们喜爱的活动中自然地掌握相应技能,更有利于促进自闭症谱系障碍儿童与普通儿童的相互交往,提高自闭症谱系障碍儿童的自信心,引导普通儿童对自闭症谱系障碍儿童形成正确的爱护与帮助的态度,并让儿童能够对所处社会中的人际交往方式有所了解。

游戏式的教学能够在儿童学习的主动性方面显现优势。无论是简单的活动性游戏还是抽象的创造游戏,只要适合儿童当前的能力,必然能产生不同凡响的吸引作用。在融合教育课堂中,最理想的游戏教学应该能够体现并满足儿童不同能力的发展需要。这就要求教师应该对每个儿童的能力都有一个客观而清晰的认识,并能够根据个体的能力和各自的教学目标,策划并组织包含不同层次游戏的教学活动。

还应该指出的是,让自闭症谱系障碍儿童主动地参与游戏并不是我们的教学目标,通过主动的游戏参与,提高自闭症谱系障碍儿童的认知水平、促进社会能力发展、培养良好情绪状态才是融合教育课堂教育的最终目的。

所有的儿童无论他们是否存在障碍,游戏始终是他们最乐于参加的活动,自然也就是最佳的学习途径。融合教育课程的课堂教学应该利用自闭症谱系障碍儿童与普通儿童共同游戏的机会,设计创造各种机会,发展培养个体适应社会和建立正常人际关系的能力。

④ 成功性原则

无论自闭症谱系障碍儿童存在多少心理障碍,也无论其障碍的程度如何,都有获得成功的愿望和需要。成功性原则就是基于他们这种成就动机而提出的。这一原则表明,在教学过程中,教师需运用小步递进和积极强化等方法,激励自闭症谱系障碍儿童主动获取成功。

因为每个人生来都具有追求成功,避免失败的倾向,与此同时,每个人都可能获得成功,每个人只要付出一定的努力,就一定能成功。融合教育尤其是融合教育的教学应该以每个儿童的成功为目标,促使儿童获取成功是每个教师应尽的义务。由于儿童本身存在着差异,成功的标准也因人而异,教师要学会创设均等的取得成功的机会,从教学内容的设计、教学方法的选择、教学活动的组织到教学的反馈与评价等都要充分考虑到特殊需要学生的具体情况。鼓励儿童树立成功的信心,为儿童提供适合其能力的帮助,创造获得成功体验的环境,使每个学生都成为成功的学习者。

对于自闭症谱系障碍儿童来说,他们的成功体验通常来自成人或同伴的认可。在教学过程中教师尤其要注意对自闭症谱系障碍儿童进行及时的正面反馈,采用口头表扬、实物奖励或荣誉奖励等方法,使他们获得精神或物质上的成功体验。这种外界的及时奖励和强化能有助于自闭症谱系障碍儿童巩固和维持他们的积极行为。当然,成功性原则并非意味着对自闭症谱系障碍儿童的所有行为都不批评,而是批评要注意方式,多采用温和式批评,"对事不对人",以免挫伤他们的自尊和自信。除了教师之外,课堂中同伴的认可也是帮助自闭症谱系障碍儿童获得成功体验的重要途径之一。有研究表明,这种体验更能促进自闭症谱系障碍儿童对社会性活动的积极参与。因此在课堂教学中,教师要善于引导全班同学对自闭症谱系障碍儿童的进步予以恰当的关注和认可。

对于自闭症谱系障碍儿童来说,成功的定义和意义可能不同于普通儿童,他们的成功是被肯定和被接纳。因此需要引导普通儿童以正确的态度认同和接纳自己的同伴,为自闭症谱系障碍儿童提供更多的获取成功体验的机会,让自闭症谱系障碍儿童能够真正地成为生活的胜利者。

⑤ 安全性原则

安全性原则是自闭症谱系障碍儿童教育中最受人关注的一项内容之一。在此所谓的安全,是一个广义层面的安全,不仅包括通常意义上的生理机体方面的安全,还包含了自闭症谱系障碍儿童成长过程中心理环境的安全。也就是说,教师要为自闭症谱系障碍儿童的健康成长提供全面的保障。在融合教育课程的教学过程中,由于教育对象的特殊性,相关的安全保障需要教师的格外关注和周密安排。

自闭症谱系障碍儿童自制力差,缺乏社会交往技能,再加上本身发展上的特殊性,这些使他们往往会发生一些无目的行为,或不知道自己行为可能造成的后果,由此而影响了教学。因而,教师在安排教学活动时应该充分考虑活动过程的安全性。良好的环境创设、系统的操作流程、灵活的应急措施都是教师在开展教学活动前应该充分考虑的问题。当然强调安全原则,并不是要简单地限制自闭症谱系障碍儿童的活动范围和活动强度,让自闭症谱系障碍儿童整天在教室内游戏,而是要在活动过程中特别注意排除各种可能阻碍他们发展的隐患。

安全的心理环境具体指的是教师对自闭症谱系障碍儿童的态度、自闭症谱系障碍儿童与普通儿童之间的交往、课堂周围的环境影响等。教师应努力为包括自闭症谱系障碍儿童在内的所有儿童创设一个宽松、和谐、平等、自由的活动环境,以促进包含自闭症谱系障碍儿童在内的全体儿童身心健康发展。

第2节 实践之探索

理念的倡导、模式的建构、原则的确立本非易事,要将这些理念、模式和原则付诸实施更是一个挑战。在实践探索研究中,我们从三个层面来迎接这样的挑战,一是创设良好的物理环境,二是创设温馨的人际互动环境,三是创建融合教育课程。

一、创设良好的物理环境

所谓物理环境,是指为自闭症谱系障碍儿童创造一个最少限制、安全、有效的外在环境。

为自闭症谱系障碍儿童创设融合教育环境并非简单的拿来主义,而是要经过精心设计和调整。融合意味着在为普通儿童设计的同一环境中安置自闭症谱系障碍儿童,然而融合又不仅仅是简单地将有自闭症谱系障碍儿童放入到其他普通儿童所处的物理环境之中去。

(一)物理环境创设的理论基础

良好的环境支持自闭症谱系障碍儿童与他人之间的互动,减少自闭症谱系障碍儿童在教学活动中焦虑行为的发生。社会生态学家认为,自闭症谱系障碍儿童的发展障碍或特殊性不能仅从本身的身心特征去认识,还应该从自闭症谱系障碍儿童生长和学习的环境中去找原因,如不良的教学方式、经验剥夺、经济条件等。所以在对自闭症谱系障碍儿童的教育上,不能仅仅注意改变自闭症谱系障碍儿童的行为本身,还要注意重新创设自闭症谱系障碍儿童的学习和社会环境。

1975年,美国福特总统签署并颁布了《全体残疾儿童教育法》,即94-142公法。在公法中,"最少限制环境"是安置有特殊教育需要儿童的一项基本原则。其核心就是要让有特殊教育需要儿童尽可能与普通儿童一起生活、学习,即将有特殊教育需要儿童与主流社会的限制减少到最低程度。该法提出社会应为有特殊教育需要的学生提供适当的课程、教育以及充分的服务,以促进他们的发展。学校不仅不能拒绝有生理和智力发展障碍的学生入学,学校还应该提供给他们适当的安置与合理的课程。自闭症谱系障碍儿童第一次享有了在最少受限制环境中接受自由、适当教育的权利。在此法中,融合不仅是指物理环境上的整合,还指参与到为这些有特殊教育需要儿童准备的合适的普通教育课程中去。我们的理解是所谓合适是指活动、教材教具、环境与自闭症谱系障碍儿童的年龄相符,是适合个体现有水平和有利于其后续发展的。最少限制环境并不单纯指融合或自然环境,而是指在自闭症谱系障碍儿童的特定年龄阶段,给予有意义的融合。

1997年,该法的修正案《残障个体教育法》(*Individuals with Disabilities Education*

Act,简称 IDEA))中提出了用自然环境来进一步完善最少限制环境的概念。由此可知，融合教学环境是在最大限度上为自闭症谱系障碍儿童提供同龄普通儿童所处的自然环境，并在环境中提供个别化干预，包括特别设计的教学指导和相关服务。

要让自闭症谱系障碍儿童真正完全融合到学前及学龄教育中，应该让他们有机会去和其他普通儿童互动，并且参与到与同龄普通儿童相同或相似的活动中去，这才是真正的最少限制环境。

(二) 融合教育中的物理环境

物理环境主要是指外在硬件条件，主要分为室内和室外，包括教室建筑风格、设计、布置等。物理环境按区域划分可以分为家庭环境、社区环境、学校环境等。现有的学前教育环境主要是根据安全、健康、舒适、方便、可调节、可移动、可选择、适合自闭症谱系障碍儿童特点的原则创设的。增加自闭症谱系障碍儿童有效利用教育环境的时间与空间，是发展他们从环境中学习的能力、增加与同伴交往互动的机会、熟悉社会情境与交往技能、参与社区活动、提高适应社会能力、预防继发性障碍发生的重要途径。

融合教育环境应该适合自闭症谱系障碍儿童年龄发展的特点。与同龄普通儿童不同的是，自闭症谱系障碍儿童的发展和学习更受自然情境和日常生活影响，因为他们不能自动去适应学前和学龄教育环境，所以为了这些儿童应更好地注意对物理环境进行调整。

结合我国自闭症谱系障碍儿童的融合教育现状，我们可以根据上述创设物理环境理论的概念，进行以下四个方面的探索。

1. 力图创建有安全保障的物理环境

首先要将自闭症谱系障碍儿童置于一个相对安全的环境，然后才能实施有针对性的教育。所以在环境的设计布置安排上要充分考虑其安全性。对于自闭症谱系障碍儿童来说，他们不会像普通儿童一样懂得如何躲避已有的危险、如何防范潜在的危险，所以在设计上应该杜绝任何危险。

物理环境安全的保障要求设计者在最初设计教室环境、操场环境的时候就应该充分考虑各方面的因素，包括电线的排布，门窗高度、宽度、开启设计，地面的铺设材料、操场地面障碍的排除等。

2. 有针对性地调整环境布置

将自闭症谱系障碍儿童纳入普通幼儿园和学校，首先应该对环境做出相应的调整。要尽可能提供多感官通道的刺激物、有序安排环境布置、保证日常活动的稳定性、调整器材的可接近性。但是未来的发展并不仅仅停留于此，环境要适合各类自闭症谱系障碍儿童，无论他们的需要何在，无论他们的心理发展水平程度如何，对环境布置的整体规划都显得很重要。特别是对学前阶段的儿童，在规划时可以利用质地、高低、色彩等不同的材料将活动区域有效地划分,通过提供不同的感官刺激,来促进自闭症谱系障碍儿童对不同区域的认知。

3.室内活动环境的创设

对于自闭症谱系障碍儿童而言,室内活动占了其一日活动中的大部分时间,创设一个符合融合教育课程要求的物理环境是保证教学活动一般实施的前提条件。在室内活动环境的创设过程中,应该遵循以下原则。

(1)确保环境的绝对安全。在任何一个物理环境中,尖角、边,突出物、凹凸不平,钩角,夹缝,障碍物以及悬浮物,这些都会对自闭症谱系障碍儿童造成一系列的危险及伤害。

确保环境安全具体措施有:保证物体表面、墙面、地面平整,器械没有尖锐硬角、没有粗糙锯齿面,家具器械和材料保存完好,经常检修及更换。玩具和部件足够大以避免被自闭症谱系障碍儿童吞咽。清洁用品放在自闭症谱系障碍儿童不易接触到的地方,与其他物品分开放置。家具大小适中,与自闭症谱系障碍儿童身高年龄匹配,放置平稳,便于移动。区域划分清晰,保证通道无障碍,地面可用不同材料铺设,但不用水泥地。插座有一定的高度、有保护,电线隐蔽,恰当设置自闭症谱系障碍儿童保护装置,将灯光也纳入火警系统。

(2)充分考虑自闭症谱系障碍学前儿童的需要布置房间。在学前融合教育教学中,环境创设是针对每一个幼儿的,而不仅仅是针对有特殊教育需要幼儿的,所以既要考虑到自闭症谱系障碍儿童的特殊教育需要,也要考虑到普通儿童的发展需要。既可以利用书架、垫子、橱柜等来划分区域,又可以设计不同质地的接触面来训练触觉,还可利用不同高度、不同材质来帮助自闭症谱系障碍儿童练习运动技能,自闭症谱系障碍儿童活动区域内的各项器材设置都要适合所有自闭症谱系障碍儿童使用。

房间布置要十分温馨,可以使用软家具、不同质地的物品,尽可能使用自然光。家具、墙面、器材等既要在视觉上有悦目之作用,但又不过分刺激视觉。学习空间要充满各种感官刺激,具有趣味性。教学玩具大小适合,材料耐磨。房间有足够光线,必要时可以拉上窗帘,使用不同的光线度。窗户要有保护措施,玻璃不易碎。声音要有缓冲,材料、活动和环境要敏锐地触及到自闭症谱系障碍儿童个体不同程度的刺激及最适宜的感官通道。

在融合教育教学中,室内可以明确划分大块活动区域、小块安静区域以及各种有针对性的活动区域。在各区域中根据训练目的有针对性地放置教学器材器械等物品。喧闹的活动区域和安静的读书区域要分开。材料、教具、家具等都是适应课程的,墙面装饰在不同区域反映不同的课程主旨,并且置于自闭症谱系障碍儿童视线位置。早期文学熏陶可以利用环境进行,如母语发音、有声读物等,同时也要适合不同文化背景、家庭背景的自闭症谱系障碍儿童。教学玩具放置在自闭症谱系障碍儿童可以接触到的地方，或者存放于自闭症谱系障碍儿童看不到的隐蔽处。在不同区域内放置储物箱，便于拿取玩具。至少准备三个或以上相同的玩具便于与普通儿童进行平行游戏比较。安静区域可放置垫子、摇椅等适宜物品。文学区域提供适合自闭症谱系障碍儿童发展的书籍以满足某些高功能自闭症谱系障碍儿童对文字偏好的需要。

（3）为家长设置温馨的物理环境。融合教学中家长往往作为助教参与其中。家长帮助教师共同指导自闭症谱系障碍儿童，所以融合教育环境的设计也要考虑家长的需要。比如可以安排家长的座椅、家长信息中心、家长交流区域，让家长获知每日的活动安排和规则，提供适合家长参考的图书、资料，安排供他们学习的区域。

4. 室外活动区域设置

自闭症谱系障碍儿童的活动场所不仅仅局限于教室这个封闭的环境中，还有一系列的户外运动。户外不比室内，在安全性、监督观察上来说都需要更多关注，由于其空间开阔，使许多设置成为潜在的危险，所以在环境创设上尤其要注意安全第一。

室外活动可以提供大肢体运动技能锻炼的机会，还可以提高自闭症谱系障碍儿童游戏水平和社交能力。同时户外活动提供了充足的自然光、新鲜空气、不同的声音刺激等感官享受，还提供了自闭症谱系障碍儿童奔跑和尖叫的机会，让自闭症谱系障碍儿童的感官功能、运动技能得到锻炼。

地面铺设使用有弹性的材料，使用经过安全检测的橡胶保护组织，并有一定厚度。确保器械的周围有一定面积的延伸保护面。达到一定高度的器材安放要间隔一定距离并且加固；避免有危险的金属，如开放的S型钩或突出的螺钉。高处安装栏杆或扶手，护栏间隔小于3.5英寸或大于9英寸，以免卡住自闭症谱系障碍儿童的头、手、脚。检查器材的边角，最好用泡沫或橡胶包裹。扫除易绊倒的障碍如石块、树桩及暴露在外的底座等。秋千等器材配置安全带等保护装置，安装到适合的高度。经常检查、检修、保养、更新露天器材。有专职人员监督自闭症谱系障碍儿童活动情况，时时确保安全，及时采取措施以避免不必要的伤害。

5. 多感官刺激的学习环境

学习环境对于自闭症谱系障碍儿童而言，也就是他们日常活动的区域，幼儿在此区域中将度过绝大多数的时间，可以参加教师安排的各类活动。自闭症谱系障碍儿童需要感受到身心双重安全，所以舒适的环境、丰富的感官刺激可以帮助他们拥有良好的心理状态：良好舒适的教室环境可以减少教室中行为焦虑的发生。丰富的感官刺激可以帮助他们从多渠道获取信息、得到经验。

综上所述，创设一个安全、有着丰富视觉刺激、井然有序及可操作的互动性物理环境，对自闭症谱系障碍儿童的心理安定和促进其认知、语言发展都有很大的好处。

二、创设温馨的人际环境

在融合教育中,除了上述良好理论物理环境的创设,还有一个很重要的问题就是创设温馨的积极的人际环境。创设融合教育人际环境的目的在于能使自闭症谱系障碍儿童尽快地掌握社会技能,取得发展性进步,发挥其最大潜能,同时拥有能平等地对待他们的教师和同龄伙伴。自闭症谱系障碍儿童需要身心双重安全,所以在改善物理环境的同时,还要为他们创造一个良好的心理环境。

对于自闭症谱系障碍儿童来说身体上的安全是外在的可以看得见的,而心理上的安全是他们内心的感受,比外在的安全来得更重要。创设的学习环境应能使自闭症谱系障碍儿童独立、自主地参与学习。同时器材、教具、玩具等日常学习用具和日常学习计划安排是有序的、稳定的,并保持一定的规律性。

在进行融合教育的实践性探索过程中,我们尝试从教师、同伴和家长与自闭症谱系障碍儿童的三种人际关系出发创设这一环境,下面将从学前和学龄两个阶段来分别阐述这个问题。

(一) 学前阶段的人际环境

处于学前阶段的自闭症谱系障碍儿童,尤其是心智发展水平低下的低功能儿童,由于语言表达、情绪表达等能力的薄弱,在融合教育环境中更觉得局促不安,几乎不能与同伴进行任何互动。因此,学前阶段的人际环境创设的重点就在于让教师、同伴和家长以形象直观的肢体和情绪语言来增强其与自闭症谱系障碍儿童的人际互动。

1. 教师的人际互动环境

教师的人际互动环境创设是由教师通过其语言、行为以及表情等为自闭症谱系障碍儿童的社会认知发展提供人际互动,并在良好的师生人际环境中,对自闭症谱系障碍儿童进行教育干预。在教师的人际互动中,教师主要提供情感和认知上的支持。

① 情感支持

情感支持包括了"亲吻拥抱"、"表扬鼓励"和"体验成功"的三种策略。第一种策略旨在使自闭症谱系障碍儿童感受到教师的怀抱是自己的安全基地,第二和第三种策略旨在促进自闭症谱系障碍儿童的自我效能感。

在系列实验研究中已经发现,积极情绪会给自闭症谱系障碍儿童的共同注意行为、自我认知与自他分化认知、对他人的情绪认知以及游戏行为带来显著的正面影响,因而,情感支持被列为教师的人际互动中的第一要素。

② 认知支持

认知支持包括了"把手指认"、"自身工具化"和"抽象概念动作化"三种策略。

这三种策略的运用,旨在将抽象名词化为可视可触摸的感觉刺激,便于自闭症谱系障碍儿童进行认知。这些策略是根据系列实验中发现的结果,即自闭症谱系障碍儿童对直观形象的视觉刺激信息更为敏感的特点而形成的支持构架。

2. 同伴的人际互动

同伴的人际互动创设是通过同伴的共同游戏和活动等方式为自闭症谱系障碍儿童的社会认知发展提供人际互动,并在有同伴依恋的人际环境中,对自闭症谱系障碍儿童进行教育干预。在同伴的人际互动中,同伴主要提供参与性支持和示范性支持。

① 参与性支持

参与性支持包括了"共同训练"和"共同游戏"策略。教育实践证明,虽然自闭症谱系障碍儿童存在显著的社会交往困难,但他们当中的一部分人仍会对同伴形成泛化性和特定性依恋,甚至与同伴在一起时更容易接受教育干预。针对这样的自闭症谱系障碍儿童,可以在教育干预中让其同伴一起接受自我认知训练和对他人情绪识别的认知训练。同时,以共同游戏的方式,在社会性互动中,可提高自闭症谱系障碍儿童的自他认知水平和促进他们产生象征性游戏行为。

② 示范性支持

示范性支持以"同伴示范"策略为主。"同伴示范",是让普通儿童或社会认知发展水平高于自闭症谱系障碍儿童的弱智同伴担任小老师。在系列实验中发现,比起教师,自闭症谱系障碍儿童能对同伴投入更多、更长久的注视,因而让同伴担任示范者,能使自闭症谱系障碍儿童更容易接受教育干预。

3. 家长的人际互动

家长的人际互动创设是由自闭症谱系障碍儿童父母通过其语言、行为以及表情等为自闭症谱系障碍儿童的社会认知发展提供人际互动,并在良好的亲子人际环境中,对自闭症谱系障碍儿童进行教育干预。在家长的人际互动中,父母主要提供亲情和交流性支持。

① 亲情支持

在调查中发现,不少自闭症谱系障碍儿童都由祖父母照顾,父母都因工作忙而疏于与孩子之间的情感交流。为此,通过让父母每天与孩子玩 15 分钟左右的游戏来提高他们的社会认知发展水平的方式,让父母与孩子之间有更多的亲情交融。

② 交流支持

除要求家长与孩子一起以游戏方式来进行教育干预外,还要求家长每天在个别化教育计划中,记录孩子接受教育干预的情况以及当天孩子在日常生活中出现的有关社会认知的逸事。家长由此为孩子提供交流性社会支持。

部分普通幼儿园已在融合教育实践中按照上述策略创设了人际环境。从已有的实践结果来看这样的环境是有利于自闭症谱系障碍儿童心理发展的。然而任何理论都有待于实践的长期检验,同理,此处所述的人际环境的创设之可行性和有效性还需要进一步接受实践的检验。

(二)学龄阶段的人际环境

从目前我国的情况来看,能进入学龄融合教育之中的自闭症谱系障碍儿童只有那些智力发展没有显著差异、言语能力较高的高功能儿童。他们经常会被认为是性格孤僻或特别固执的儿童,对他们实施融合教育看起来不是那么艰巨的任务,然而实际上同样需要教师和家长的极大努力。

自闭症谱系障碍儿童从早期的家庭教育环境进入学校环境,是一种转变。教育者从家长转为以教师主导又是一种转变,在这种转变中,自闭症谱系障碍儿童会出现不适应或者是心理上的恐惧,这就需要教师发挥主动性,引导自闭症谱系障碍儿童进入一个安全的心理环境。

1. 接纳性的人际互动

在融合教育中,教师的接纳对自闭症谱系障碍儿童而言就是一个良好的心理环境。教师要认真对待每一个孩子,对他们一样地温和,一样地敏锐,创建一个和谐的学习环境。因为每个自闭症谱系障碍儿童都是一个独特的个体,都有不同的成长、发展和学习的需要,每个自闭症谱系障碍儿童发展和学习的速率不一,方式也不一样,所以教师首先就要接纳并尊重个体间的差异,尤其是接纳自闭症谱系障碍儿童的发展落后,尊重他们的需要,发掘他们的潜能,重视他们的优势而非缺陷。

教师的接纳态度直接影响着自闭症谱系障碍儿童的心理成长。因此,促使教师接纳并尊重个体间的差异,尤其是接纳自闭症谱系障碍儿童的独特行为和思维方式,尊重他们的需要,发掘他们的潜能,重视他们优势的观念形成是创设接纳性人际环境的关键之所在。

教师接纳还体现在教学上。融合教育要保证自闭症谱系障碍儿童可以得到适合他们发展需要的服务与支持,教学是培养自闭症谱系障碍儿童情感、认知、技能等方面的能力,使自闭症谱系障碍儿童参与日常生活,对于普通儿童设计的课程未必适合自闭症谱系障碍儿童。所以一定要为自闭症谱系障碍儿童量身定做恰当的教育目标和合理的评估方式,调整预期的期望值,在自然情境中提供适宜其教学的方法,为自闭症谱系障碍儿童提供真正的平等机会。

2. 支持性的人际互动

家长始终是融合教育的主力军。一方面,家长可以利用有效的观察技能去理解自己的孩子是否可以在此环境中学到知识、技能和获得积极情感,可以在延续的家庭教育中采用相应的教学方法去促进自闭症谱系障碍儿童的学习。另一方面家长可以参与到教师安排的教学活动中,增加与孩子的互动,避免使自闭症谱系障碍儿童产生心理上的恐惧，进而避免造成其行为上的焦虑。

普通儿童家长的态度直接影响到普通儿童对班级中自闭症谱系障碍儿童的态度以及行为，所以对普通儿童的教育还应该将对他们的家长的教育也纳入其中。一方面，融合教育机构可以开展一系列的活动，如特殊教育普及讲座帮助家长认识这些自闭症谱系障碍儿童特点；另一方面，开展亲子活动让所有自闭症谱系障碍儿童和家长参与，让家长可以领悟到这些孩子的优点以及他们对平等的渴望。

自闭症谱系障碍儿童家长及其普通儿童家长如都能采取积极的支持态度对待自己或班级中的自闭症谱系障碍儿童，那么这些高功能自闭症谱系障碍儿童能获得更为深层的内在心理安全感。

三、创建融合教育课程

据了解，迄今为止在我国尚无专门为自闭症谱系障碍儿童制订的融合教育课程，不管是学前阶段还是学龄阶段。因此如何根据自闭症谱系障碍儿童的认知、言语、情绪和社会化发展特点，为他们量身定做有着恰当目标和教学内容的课程，已是摆在我们面前的一项艰巨任务。但建构这样的教学课程是一项浩瀚的工程，绝非靠三言两语能够解决的问题。在此，只是根据上述融合教育的基本理念提出一些建议，供一线的融合教育工作者参考。

（一）教学课程中目标的设定

如前三章所言，自闭症谱系障碍儿童大都在认知、言语发展方面滞后于普通儿童，即使是掌握了大量词汇的自闭症谱系障碍儿童，在语义的理解和运用上仍然有许多困难。因此，在课程目标制订之际，当"就低不就高"，即所制定的目标最好是接近甚至略低于各种功能的自闭症谱系障碍儿童的实际水平。

每个教育工作者都有一个心理预期，都希望自闭症谱系障碍儿童往好的方向发展，往既定目标发展，但是自闭症谱系障碍儿童由于能力和发展水平等原因经常出现落后于预期目标的情况，由此易使自闭症谱系障碍儿童产生自卑、恐惧之心情，也因此容易使教师、家长陷于失望之中。如果教师能适当降低预期目标，从他们的实际能力出发，情况可能就会好很多。当然这并不是简单地降低要求，而是适当分解目标。在这一过程中，教师要提供鼓励、支持和适当的挑战，帮助自闭症谱系障碍儿童达到目标。

（二）教学课程中情景之运用

（1）自然情景。在真实的环境中，采用自然课程教学方法，或许是帮助自闭症谱系障碍儿童最有效的方法之一。因为如果能为自闭症谱系障碍儿童提供一个和他的生活环境相类似的真实自然情景，他们就可直接应用到现实的生活之中。因为自闭症谱系障碍儿童迁移能力差，不会将从一个情境中汲取的经验应用于另一个情境，所以教师的活动安排、器材使用都要贴近于生活。

(2) 挫折情境。教学中也要设置一定的挫折情境来提高自闭症谱系障碍儿童的抗挫能力。因为自闭症谱系障碍儿童在未来融入社会的漫长道路中还要经历许多磨难,最初的一帆风顺对他来说并非是一件好事,所以教师在教学过程中要为他们设置一系列真实的小小的挫折,这些挫折难易有度,是生活中可能遇到但可以克服的,又不会挫伤自闭症谱系障碍儿童的自信心的。

(三) 合作学习的教学课程

有研究表明,即使是融合教育,自闭症谱系障碍儿童时常会发生孤独无友的现象。合作学习应该可以打破这种状况。从我们的研究中发现,不少自闭症谱系障碍儿童从心理上更愿意亲近同龄伙伴,因为同龄伙伴年纪相仿,与自闭症谱系障碍儿童有共同语言、相仿的兴趣爱好等。普通儿童作为学习同伴,可以在教学过程中给予自闭症谱系障碍儿童及时有效的帮助和支持,可以在合作学习中对自闭症谱系障碍儿童进行指导和示范,可以成为自闭症谱系障碍儿童的榜样和模仿的对象,他们是进行合作学习的最佳人选。

合作学习可以使小组成员有积极的互相信赖,有个体责任的体现,有面对面的积极互动,有社交技能的训练还有小组合作的锻炼。合作学习在很大程度上满足了自闭症谱系障碍儿童的交往需要、表现需要、游戏需要,因此能更好地调动自闭症谱系障碍儿童学习的积极性。在集体中,自闭症谱系障碍儿童能更好地感受集体内部的能源。

通过与同伴的合作学习,自闭症谱系障碍儿童可以从具有不同心智水平、不同知识结构、不同思维方式、不同学习风格的同伴中获得启发,并能依靠集体的力量来更好地完成学习任务。

在对自闭症谱系障碍儿童实施的融合教育实践中,虽然有上述物理环境和人际环境创设的探索,也有对建构教学课程之思索,但是这些都还只是起步阶段,融合教育其路漫漫,有待我们做更大的努力去求索!

 本章小结

本章从理论和实践上梳理了我们对自闭症谱系障碍儿童实施融合教育的思考和实践探索。理论上不仅介绍了"及早干预"、"教授关键行为"等理念,还对其进行了反思。与此同时,还阐释了对自闭症谱系障碍儿童实施学前融合教育的体系模式、形态模式和联合模式之构想,介绍了融合教育的早期干预原则、个别化原则、平等性原则、发展原则、缺陷补偿原则、主体性原则、直观性原则、游戏参与原则、成功性原则和安全性原则共十项原则。

实践上,则介绍了创设安全、有序和丰富视觉刺激的良好物理环境的方法,接纳性和支持性的人际互动环境创设的策略。同时还陈述了对创建融合教育课程的一些思考。

 思考与练习

1. 对自闭症谱系障碍儿童实施融合教育主要有哪些相关理念?
2. 试评析对自闭症谱系障碍儿童实施学前融合教育的模式构想。
3. 请评论对自闭症谱系障碍儿童实施融合教育的个别化原则。
4. 对自闭症谱系障碍儿童实施融合教育为何必须创设良好的物理环境?
5. 接纳性和支持性的人际环境对自闭症谱系障碍儿童在融合教育中的作用何在?

第7章　自闭症谱系障碍儿童家长与社区协同教育

学习目标

1. 通过本章学习,能够了解自闭症谱系障碍儿童家长的心理路程、所承受着的巨大的精神和物质的负担,从而能有为他们提供支持之愿。不仅有愿望,更能付诸实施,建构出合理合适的支持体系。

2. 与此同时,对社区协同教育的概念有一个清晰的认识,对社区协同教育的意义和实施方法能够了然于心。

在这一章中,我们将对自闭症谱系障碍儿童的服务和教育拓展到了他们的养育者身上,把教育的场所,从幼儿园/学校扩展到社区。

社会生态学将家庭与幼儿园及学校归为儿童生长的微观环境,而社区则是属于中观环境。微观环境对自闭症谱系障碍儿童的生命成长有着极其重要的影响,而社区,虽然属于中观环境,但因其直接涵盖家庭和幼儿园及学校,其影响不可小觑。

在第6章中,我们已聚焦于幼儿园及学校,详细讨论了对自闭症谱系障碍儿童实施融合教育的理论思考和实践探索,因此本章将重点放在家庭教育和社区协同教育上,着重于对自闭症谱系障碍儿童家长的心理支持和对社会教育模式的探讨上。

第1节　家长支持与培训

自闭症谱系障碍儿童的家长恐怕是为人父母者中最艰辛的一个群体,因为他们所要承担的精神和物质的压力之巨超出我们的想象。本节我们将追寻这些家长的心路历程,分析他们所承受的精神和物质压力,探讨给予他们心理支持的策略与方法。

一、追寻家长的心路历程

梅思(Maes)在其研究报告中指出:自闭症谱系障碍儿童及家人(主要是父母)承受的压力是一般儿童及成年人所无法承受的,这是因为他们的孩子被社会烙上了一个令人心痛的印记,身为父母者没有充分的心理准备去面对存在发展障碍的孩子。

斯理格曼(Seligman)也指出：自闭症谱系障碍儿童的家长需要由心理卫生专业人员帮助他们面对实际问题，包括孩子早期的养育与教育。如果家里出现了一位自闭症谱系障碍儿童，其家人主要是父母在身心和经济上所承受的压力是超乎寻常的。

对于对孩子充满殷切期待的父母来说，忽然被告知他们的孩子是一个存在广泛性精神发展障碍的儿童或自己感觉到自己的孩子在认知、语言或社交上发展明显迟缓时，深爱子女的父母们又会经历一段怎样的心路历程呢？下面是我们通过对自闭症谱系障碍儿童家长的访谈所获取的结果，这是大多数自闭症谱系障碍儿童家长共同走过的心路历程。

（1）震惊焦虑期。父母当听到或发现自己的孩子可能是具有精神发展障碍的自闭症谱系障碍儿童时，其内心深处会有极大的震动，犹如从幸福的云端跌入深不见底的黑暗深渊，他们希望这不是事实，又深恐这是事实。因此，他们会为孩子的成长和将来的发展陷入焦虑不安之中。

（2）四处投医期。父母们为了证实自己的孩子是否存在广泛性精神发展障碍，会不惜一切代价四处投医，进行确诊。孩子一旦被诊断为患有自闭症时，家长们内心不愿接受或承认这样的事实，他们又期盼着能够推翻已有的医生或相关专家的判断，总是想获取其他医生或相关专家的意见。然而，经过一次又一次的诊断后，他们逐渐接受孩子是自闭症的事实，于是家长们又四处查访，希望可以找到能提供治疗和妙方的医生和专业机构。

（3）恐惧失望期。经过一次又一次的诊断，当得知自己的孩子是一个存在广泛性精神发展障碍儿童的事实不能被推翻时，又没有提供妙方或治疗方法的医生和专业人员，家长们就会陷入深深的恐惧失望之中。他们为孩子的将来感到恐惧和担心，为无法改变的事实感到无助，同时会因孩子的不健全感到失望。

（4）怨天尤人期。失望之后，家长们会经常抱怨："为什么偏偏是我们的孩子？""为什么孩子又偏偏是无法彻底救治的广泛性精神发展障碍？"家长们往往会觉得自己和孩子是世界上最不幸的人了，家长们会经历一段无助的唉声叹气甚至无助的流泪期。

（5）自责羞愧期。自闭症谱系障碍儿童的家长常常独自承受着因孩子特殊所带来的自责和羞愧感。尤其是母亲通常会认为，孩子之所以不健全是因为自己在怀孕时，曾经有吃过药或受到辐射的行为，会将孩子的不健全归因于自己。儿童的发展障碍被认为是父母的错误行为（包括怀孕期间与后天关爱不足）的后果或受到的惩罚。

除了自责，为自己孩子的特殊而感到羞愧可能是家长们的主要反应。家长们通常还会畏惧别人的闲言闲语、指责和取笑，连带孩子出门都会感到难为情。有一对毕业于名校的郎才女貌的夫妇，就因为自己的孩子是一个自闭症谱系障碍儿童，觉得十分丢人，虽然孩子十分喜欢吃麦当劳的食品，但夫妇两人从来没把孩子带出去过，都是他们自己去麦当劳把食品买回来给孩子吃。这种自身的自责与社会舆论所带来的羞愧,使自闭症谱系障碍儿童的家长的心理承受更大的负担。

(6) 承受重负期。父母在心灵上承受着重负的同时,还存在着另外一种倾向,即为避免自闭症谱系障碍儿童面对外界的冷酷与伤害而过度保护孩子。有些父母因自责而对孩子表现出过度的怜悯,为了补偿孩子,即使是孩子的无理要求也会想方设法满足;有些家长甚至会放弃自己的工作、生活方式与自身的追求,将全部精力完全倾注在孩子的身上。

为了自己的孩子,有些自闭症谱系障碍儿童家庭可能会夫妻同舟共济、祸福与共,为孩子的康复而努力着;有些则因不堪重负而使家庭解体,这对独自一人抚养孩子的父(母)亲来说,更是雪上加霜,更加不利于自闭症谱系障碍儿童的成长和将来的发展。

从上面的描述中我们可以看到,自闭症谱系障碍儿童家长走过或正在行走的艰辛心灵之路,下面我们将从一项研究报告中来佐证这种心路历程。

二、直面家长的精神压力

尽管自闭症谱系障碍儿童的发生比例仍是"百里挑一",但因其发展障碍的广泛性,自闭症谱系障碍成为一种极为昂贵的发展障碍,无论是国家,还是家庭,为自闭症谱系障碍儿童乃至成人所支付的社会成本巨大。

在美国,政府为一个自闭症患者所支付的终生费用约为 320 万美元,国家为所有的自闭症支付的终生费用达 350 亿美元之巨。

在我国,一些发达地区如上海,已开始对 15 岁以下自闭症谱系障碍儿童给予一年 3000 元的干预补助,但家长直接承受的照顾成本和发展成本仍然十分巨大。下面从自闭症谱系障碍儿童家长所需承担的社会成本来推论他们所承受的精神压力。

(一) 承担社会成本的调查

在我们的调查中发现,自闭症谱系障碍儿童的家长必须支付两大类社会成本:一是养育者为他们的孩子付出的照顾成本;二是为促进自闭症谱系障碍儿童身心健康而付出的发展成本。由于目前的补助政策刚刚开始实施,而且数量较少,基本上由家长自费付出,因而对大多数自闭症谱系障碍儿童的家长来说,为承担每年所需的社会成本,他们往往需超负荷工作,在被精神压力压得无法喘气之时,还得背负十分沉重的经济压力。由于不堪重负,不少家庭出现了夫妻离异的情况,甚至有的年轻父母因长期承受巨大的心理和财力负担,英年早逝,孩子只能由亲戚代养。为使这样的悲剧减少或不再发生,我们对自闭症谱系障碍儿童的家庭所承受和支付的社会成本做一个详细调查,以引起政府机构和相关工作人员的重视。下面将详细介绍我们针对上海市 126 名自闭症谱系障碍儿童家庭所作的一份关于他们每年需承担或支付社会成本的调查报告的具体内容和结果。

1. 被调查儿童的基本信息

此次调查针对的是上海地区的2.5岁至14岁被医院诊断为有自闭症倾向儿童家庭。具体区分见表7-1。

表7-1 被调查儿童的来源汇总

机构	人数	所占比例
专门治疗康复机构	46人	37%
学前融合教育机构	28人	22%
各个辅读学校	36人	29%
普通托幼机构和学校	16人	12%

从表7-1中可以看到,本次调查中,在专门的康复机构中接受治疗的儿童所占比例最高,占据37%,而能进入普通托幼机构和学校的自闭症谱系障碍儿童所占比例最小,只有12%,在学前融合教育机构儿童与辅读学校就读的儿童人数加起来所占比例达51%,占本次调查自闭症谱系障碍儿童的一半。

2. 自闭症谱系障碍儿童社会成本的调查

在上海,针对自闭症谱系障碍儿童的专门康复机构一般收费在每月2000元左右,对低收入的自闭症谱系障碍儿童家庭来说,是一笔不小的支出。实际上,除了这种每月需付出的教育、干预治疗费用外,每个自闭症谱系障碍儿童家庭为使孩子健康成长,希冀着可能的康复,还要承担或支付两类主要的社会成本,一是照顾成本,二是发展成本。

(1) 照顾成本的解析

在我们的调查中发现,自闭症谱系障碍儿童家庭所负担的照顾成本大致可分为以下4类:父母缩短工作时间型、父母一方自愿下岗型、弃高就低时间自由型、单身父母挑重担型。

所谓"父母缩短工作时间型",是指父亲或母亲中的一方为了能照看自闭症谱系障碍儿童,在征得所在单位的同意后将工作时间缩短,一般是每天提前2小时或4小时下班。如以一个月3000元的工资计算,每月至少承担1000元以上的照顾成本。

所谓"父母一方自愿下岗型",是指父母为能带孩子接受各种干预训练,或因孩子在普通托幼机构,特别是普通小学就学,被校方要求家长陪读,父母中有一方只得自动提出下岗的类型。如以一个月一个人的工资3000元计算,每月至少承担3000元左右的照顾成本。

所谓"弃高就低时间自由型",是指父母中的一方,为了能在工作时间中也有可能带孩子接受干预,宁可放弃高薪,而去做收入较低但工作时间自由的工作。按一般情况推算,这类父母所付出的照顾成本每月在1000~3000元之间。

所谓"单身父母挑重担型",是指由于父亲或母亲一方无法面对自己的孩子是自闭症谱系障碍儿童而离婚或出走,由留下来的单身父亲或母亲来独自承担养育孩子的任务类型。往往是母亲独自承担。由于没有经济上和心理上的支持,单身父母挑重担型的家长面临的困难最大,其承担的照顾成本也最高。

在126名被调查儿童的家庭中,这四种类型所占比例见图7-1。

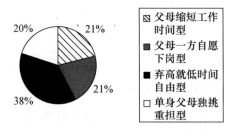

图7-1 自闭症谱系障碍儿童家长的照顾成本各类型所占比例图

从图7-1中可以看出,"弃高就低时间自由型"所占比例最高,而其他三类所占比例基本相等。

(2) 发展成本的分析

在对126名自闭症谱系障碍儿童的家长所进行的访谈调查的结果还发现,自闭症谱系障碍儿童家长除了要承担上述的照顾成本之外,为了孩子的身心发展和康复,还需支付不菲的发展成本。发展成本可分为医疗干预和教育成本两大板块。

表7-2是关于医疗干预的发展成本的大致费用汇总。

表7-2 自闭症谱系障碍儿童的发展成本中的医疗干预费用汇总

费用种类	一次平均费用	所含内容
医学诊断	约1000元	临床观察、脑CT、血液检查等
医学干预	100~300元	感觉统合、高压氧舱、针灸等
言语治疗	100元(1小时)	每月约4次。

除医学诊断一次性以外,感觉统合训练再加上高压氧舱和针灸治疗的费用从100~300元不等,如以每次200元计算,则一个月需800元左右。

与此同时,75%的自闭症谱系障碍均伴有智力发展迟缓和言语发展滞后,因此言语治疗对这些儿童来说是必不可少的。自闭症谱系障碍儿童一个月仅用于言语治疗就需400元左右。

图7-2显示的是关于自闭症谱系障碍儿童教育干预的发展成本的每个月的大致费用汇总。

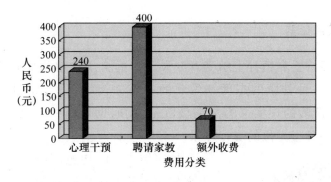

图 7-2　自闭症谱系障碍儿童教育干预的发展成本一个月的大致费用汇总

在我们调查的 126 名自闭症谱系障碍儿童中，每个月同时支付心理干预、聘请家教和额外收费这三项费用的家庭占 35%，这意味着这些家庭每月支付的教育费用的发展成本约为 710 元。

综上所述，我们看到如果家庭中有一个自闭症谱系障碍儿童，其家庭所要承担和支付的社会成本十分沉重。在此仅以一个家庭为典型案例，计算其为自闭症谱系障碍儿童一年所承受的社会成本。如表 7-3 所示。

表 7-3　自闭症谱系障碍儿童家庭一年承受和支付的社会成本典型案例*

社会成本内容	费用估算
照顾成本　每月 2000 元左右	24000 元
医学诊断　一次 1000 元	1000 元
医学干预　一次 150 元，每月 4 次	7200 元
言语治疗　一次 100 元，每月 4 次	4800 元
心理干预　一次 60 元，每月 4 次	2880 元
聘请家教一次 100 元，每月 4 次	4800 元
自闭症机构学费每月约 1800 元	21600 元
共　　计	66280 元

我们假设一下：如果这个儿童为 3 岁儿童，其十年的社会成本总和将达 66.2 万元左右人民币。这对一个普通的工薪阶层家庭来说，实在是一个十分沉重的负担。

由此可知，如不对自闭症谱系障碍儿童实施早期发现和干预，不仅对自闭症谱系障碍儿童的个体发展带来贻害终生的影响，同时还会给自闭症谱系障碍儿童的家庭带来极大的沉重负担。这不仅影响到社会经济的发展，更会对构建和谐社会带来不利影响。

---

* 以 2007 年的物价和平均工资水平为基础推算。

三、建构支持家长的体系

为了能给在经济上和精神上承受着巨大压力的自闭症谱系障碍儿童的家长一种支持,使他们能够以一种健康的态度和乐观的心态去接纳孩子;他们虽然深爱着自己孩子,但在面对过于严峻的现实又容易消极沉沦,此时助他们一臂之力可使之走出困境。所以有必要建构一种全方位的支持体系。

图 7-4 支持家长体系之构想

按照图 7-4 的构想,我们可以从下列三方面着手来架构支持自闭症谱系儿童家长的体系。

(一) 情感支持体系

情感支持体系当包括两个方面:一是疏通其负面消极情绪,二是给予正面的情感激励。

当自闭症谱系障碍儿童的家长独自承受巨大的精神压力而难以控制自己消极情绪的时候,一个忠实的倾听者无疑如镇定剂,可以让家长感到安慰,因为面向一个忠实可靠的听众,他们可以将自己的失望、恐惧和痛苦等情绪毫无掩饰地宣泄释放。因此,我们的教育工作者应该是一个具有同情心且态度温和的倾听者。与此同时,要能够帮助家长了解自己的不良情绪与态度可能会抑制自己的孩子身心成长。

正面的情感激励当以自己的微笑和行动来使家长获取信息。当不少家长对自己的孩子感到绝望时,我们可以把一些自闭症谱系障碍儿童发挥出独特的"孤岛能力"或因早期干预而康复得较好的案例告诉家长,树立其信心。同时,有些自闭症谱系障碍儿童的家长因为孩子要被所在的正常学校赶出校门时,我们就当像消防队员一样及时和该校领导和班主任进行交流,为自闭症谱系障碍儿童能够接受融合教育而据理力争,以此减低父母承受的巨大精神压力。

(二) 信息支持体系

由于自闭症谱系障碍是一个较新的名称,即使是专业的医务人员,可能也并非人人皆知,更何况这些普通的家长,他们大都从网上下载一些资料,很难获取科学的、真实的信息,因为他们往往会茫然无措,感到更大的精神压力。为此,当有一个强有力的信息支持体系给他们提供支持。

自闭症谱系障碍儿童的家长大都会迫切地需要知道如何面对自己的孩子并且为孩子拟订未来计划的资料,了解关于自闭症谱系障碍的诊断与预后的帮助,了解如何面对因孩子的特殊性而给日常生活所造成的影响。自闭症谱系障碍儿童的家长还渴求知道可利用的教育与服务机构、设施等。家长还想知道有哪些机构和方法能干预训练自己的孩子,使孩子能在最大限度上接近正常儿童,为孩子的将来教育和发展打下基础,孩子应该享有的权利等,这些重要的信息都是我们应当及时提供给家长的。与此同时,还应鼓励并且帮助家长获取有关孩子特殊性的相关知识。这些知识涉及孩子的发展特征、孩子的能力与受到的局限,如何及早干预等知识。应该注意的有关教育、医药和情绪调节等资料;帮助家长为儿童拟订切合实际的目标;鼓励家长将孩子视为一个独立个体,有权利、潜能与能力选择自己的生活方式。甚至可以利用组织自闭症谱系障碍儿童家长联谊会的形式来进行信息支持。因为家长联谊会可以使家长们在一起体验分享,了解别人也有相同的情绪与问题。家长不仅在团体里能彼此分享情绪,也能共享解决问题的方法。

(三) 早期干预体系

从上述的分析中我们深刻地感到,能够为自己的孩子承受巨额社会成本的自闭症谱系障碍家庭为数不多。即使是一对月薪为3000元左右的夫妇,一年的收入才7万多,可按照上述的案例分析,一个儿童一年的社会成本就达6.6万元左右,他们尚且不堪重负,更不用说那些低收入或离异家庭了。为了能让所有的自闭症谱系障碍儿童在早期及时得到干预,将其潜能发挥到极致,有必要提请政府和有关部门从法律、财政和人员配备等方面给这些自闭症谱系障碍儿童以支持。

1. 建立简易可行的早期筛查制度

为能减轻家长承担昂贵的医学干预的发展成本,可建立简易可行的早期筛查制度。可以让有关医务工作人员和心理学家联手制定简易的自闭症谱系障碍儿童早期发现筛查量表,婴儿6个月、12个月和18个月大接受体检时,家长填写这份自闭症谱系障碍儿童早期发现筛查量表,如果发现有高危儿童,就可以追踪调查,进行适宜的早期干预。因为众多的研究发现,自闭症谱系障碍儿童的年龄越小,对其干预的效果就越显著,因为2岁前婴儿的大脑神经细胞发展具有可修复性。

2. 构建公平的早期干预体系

构建公平的早期干预体系主要是为了帮助那些经济状况处于弱势地位的自闭症谱系障碍儿童家庭,政府应当倡议和敦促这一体系的建构。

我国已开始倡导让有发展障碍儿童能受到高质量的与其发展相适应的早期教育,这体现了具有构建早期公平教育体系的意识,这种意识有助于我们重新思考教育干预资源的合理分配和使用,体现了现代早期教育的公平性原则。为保障经济状况处于弱势地位家庭的自闭症谱系障碍儿童得到早期教育干预权利与机会,政府作为资源配置的主体应当积极探索构建公平公正的早期干预体系政策,从政策运行出发对教育资源进行统筹规划、合理配置。

从美国的"早期抢先一步开端计划"（Early Head Start），到英国的"稳妥开始"（Sure Start），都体现了援助身心发展障碍和处境不利儿童的公平教育精神。"早期抢先一步开端计划"将获得资助的优先权给予那些最需要帮助的儿童，要求参加该项目的所有儿童中至少应有90%的儿童来自收入低于政府贫困线家庭。此外，"早期抢先一步开端计划"一直规定残疾儿童的参与比率不得低于总数的10%。1996年参与"早期抢先一步开端计划"项目的残疾儿童占13%，这些儿童均存在不同类别和不同程度的残疾，其中包括智障、残障、畸形、视力障碍、听力障碍、情感障碍、语言障碍以及学习障碍等。与此同时，"早期抢先一步开端计划"还要求所有地区的项目服务中心每年至少对区域内这些处境不利儿童的家庭进行两次家访，其目的在于更直接地为这些家庭提供服务。这些具体规定保障了处境不利儿童的受教育权利，在相当程度上缩小了他们与同龄其他儿童之间的差距。

他山之石可以攻玉，借鉴美国的经验，我们也可以构建对自闭症谱系障碍儿童实行公平早期干预体系，即除了满足家庭有经济实力的自闭症谱系障碍儿童能接受早期干预之外，还应该让大部分经济受限家庭的自闭症谱系障碍儿童尽早得到诊断、接受最好的教育干预，从而尽可能缩小他们与其他自闭症谱系障碍儿童之间，与其他普通儿童之间的悬殊差距。

（四）财政支持体系

我国在经济改革开放经历30年之后的今天，在财力上已大有增强，因此，对特殊儿童，特别是对被称为"特殊儿童之王"的自闭症谱系障碍儿童进行更加到位的财政补贴，应当也是切实可行之举。在具体实施层面上，美国的"早期抢先一步开端计划"给我们以有益启示。根据美国联邦法律的规定，政府的健康与人类服务部门应向指定的"早期抢先一步开端计划"实施部门提供经济援助。"早期抢先一步开端计划"不向家长收取费用，其经费80%来自联邦政府的拨款，其余主要来自社区。联邦政府的拨款自"早期抢先一步开端计划"实施以来从未停止过，且数额始终呈上升趋势。2007年，美国国会参众两院通过了有效期为五年的"早期抢先一步开端计划"新法令，该法令规定联邦政府应在2008年向"早期抢先一步开端计划"提供73.5亿美元的资金支持，对有发展障碍的儿童给予了更多的倾斜。

虽然我国在目前还难以达到美国这样大的支持力度，但对承受社会成本巨大的自闭症谱系障碍儿童家庭，是否可以从两方面着手来提供财政补贴。一是增加金额：从原先的每年3000月干预费增加到6000元，3000元用于医学干预，3000元用于教育干预。二是扩大年龄范围：从目前的低于8岁扩大到12岁，即小学毕业。因为小学阶段的医学和教育干预依然对他们的心理发展具有很大的影响。

这个支持体系模式还只是一个初步的想法，有关这个问题，我们有必要再做进一步的深入探讨。

四、建设培训家长的学校

成立形式多样的家长培训学校已是当务之急。因为自闭症谱系障碍儿童大都是伴随终身的发展障碍,因此,对他们的教育干预是一项长期的工作。如果终其一生都需到专门机构接受训练干预,其费用将会是一个天文数字。因此,对家长进行各种培训,由家长自己担任教育干预的训练师,将是节省他们社会成本的一个重要渠道。

(一)培训家长目的

培训家长有直接目的和间接目的。

所谓直接目的,就是让自闭症谱系障碍儿童的家长亲自掌握一些与自闭症谱系障碍相关的知识和在家庭中的干预技能与技巧。具体内容可以包括以下几个方面:

其一,培训在早期筛查中被发现为高危的6～30个月婴儿的家长,其目的是教会他们如何密切观察孩子,做好详尽的记录,以利于早期发现和早期干预。

其二,培训30～72个月的自闭症谱系障碍儿童的家长,其目的是使他们能从日常生活中关注培养孩子的言语接受和表达能力、情绪情感的认知和表达能力、与人交往社会能力等,在学前期为自闭症谱系障碍儿童打下坚实的基础。

其三,培训6～12岁自闭症谱系障碍儿童的家长,其目的是使他们知道如何在日常生活中让孩子形成良好的社会秩序感和获得学习能力,加强对自己的情绪调控。

所谓间接目的,就是让自闭症谱系障碍儿童的家长能够配合孩子所在的幼儿园或学校,以此整合幼儿园和家庭教育的力量,扩大幼儿园和自闭症谱系障碍儿童教育机构有限的教育资源,以补充教育力量的不足,从而为儿童创设一个完整的、适宜的、一致的教育环境,以实现幼儿园或自闭症谱系障碍儿童教育机构与家庭教育的共同目标。

一般来说,对自闭症谱系障碍儿童家长培训的间接目的有两个:一是让家长明白幼儿园/学校或自闭症谱系障碍儿童教育机构的性质、任务、内容、要求和进度,了解自己的孩子在幼儿园/学校或教育干预机构中的表现,从而能主动配合;二是使家长掌握幼儿园/学校或教育干预机构中要求的教育目标和使用的教育方法,在家庭中也同步进行,双管齐下地促进自闭症谱系障碍儿童的健康成长。

(二)培训家长的任务

培训自闭症谱系障碍儿童家长的主要任务有四个。

1. 增强意识

接受培训可让家长认识到对自闭症谱系障碍儿童发展缺陷补偿的重要性,能主动为儿童的教育干预和康复训练提供物质保障和精神支持。比如为孩子提供基本的生活、游戏和康复训练环境,建立良好的亲子关系,营造和谐的家庭氛围。

2. 统一共识

通过教育干预的培训,使家庭成员之间对自闭症谱系障碍儿童有共同的认识,从而形成正确的教育观念,针对孩子的实际提出合理的教育期望,所有家庭成员要心往一处想、劲往一处使,为了一个共同的教育目标形成家庭教育合力。

3. 教授方法

通过培训,使自闭症谱系障碍儿童家长掌握基本的教育干预训练技巧,在没有幼儿园/学校或早期教育机构的帮助下,能够按照要求在家庭里完成对孩子的干预训练。

4. 加强责任

通过家长教育干预培训,使自闭症谱系障碍儿童家长了解和掌握有关的法律知识,明白自己应尽的义务,既能主动将孩子送到专业的早期教育干预机构接受有针对性的教育干预培训,以免错过他们最佳的早期开发时机,又能身体力行对孩子进行亲子互动训练。

(三) 培训的内容

培训内容主要涉及6大方面。

① 调整家长的心态。心态是做好一切事情的前提和基础,及时地对自闭症谱系障碍儿童的家长进行心理疏导,可使他们从痛苦失望之中走出来并接受现实,对自己的孩子有一个正确的认识,从而对孩子抱以积极的态度。

② 传授发展与教养知识。通过培训可使家长了解自闭症谱系障碍儿童发展与教养的知识,其中包括自闭症谱系障碍儿童身体的适应、营养搭配、行为的自制和基本责任感的培养等内容。

③ 教授促进语言发展的技巧。自闭症谱系障碍儿童语言的发展是其社会化发展的重要途径,培训内容应涉及指导那些言语发展迟缓的自闭症谱系障碍儿童家长训练孩子发音和语言交流的技巧,使家长能在日常生活情景中指导孩子练习语言,从而可促进这些儿童的语言的发展。

④ 授予改变消极情绪的方法。自闭症谱系障碍儿童受其情绪障碍影响,会产生不少消极情绪。如果这些消极情绪强度过大或持续时间过长,都可能会使这些儿童产生神经活动的功能失调以及机体的某些病变。因此,在培训中要授予家长改变自己孩子消极情绪的方法,例如,说服家长克服难为情的心理障碍,鼓励他们多带孩子外出活动或有更多的亲子互动游戏。因为游戏活动能促使自闭症谱系障碍儿童产生更多的良好情绪,这能使他们保持身心健康和行为适应。因此,让家长理解孩子的情绪特点,让家长在日常生活中有意识地培养孩子的情绪控制力和运用适宜的情绪表达方式等,都显得十分重要。

⑤ 强化培养独立生活能力意识。基于不少自闭症谱系障碍儿童的家长对自己孩子

过度包办代替的现实,有必要通过培训,强化家长培养自己孩子独立生活能力的意识,并使家长掌握训练孩子自理能力的方法,例如让孩子自己用餐进食、穿脱衣服、刷牙洗脸、收拾玩具等,形成自闭症谱系障碍儿童的良好习惯。

⑥ 培养儿童交往能力。社会交往障碍是自闭症谱系障碍儿童的核心特征之一,培养他们的社会交往能力是家庭教育和学校教育或教育干预机构的主要训练内容。而家庭是儿童学习与他人交往的实验室,指导家长重视自身的表现和子女互动的影响,教会家长与自闭症谱系障碍儿童交流沟通的技巧和方法,使其有意识有针对性地培养儿童的社会交往意识。

通过上述这些内容的培训,自闭症谱系障碍儿童家长能全面了解孩子心理、生理特点、基本教育训练方法,在家庭中对儿童进行社会技能的训练。通过家庭训练,既可增强亲子间良好互动,又可促进父母改变儿童的消极认知和行为反应,从而潜移默化地促进儿童的良好行为之产生。

(四) 培训的形式

自闭症谱系障碍儿童家长的教育干预培训的形式应该是多样的。当根据自闭症谱系障碍儿童家长的不同需求及儿童的发展水平和实际情况采用不同的培训形式。家长的教育干预培训形式通常有以下三种形式。

1. 个别指导

所谓个别指导,是指个别指导者与家长之间通过对话、书信、电子邮件等方式,围绕着自闭症谱系障碍儿童成长的问题进行"一对一"沟通的方式。个别指导的形式还包括家庭访问、在幼儿园/学校或教育干预机构接待、个别咨询、电话联系、书信来往、家园联系册和家长电子邮箱等。个别指导具有机动性和针对性的优势,但是培训效率较低。

2. 集体培训

集体培训是指根据自闭症谱系障碍儿童的功能水平将相类似的儿童家长组织起来共同探讨问题和需要,由指导老师组织、家长集体参加的一种培训形式,一般包括"家长会"、"家庭教育专题讲座报告会"、"家庭经验交流会"、"家长讨论辨析会"和"亲子同乐活动"等具体形式。集体培训面广量大,培训的效率也高于个别指导;可以让家长和培训专业人员或教师在动态的活动过程中更全面地了解对方、自己和孩子提供了条件;同时可以帮助家长以集体为背景了解自己和孩子在总体中的相对地位,有利于对自己的孩子做出客观的评价。

3. 媒体传播

所谓媒体传播,是指根据培训内容的需要,向家长介绍、推荐和提供有关自闭症的家庭教育的文字资料和音像资料,以及指导家长阅读、观看和收听这些资料的一种间接培训的形式。

自闭症谱系障碍儿童家长的教育干预培训应该提倡多种形式;以家长为主体,突出家长的参与性;鼓励家长与教师双向互动;根据自闭症谱系障碍儿童的实际水平及发展障碍类型进行分类分层培训,从而形成学前融合幼儿园或融合教育学校以及特殊学校和家庭教育的合力。

综上所述,了解自闭症谱系障碍儿童家长的艰辛的心理路程和真实感受,并根据他们的内心渴求来提供给家长心理支持是十分重要的。与此同时,对自闭症谱系障碍儿童家长进行切实有效的教育干预培训也十分必要,因为这将有助于家长在家庭的日常生活中根据孩子的发展水平和存在的发展障碍类型,充分利用日常生活的资源对孩子进行有效的教育干预。

第2节 社区协同教育

若要自闭症谱系障碍儿童的社会化到很好的发展,仅靠家庭教育和学校教育还是远远不够的。家庭虽然是一个极为重要的微观环境,但也只是社会组成的基本细胞之一,单有家庭教育是无法真正让自闭症谱系障碍儿童获得社会化发展的。与此同时,幼儿园/学校的教育作为一种集体形式的教育,作用范围也比较局限。因此,家庭教育和幼儿园/学校教育当与所在的社区合作,与社区有良好的协同教育,才能使自闭症谱系障碍儿童的社会化进程得到进一步深化。

一、社区协同教育概念和内容

世界卫生组织于1974年对社区做了如此定义:"社区是指一固定的地理区域范围内的社会团体,其成员有着共同的兴趣,彼此认识且互相来往,行使社会功能,创造社会规范,形成特有的价值体系和社会福利事业。每个成员均经由家庭、近邻、社区而融入更大的社区。"

中国科学技术审定委员会审定公布的内容,社区通常是指集中在固定地域内的家庭间相互作用所形成的社会网络,这个网络与居民群众有着息息相关的联系。[①]

在此将对自闭症谱系障碍儿童的教育放置于社区,目的是探讨这些儿童和家庭如何在社区得到更多的社会支持,从而获得有益的社会化进程之教育。

(一)社区协同教育的概念

所谓"社区协同教育",是指家庭、幼儿园/学校依托以地理区域为基础的社区,共同利用各种教育资源,为自闭症谱系障碍儿童的发展创设良好的条件的一种教育模式。这种模式将自闭症谱系障碍儿童置于他们所熟悉的家庭与幼儿园/学校的链接地带,在

---

① 转引自 http://baike.baidu.com/view/49629.htm,2011.8.18.

区域性社会中进行广泛的社会认知、社会人际交往、语言交流的教育活动,从而立体地接受社会教育,获得家庭教育和幼儿园/学校教育的补充。

社区协同教育将有助于自闭症谱系障碍儿童充分利用社区资源,学习与邻居交往,使用社会设施,学会在公共场合适当的行为,在社区环境中学会独立生活。社区协同教育也有助于培养自闭症谱系障碍儿童良好的品德、积累社会知识经验和养成社会适应能力。

(二)社区协同教育的内容

对自闭症谱系障碍儿童实施社区协同教育主要可包括以下内容。

1. 提供社会交往环境。在社区协同教育中,利用居民住处相近之特点,在社区中可设立居民活动室,让自闭症谱系障碍儿童及其家长能在活动室中与社区居民有更多的接触机会,通过为他们提供社会交往环境,改善自闭症谱系障碍儿童的身心健康,使之尽可能在生活上能够自理,克服语言和社交障碍,并能融入社区之中,能自尊、自强、自立和自信。

2. 提供培训机会。有条件的社区可以开办一个训练中心,通过对社会工作者、社区工作志愿者以及家长的工作培训,使这些人员能聚焦于自闭症谱系障碍儿童的社会交往、情绪控制、语言交流及社会认知的发展,掌握全面促进自闭症谱系障碍儿童心理发展的技能。

3. 组织社区活动。形式多样、趣味性强的社区活动将有助于自闭症谱系障碍儿童积极地与正常儿童、成人进行互动,因此,社区协同教育应通过组织社区活动,在人际互动过程中提高自闭症谱系障碍儿童社会交流技能,帮助他们克服社交障碍。与此同时,通过活动帮助普通儿童及他们的家长消除对自闭症谱系障碍儿童及其家庭的歧视心理,帮助自闭症谱系障碍儿童及家长及早回归社会。

二、社区协同教育模式之设想

在我国的上海,有不少为16岁以后的智障人士提供社区服务的"阳光之家",但由于自闭症谱系障碍儿童年龄小,干预难度大,目前尚无社区为这些被称之为特殊儿童之王的人群专门提供社区协同教育。因此,我们在此所陈述的社区协同教育联动模式和活动模式,概出于设想,都有待于实践检验其可行性。

(一)社区协同教育的联动模式

在此所言的社区协同联动模式主要由两个方面构成,一是各相关部门的联动模式,二是家庭、幼儿园/学校与社区的联动模式。

1. 各相关部门的联动模式

为自闭症谱系障碍儿童所建立的社区协同教育应是一个由众多"细胞"构成的组织

系统：自闭症谱系障碍儿童、家庭、幼儿园/学校、政府、社会各界热心人士、自闭症谱系障碍儿童方面的专家、相关医疗结构等。图7-5呈现了由主要相关部门在社区构成的协同教育构想图。

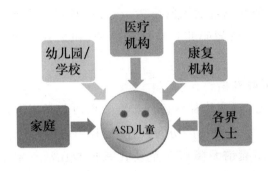

图7-5 社区各相关部门联动的协同教育构思图

如图7-5所示，对同时兼具社会性、语言及认知障碍等于一身的自闭症谱系障碍儿童来说，若要将他们纳入到开放的社会体系中来，当加强社区的联系和协调。由社区牵头，与实施融合教育的幼儿园/学校、普通幼儿园/学校、医疗康复机构等建立长期合作关系，聚集本社区内或和临近社区联合组成自闭症谱系障碍儿童家庭，共同形成联动，方便他们进行经验交流、互相提供支持、扩大关于自闭症谱系障碍儿童的信息渠道来源。

社区还可聘请研究自闭症谱系障碍的专业人士指导家长疏解自己的心理问题，如开办家长训练班。同时，社区内的普通幼儿园/学校还可与其他相关部门合作，开展让自闭症谱系障碍儿童参与的有意义的活动，这既能丰富自闭症谱系障碍儿童的生活，又能锻炼自闭症谱系障碍儿童的社会技能，还能增强他们社会适应的能力。

2. 家庭、幼儿园/学校与社区的联动模式

根据社会生态学理论，对于自闭症谱系障碍儿童实施的社区协同教育，主要从家庭—社区模式、幼儿园/学校—社区模式和家—幼儿园/学校—社区模式这三种模式进行开展。

① 家庭—社区模式

家庭—社区模式，主要强调社区与自闭症谱系障碍儿童家庭之间的相互渗透、相互支持。

在对自闭症谱系障碍儿童实施社区协同教育时，可以组织自闭症谱系障碍儿童家庭和正常儿童的家庭共同参与互助共享，将家长们的支持理解充分调动起来，提高双方家长的教育能力，以及自闭症谱系障碍儿童和正常儿童的共同发展，充分利用社区资源及家庭资源为自闭症谱系障碍儿童的教育提供支持。在社区中，可以"普通儿童家庭、自闭症谱系障碍儿童家庭、幼儿园/学校的多方平等参与、互助共享"为原则，成立家长互助联谊会。所在社区的每一个儿童的家庭都应是联谊会的会员，共同参加互动活动。

② 幼儿园/学校—社区模式

社区的自然环境和人文环境蕴含着丰富的学习资源,可以充分利用社区和周边环境的教育资源,扩展自闭症谱系障碍儿童生活与学习的空间,社区与幼儿园/学校教育之间关系应为支持共建,做到优势互益和平衡发展。

对自闭症谱系障碍儿童而言,他们的独立性和活动性较普通儿童差,社会性发展滞后,所受环境的影响更大,需要更为系统、更有利于全面康复的教育,仅仅利用融合幼儿园/学校的资源,靠丰富教学内容的做法已无法完全满足他们的特殊教育需要。因此,如何有效整合社区资源,并使社区能够成为给予充分教育支持、提供适宜教育环境的教育资源,便成了一个重要的研究课题。在此,从整合社区资源促进融合教育的目的出发,尝试构建幼儿园/学校—社区的联动模式。

具体来说,幼儿园/学校与社区之间的联动可从下列三个方面开展工作。

其一,与社区内教育系统之间的联动。

实施融合教育的幼儿园/学校可与社区内或周边社区的特殊学校、特教机构联合,建立不定期的交流沟通,形成宽松型的横向联系,努力从这些专门机构中吸取相关的特教知识和经验,帮助制定和调整教育内容。

实施融合教育的幼儿园/学校可与社区内或周边社区的教育局下属的基础教育科、教学研究室联合,建立紧密型的纵向联系,构成分层分级的运作机制,互相渗透、定期联络。

实施融合教育的幼儿园/学校可与社区内或周边社区的各职能部门联合,寻求残疾人联合会、儿童保健所、妇女联合会、计划生育委员会、所属街道等职能部门的支持,形成多部门分工合作、共同关怀和帮助自闭症谱系障碍儿童及其家庭的联合网络,结合多方力量为自闭症谱系障碍儿童制订个别干预计划,以科学的方法进行社会生态的教育安置。

其二,与社区内个体成员之间的联动。

实施融合教育的幼儿园/学校还应注意与社区内的个体成员形成联动,因为这些个体成员作为社区内的有机组成部分,也是相当重要和有价值的资源。

实施融合教育的幼儿园/学校可以呼唤社区内的相关专家、教师成为志愿者。让社区中一些学有所长的专家或教师成为编外导师,不定期地到实施融合教育的幼儿园/学校对教师进行培训指导,以此促进自闭症谱系障碍儿童的干预训练。

实施融合教育的幼儿园/学校可以呼唤社区里的大中学生成为志愿者。通过相关宣传,呼唤有爱心的大中学生利用课余时间到实施融合教育的幼儿园/学校,与自闭症谱系障碍儿童展开形式多样的活动,让自闭症谱系障碍儿童在感受来自大哥哥和大姐姐们的温暖和活力之时,社会性得到发展。

实施融合教育的幼儿园/学校可以呼唤普通儿童家长成为特教工作的义工。呼唤那些颇具爱心的普通儿童家长成为特教工作的义工,除了定期入园/校协助教师开展工作外,还可不定期地带领自闭症谱系障碍儿童外出游玩,帮助他们更好地认识世界、认识社会。

秉持"爱心助教,良性互动"的宗旨,与社区个体成员联合,可为融合教育的开展组建一支由专家及教师、大中学生、家长及其他人士等三个层次组成的、提供系统性支持的志愿者队伍,这将在很大程度上促进自闭症谱系障碍儿童在社区内的被接纳和融合教育的效果。

其三,服务社区,实施教育安置。

整合社区资源,实施融合教育的融合幼儿园/学校可利用与社区的紧密联系,充分发挥融合幼儿园/学校的优势和专业力量,对社区内或周边社区的自闭症谱系障碍儿童进行定期评估,作为教育诊断的依据之一。与此同时,为这些儿童实行弹性化的教育安置,即为社区内的儿童提供接受教育干预的机会。根据自闭症谱系障碍儿童的社会适应、家庭背景、交通情况等选择最适合他们发展的教育安置。表7-1归纳了服务社区的弹性化教育安置设想。

表7-1 对自闭症谱系障碍儿童的弹性化社会生态教育安置设想

教育干预安排	适应人群	目标
周末半天到幼儿园/学校	年幼或重度自闭症谱系障碍儿童	指导家长掌握必要的康复技能,观察儿童发展状况,指定合理计划,融洽师生感情
周末3小时到幼儿园/学校	中度自闭症谱系障碍儿童	帮助个体康复与家长指导相结合,实施教育服务
周末1小时到幼儿园/学校	轻度自闭症谱系障碍儿童	实施融合教育游戏,家教指导
送教上门	极重度自闭症谱系障碍儿童	了解家庭教育情况,制订和指导家长实施个别教育计划

(二)社区协同教育的活动模式

整合社区资源,社区协同教育的活动对自闭症谱系障碍儿童的教育干预可开展以下活动。

1. 集体活动。组织社区内自闭症谱系障碍儿童共同参加现实情境活动。如:"六一"庆祝活动、运动会、敬老会等活动,这将有利于丰富自闭症谱系障碍儿童的生活常识和见闻,让他们感受热烈的气氛,体验参加大型节庆活动的快乐,从内心感受外面世界的美好和喜乐。

2. 联合活动。组织自闭症谱系障碍儿童与其他特殊儿童或正常儿童的活动,或组织家长的交流会。通过让正常儿童辅导帮助自闭症谱系障碍儿童,促进双方的融合,增进双方感情;通过家长交流会,提升正常儿童的家长对自闭症谱系障碍儿童的认识和接纳,同时也有助于家长之间教育经验的相互学习与借鉴。

3. 游戏活动。由社区协同教育人员和家长带领自闭症谱系障碍儿童参与正常儿童的角色、建构、象征、想象及体育等游戏,这将有助于提高自闭症谱系障碍儿童的社会交往能力,使他们学会在社会群体中学习。

4. 社会活动。让自闭症谱系障碍儿童在社区环境中,了解生活的自然环境、建筑设施对人类生活的作用,了解社区环境和各行各类的社区成员,让自闭症谱系障碍儿童认识、了解和适应社会,做一个"社会人"。

5. 艺术活动。让自闭症谱系障碍儿童在社区环境中,通过"艺术"的方式进行自我表达,线条、色彩、图画等来表达自己内心的情感与感受。因为他们中的大多数人都深受言语表达之困扰,用画笔、颜料来表达自己的思想和情感,将会容易得多。这将有助于他们与他人的互动交流。

三、社区协同教育实践之动议

除了上述构想的联动模式和活动模式,在具体社区协同教育实践中,我们希望社区内的各部门,尤其是实施融合教育的幼儿园/学校,能为社区内自闭症谱系障碍儿童做到以下几点:

第一,通过开放教育设施,为社区内自闭症谱系障碍儿童服务。整合社区资源后,实施融合教育的幼儿园/学校的教育资源和设施将有很大的改善和增添。通过向社区开放,实施融合教育的幼儿园/学校要力求为社区内的每一个自闭症谱系障碍儿童都享受到这些资源。比如,在周末、节假日,幼儿园的玩具、图书向社区内的所有自闭症谱系障碍儿童开放,志愿者们也来幼儿园/学校参与活动,使社区内的自闭症谱系障碍儿童获益。又如"六一"庆祝活动,可邀请社区其他儿童也来幼儿园/学校参加活动,与自闭症谱系障碍儿童一起享受节日的快乐。

第二,向社区成员宣传教育,为社区自闭症谱系障碍儿童家庭教育提供指导。在结合了社区的人力资源和相关职能部门的支持指导后,实施融合教育的幼儿园/学校的教育质量将更上一个新的台阶。实施融合教育的幼儿园/学校也有义务将指导作用发挥出来,向社区成员宣传教育,向社区内所有儿童家长介绍融合教育观念,提高他们对融合教育重要性的认识。实施融合教育的幼儿园/学校可定期向自闭症谱系障碍儿童社区家长开放教学活动,给予家长最直观的教育指导,如开办社区自闭症谱系障碍儿童家长培训班,介绍最新的特教信息,组织自闭症谱系障碍儿童家长交流经验,接受自闭症谱系障碍儿童家长的现场咨询,给予他们更直接、具体的指导。

第三，为社区内自闭症谱系障碍儿童提供积极的行为支持。积极的行为支持，是为增强自闭症谱系障碍儿童的成功行为结果而采取的一种方法。积极的行为支持不仅要注意矫正自闭症谱系障碍儿童的妨碍性行为，还要重新安排和改变环境系统来防止自闭症谱系障碍儿童在同样的环境中产生妨碍性行为。这种方法最重要之处就在于寻找并创设积极回应的环境，在社区内营造对自闭症谱系障碍儿童有积极回应的环境，将在很大程度上减少自闭症谱系障碍儿童的妨碍性行为，激发他们与人之间产生互动的人际兴趣。

在社区协同教育中，所创设的积极回应环境需注意以下几个方面的问题。

首先，给自闭症谱系障碍儿童设定的预期行为目标下一个清晰定义。这些定义必须要尽可能简单、正面和简洁。

其次，为自闭症谱系障碍儿童解释如何达到预期行为目标。每个预期的目标都要清晰明了，使自闭症谱系障碍儿童明白什么样的行为才是被期待的。

第三，经常给自闭症谱系障碍儿童强化适当的行为。在社区协同教育中，创设积极回应环境一条很重要的原则是对自闭症谱系障碍儿童积极行为的肯定至少是对消极行为处罚的四倍。

第四，通过各部门联动，组织评估小组人员对进行中的各项促进自闭症谱系障碍儿童计划进行评价以及调整。社区内小组人员都要加入观察者的行列，观察自闭症谱系障碍儿童行为，同时要关注他们行为发生次数、出现频率等数据，通过采取有效策略减少自闭症谱系障碍儿童消极行为、增加积极行为。

上面所提倡的社区协同教育的模式和实践动议，由于尚缺乏实践研究的有效检验，尚不清楚社区协同教育为自闭症谱系障碍儿童提供的支持与服务对于他们的心理发展和生活质量有着多深远的影响。但我们相信，这样的社区协同教育，因为能给予自闭症谱系障碍儿童更多的社会参与和人际交往、他们的独立性和人际交流技能得到提高，这会使他们感到内在的自我价值感和尊严感。

与此同时，家庭教育和幼儿园/学校教育必须与社区协同教育保持一致。家庭、学校、社区的有机结合，不仅可以有利于改善自闭症谱系障碍儿童对服务的需求条件，而且会极大地促进自闭症谱系障碍儿童家庭的和谐，进而促进社区的和谐发展。

当然，在为自闭症谱系障碍儿童建构社区协同教育模式中，还有许多具体方法和策略需要我们去探寻，还有许多联合的关系需要我们去梳理，我们深知任重而道远，但为了更多自闭症谱系障碍儿童及其家长的身心健康，我们愿意付出更多的努力。

 本章小结

本章将焦点锁定在对自闭症谱系障碍儿童产生最直接影响的养育者——家长的身

上,通过访谈和调查,追寻到他们从"不相信结果"到"四处投医无门"再到"苦苦挣扎"的心路历程,也看到他们为孩子所必须承担的巨额社会成本,因此,倡议为他们建构支持体系,为他们建设培训学校。与此同时,还对以家庭—幼儿园/学校—社区联合的社区协同教育的构成、模式和实施做了阐述。

 思考与练习

1. 请分析自闭症谱系障碍儿童家长的共同心路历程。
2. 请思考如何减低自闭症谱系障碍儿童家长的社会成本?
3. 如何有效地给自闭症谱系障碍儿童家长以各种支持?
4. 对自闭症谱系障碍儿童家长的培训应聚焦于哪些方面?
5. 如何评析"社区协同教育"?

参 考 文 献

中文部分

[1] 蔡蓓瑛.孔克勤.自闭症儿童行为评定与社会认知发展的研究[J].心理科学,2000,3,3.

[2] 曹淑琴.自闭症谱系障碍儿童的语义理解[D].华东师范大学学前教育与特殊教育学院博士论文,2009.

[3] 陈光华.自闭症谱系儿童模仿能力系列研究[D].上海:华东师范大学,2009.

[4] 陈巍,丁峻,陈箐灵.社会脑研究二十年:回顾与展望[J].西北师大学报(社会科学版),2008(145)16:84-88.

[5] 程木华,等.脑rCBF显像评价孤独症脑灌注功能变化[J].第四军医大学学报,2008,29:450-452.

[6] 郭兰婷,万云,单友荷.伴有语言发育倒退儿童孤独症的临床分析[J].中华精神科杂志2001,3.

[7] 郭延庆,杨晓玲,刘靖,贾美香.孤独症诊断访谈量表(修订版)的诊断效度及信度研究[J].中华精神科杂志,2002,35(1):42-45.

[8] 李建华,钟建民,蔡兰云,陈勇,周末芝.三种儿童孤独症行为评定量表临床量表应用比较[J].中国当代儿科杂志,2005,7(1):59-62.

[9] 苏彦捷,王恪.任务的呈现方式对孤独症儿童误念理解的影响[J].中国心理卫生杂志2004,3.

[10] 贺荟中.聋生与听力正常学生语篇理解过程的认知比较[M].上海:复旦大学出版社,2005.

[11] 贾少微,孙涛涛,等.针刺治疗儿童孤独症单光子发射计算机断层成像技术可视化研究[J].中国中西医结合杂志,2008,10,28,10,886-889.

[12] 焦青.10例孤独症儿童心理推测能力测试分析[J].中国心理卫生杂志,2001,1.

[13] 金宇,静进,等.3～7岁孤独症儿童心理推测能力的实验研究[J].中国行为医学科学,2003,3.

[14] 静进.社会脑与孤独症儿童的社会认知[J].中国儿童保健杂志,2004,(12)5:420-422.

[15] 李咏梅,邹小兵,等.高功能自闭症和Asperger综合症儿童的中央凝聚性研究[J].中国儿童保健杂志,2006,14(1).

[16] 刘靖,王玉凤,郭延庆,杨晓玲,贾美香.儿童孤独症筛查量表的编制与信度、效度分析[J].中国心理卫生杂志,2004,18(6):400-403.

[17] 莫书亮,苏彦捷.孤独症的心理理论研究及其临床应用[J].中国特殊教育,2003,5.

[18] 孙敦科,魏华忠,于松梅,袁茵.PEP量表跨文化修订的预测报告[J].特殊儿童与师资研究,1996,1:31-36.

[19] 孙敦科,魏华忠,于松梅,袁茵,等.《心理教育评定量表中文修订版C-PEP》修订报告[J].中国心理卫生杂志,2000,14(4):221-224.

[20] 孙晓勉,岳静,郑崇勋.孤独症儿童多巴胺转运体脑内显像研究[J].生物医学工程学杂志,2008,25(2),329.

[21] 王立新,彭聃龄.孤独症的低级中央统合功能研究[J].中国临床心理学杂志,2004,12,3:311.
[22] 王昇芳,苏彦捷.从心理理论与执行功能的关系看孤独症[J].心理科学新进展,2004,5.
[23] 徐琴芳.孤独症儿童的语言障碍及语言发展[J].中国特殊教育,2002,4.
[24] 杨宗仁."自闭症青少年'执行功能'研究:认知弹性"[J].特殊教育研究学刊,2002,22:75-103.
[25] 张积家.汉字认知过程中整体与部分关系的研究[D].北京:北京师范大学,2001.
[26] 张炼,李红.泛自闭症障碍执行功能的神经心理学和神经成像研究[J].心理科学,2009,32(2):388-390.
[27] 周念丽.自闭症幼儿的社会认知——理论、实验及干预的研究[M].上海:上海教育出版社,2006.
[28] 曾小路,等.儿童孤独症的脑扩散张量成像研究[J].中国精神科杂志.2007,5,40(2),90-94.
[29] 邹小兵,李咏梅,等.孤独症和Asperger综合症儿童的心灵理论对照研究[J].中国神经精神病杂志,2005,31(6):426-429.

英文部分

[1] Adamson, L. B., & McArthur, D. (1996). Joint attention in preverbal children: autism and developmental language disorder[J]. Journal of Autism and Developmental Disorders, 26, 5, 481-96.

[2] Aichhorn M, Perner J, Kronbichler M, et al. Do visual perspective tasks need theory of mind [J]. Neuroimage, 2005, 30: 1059-1068.

[3] Amato, J. Jr., Barrow, M., & Domingo, R. (1999). Symbolic play behavior in very young verbal and nonverbal children with autism infant-toddler intervention[J]. The Transdisciplinary Journal, 9, 2, 185-94.

[4] American Psychiatric Association. (1987). Diagnostic and statistical manual (3rded. rev.)[M]. Washington, DC: Author.

[5] American Psychiatric Association. (1994). Diagnostic and statistical manual (4th ed.)[M]. Washington, DC: Author.

[6] And, O., & Fein, D. (1991). Symbolic play development in autistic and language disordered children [J]. Reports - Research. Speeches/Meeting Papers, 2.

[7] Arnold, A., Beale, I., Fletcher-Flinn., Claire, M., & Semple, R. J. (2000). Eye contact in children's social interactions: What is normal behavior[J]. Journal of intellectual and Developmental Disability, 25, 3, 207-16.

[8] Asarnow, R. F., & Smalley, S. L. (1990). Cognitive subclinical markers in autism: Brief report[J]. Journal of Autism and Developmental Disorders, 20, 2, 271-78.

[9] Bachevalier, J. (1994). Medial temporal lobe structures and autism: A review of clinical and experimental findings[J]. Neuropsychologia, 32, 627-648.

[10] Baron-Cohen, S., Leslie, A. M., & Frith, U. (1985). Does the autistic child have a "theory of mind" [J]. Cognition, 21, 37-46.

[11] Baron-Cohen, S. (1987). Autism and symbolic play[J]. British Journal of Developmental Psychology, 5: 139-148.

[12] Baron-Cohen,S. (1989a). Perceptual role taking and proto-declarative pointing in autism[J]. British Journal of Developmental Psychology,7: 113-127.

[13] Baron-Cohen,S. (1989b). Are autistic children "behaviorists"? An examination of their mental-physical and appearance-reality distinctions[J]. Journal of Autism and Developmental Ditosrders. 19: 579-600.

[14] Baron-Cohen,S. (1991). Precursors to a theory of mind: understanding attention others[J]. // Whiten,A. (Ed.), Natural theories of mind: Evolution. Development and Simulation of Everyday Mind Reading. Oxford: Blackwe 11: 233-251.

[15] Baron-Cohen, S. (1994). The Eye Direction Detector (EDD) and the Shared Attention Mechanism (SAM): Two cases for evolutionary psychology, In Comoro & P. Dunham (Eds.), The role of joint attention in development[M]. Hove: Lawrence Erbium Associates. 41-59.

[16] Baron-Cohen,S. (1995). Mind Blindness: An essay on autism and theory of mind[M]. Cambridge, MA: MIT Press.

[17] Baron-Cohen,S. , Cox,A. , & Baird,G. (1997). Psychological markers in the detection of autism in infancy in a large population[J]. Early Human Development,47: 97-109.

[18] Baron-Cohen,S. , Leslie, A. , & Firth, U. (1985). Does the autistic child have "theory of mind"[J]. Cognition,21: 37-46.

[19] Barorr-Cohen S. ,Ring H, Wheelwright S. et al. Social intelligence in the normal and autistic brain[J]. An fMRI European Journal of Neuroscience, (1999),11: 1891-1898.

[20] Bartenthal,B. , Campos J. J. , & Barrett, K. (1984). Self-produced locomotion: an organizer ofemotional, cognitive and social development in infancy. In Emede, R. N. and Harmon,R. J. (Eds.)Continuity and discontinuity in development[M]. New York: Plenum.

[21] Bates,E. (1976). Language and context. Academic Press. Belin P. Zatorre R. , Lafaille P. , et al. Voice-selective areas in human auditory cortex[J]. Nature,2000,403(6767):309-312.

[22] Belmonte M K, Allen G, Beckel-Mitchener A, et al. Autism and abnormal development of brain connectivity[J]. Journal of Neuroscience, 2004, 2442: 9228-9231.

[23] Bernier R, Dawson G,Webb S,Murias M,EEG mu rhythm and imitation impairments in individuals with autism spectrum disorder[J]. Brain and Cognition, 2007, 3: 228-237.

[24] Biro, S. , Russell, J. The execution of arbitrary procedures by children with autism[J]. Developmental Psychopathology, 2001, 13: 97-110.

[25] Bishop, D. V. Children's Communication Checklist (CCC-2), 2nd ed[M]. London, Psychological Corporation. 2003.

[26] Blanke O. , Mohr C. , Michel C. M. , et al. Linking out- of-body experience and self processing to mental own body imagery at the temporo-parietal junction[J]. Neurosci. 2005, 25: 550-557.

[27] Boucher,S. (1981a). Immediate free recall in early childhood autism: Another point of behavioral similarity with amnesic syndrome[J]. British Journal of Psychoiogy,72: 211-215.

[28] Boucher,S. , & Warringion, E. (1976). Memory delimits in early infantile attentive autism: Some similarities to the amnesic syndrome[J]. British Journal of Psychology,67,73-87.

[29] Breen,C. , Haring,T. G. , Pitts-Conway,V. , & Gaylond. Ross, R. (1985). The training andgeneral-

ization of social interaction during break time at two job sites in the naturalenvironment[J]. Journal of the Association for Persons With Severe Handicaps,10,41-50.

[30] Brian JA, Bryson SE. Disembedding performance and recognition memory in autism/ PDD[J]. Journal of Child Psychology & Psychiatry, 1996,37: 865-872.

[31] Brothers L (1990) The social brain: A project for integrating primate behavior and neurophysiology in a new domain[J]. Concepts Neurosci 1: 27-251.

[32] Bruner,J. S. (1978). Learning how to do things with words. In I. S. Bruner and Agro (Eds.),Human Growth and Development. 62-84[M]. Oxford: Clarendon.

[33] Bruer,J. S. (1983). Child's talk[M]. Oxford University Press.

[34] Bruner. J. S., & Sherwood, V. (1983). Thought, language and interaction in infancy. In J. D. Call, E. Galson. , & R. L. Tyson(Eds.), Frontiers of infant Psychiatry. Basic Books. Bryson S. E. Epidemiology of autism, [J]Journal of Autism and Developmental Disorders,1996,26: 165-167.

[35] Bubers,M. (1958). I and Thou (2nd. Ed). (R. G. Smith, Trans.)[M] Edinburgh: Clark.

[36] Calloway,C. J. , Earles. T. L. , & Myles, B. S. (1999). The development of communicative functions and means in students with autism[J]. Focus on Autism and Other Developmental Disabilities,14,3: 140-49.

[37] Campos. J. , & Stenberg,C. R. (1981). Perception, appraisal and emotion: The onset of Social referencing. In M. E. Lamb & L. R. Sherrod (Ed). Infant Social Cognition Empirical and theoretical Considerations. 273-314[M]. Hillsdale. NJ: L Lawrence Erbium Associates inc.

[38] Carpemer,G. C. , Tecce,J. J. , Stechler, G. , & Friedman,S. (1970). Differential visual behavior to human and humanoid faces in early infancy[J]. Merrill-Palmer Quarterly of Behavior and Development,16,91-108.

[39] Communication training[J]. Jamul of Applied Behavior Analysis,18,111-126.

[40] Carr,E. G. (1994). Emerging themes in the functional analysis of problem behavior[J]. Jamul of Applied Behavior Analysis, 27,393-399.

[41] Ceraldine Dawson, Andrew N. Meltzoff, Julie Osterling, et al. Neuropsychological correlates of early symptoms of autism Child [J] Development,1998,69(5). 1278-1285.

[42] Charman,T. , Baron-Cohen, S. , Baird, G. , Cox, A. , Wheelwright, S. , Swettenham, J. , et al. Commentary: The modified Checklist for Autism in Toddler[J]. Journal of Autism and Development Disorder, 2001, 31: 145-148.

[43] Chugani,Diane C. Bhavani S. et al. Evidence of altered energy metabolism in autistic children [J] Neuro Psychopharmacol,1999,23(4),635-641.

[44] Cohen,D. J. , Caprunilo,B. K. , Shaywitz,B. A. , & Bowen,M. B. (1977). Dopamine and cartooning metabolism in neuropsychiatrically disturbed children[J]. Archives of General Psychiatry,34,545-550.

[45] Constantino,J. N. , Przybeck, T. , Friesen, D. , & Todd, R. D. Reciprocal social behavior in children with and without pervasive developmental disorders[J]. Journal of Development and Behavioral Pediatrics, 2000, 21(1): 2-11.

[46] Courchesne,E. , Townsend,J. P. , Akshoomoff,N. A. , & Yeung-Courshesne,R. (1994). A new find-

ing: Impairment in shifting attention in autistic and cerebellar patients. in H. Broman & J. Grafman (Eds.) Atypical cognitive deficits in developmental disorders: Implications for brain function,103-137 [M]. Hillsdale,NJ: Erlbaum.

[47] Critchley HD, Daly EM, Bullmore ET, et al. The functional neuro-anatomy of social behavior: changes in cerebral blood flow when people with autistic disorder process facial expressions[J]. Brain, 2000,123, (11):2203-2212.

[48] Crowson, M., Mundy,P. (1997). Joint attention and early social communication: implications for research on intervention with autism[J]. Journal of Autism and Developmental Disorders. 27, 6, 653-76.

[49] Curcio,F. (1978). Sensorymotor functioning and communication in mute autistic Children[J]. Journal of Autism and Childhood Schizophrenia,8,281-292.

[50] David Kahne,Alina Tudorica, Alice Borella, et al.: Behavioral and imagnetic resonance spectroscopic studies in the rat hyperserotonemic moderl of autism, [J]Physiology & Behavior,2002,75: 403-410.

[51] Dawson,G. (1996). Brief report: Neuropsychology of autism: A report on the state of the science[J]. Journal of Autism and Developmental Disorders,26,179-184.

[52] Dawson,G., & Adams,A. (1984). Imitation and social responsiveness in autistic children[J]. Journal of Abnormal Child Psychalogy,12,209-225.

[53] Dawson,G., & Lewy,A. (1989a). Arousal attention, and the socio emotional impairments of individuals with autism. In G. Dawson. (Ed). Autism: Nature, Diagnosis and Treatment,49-74[M]. New York: Guilford.

[54] Dawson,G., & Mckissick, F.C. (1984). Self-recognition in autistic children[J]. Journal of Autism and Developmental Disorders, 14: 383-394.

[55] Dawson,G., & Sterling,S.(1997). Early intervention in Autism. in M. J. Guralnick (Ed). The Effectiveness of Early intervention,307-326[M]. Baltimore: Paul Brookes.

[56] Dawson,G., Warrenburg,S., & Fuller,S. (1983). Hemisphere functioning and motor imitation inautistic persons[J]. Brain and Cognition,2,346-354.

[57] Decety J., Chaminade T., Grezes J., Meltzoff A. N. A PET exploration of the neural mechanisms involved in reciprocal imitation[J]. NeuroImage 2002, 15: 265-272.

[58] Deruelle,C., Gepner,B., & Grynfeltt,S. (2001). Motion and emotion: A novel approach to the study of face processing by young autistic children[J]. Journal of Autism and Developmental Disorders,31, 1,37-45.

[59] Dilavore,P. C., Lord. C., & Ratter,S. (1995). The pre-linguistic diagnostic observation schedule[J]. Journal of Autism and Developmental Disorders,25,355-379.

[60] di Pellegrino G, Fadiga L, Fogassi L, Gallese V, Rizzolatti G (1992) Understanding motor events: a neuro physiological study[J]. Exp Brain Res 91: 176-180.

[61] Egel,A. L., Richman,G. S., & Koegel, R. L. (1981). Normal peer models and autistic children's learning[J]. Journal of Applied Behavior Analysis, 14, 3-12.

[62] Elisabeth W. P. M. Daenen, Cerri Wolterink, Mirjam A. F. M. Cerrits et al. Amyglada of ventral hippocampus lesions at two early stages of life differentially affect open field behavior later in life: an ani-

mal model of neurodevelopmental psychopathological disorders[J]. Behavioral Brain Research,2002, 131,67-68.

[63] Essington, J. W. , & Monika. (1991). Theoretical explanations of children understanding of the mind [J]. British Journal of Developmental Psychology,9,71-73.

[64] Fadiga, L. Fogassi, L, Pavesi, G. et al. Motor facilitation during action observation: a magnetic stimulation study[J]. Journal of Neurophysiolgy. 1995,73: 260.

[65] Feinman,S. , Roberts,D. , Hsieh,K. F. , Sawyer,D. , & Swanson,D. (1992). A critical review of social referencing in infancy. In S. Feinman (Ed.), Social Referencing and the Social Construction of Reality in infancy,15-54[M]. NY: Plenum.

[66] Ferster,C. B. (1961). Positive reinforcement and behavioral deficits of autistic children[J]. Child Development,32,437-456.

[67] Ferster,C. B. , & Demyer,M. K. (1961). The development of performances in autistic children in an automatically controlled environment[J]. Journal of Chronic Dissevers,13,312-345.

[68] Flavell,J. H. , Flavell,E. R. , & Green,F. L. (1983). Development of the appearance-reality distinction [J]. Cognitive Psychology,15,95-120.

[69] Frea,W. D. (1995). Social-communicative skills in higher-functioning children with autism. In. R. L. Koegel & L. K. Koegel (Eds.), Teaching Children With Autism,53-66[M]. Baltimore MD: Paul H. Brookes.

[70] Freeman,S. (1982). Social referencing in infancy[J]. Merrill-Palmer Quarterly, 28,445-470.

[71] Freeman,S. , & Lewis,S. (1983). Social referencing at ten months: A second-order effect on infants" responses to strangers[J]. Child Development,54: 878-887.

[72] Frith,U. (1989). Autism: Explaining the enigma[M]. Oxford, England: Blackwell.

[73] Gaffrey M. S. , Kleinhans N. M. , Haist F. , et al. A typical participation of visual cortex during word processing in autism: an fMRI study of semantic decision [J]. Neuropsychological, 2007, 45: 1672-1684.

[74] Gallaghter H. L. Happ F. Brunswick N. Reading the mind in cartoons and stories;an fMRI study of "theory of mind" in verbal and nonverbal tasks[J]. Neuropsychologia,2000,38,(1) 11-21.

[75] Gallup,C. G. (1970). Chimpanzees: Self-recognition[J]. Science,167,86-87.

[76] Goldberg M. C. , Mostofsky S. H,Cutting E. M, et al. Subtle executive impairment in children with autism and children with ADHD[J]. Journal of Autism & Developental Disorders,2005,35,(3) 279-293

[77] Goldstein, H. , & Cisar,C. L. (1992). Promoting interaction during overdramatic play: Teaching scripts to typical preschoolers and classmates with disabilities[J]. Journal of Applied Behavior Analysis, 25,265-280.

[78] Goldstein,H. , Wickstrom,S. , Hoyson,M. , Jamieson,B. , & Odom,S. L. (1998). Effects of socio dramatic script training on social and communicative interaction[J]. Education and Treatment of Children,11,97-117.

[79] Gorton J. H. Christopher F. G. , Jill Clark, et al. Brain activation during sematic processing in autism

spectrum disorders via functional magnetic resonance imaging[J]. Brain and Cognition, 2006,61(1): 54-69.

[80] Hadwin,J., Baron-Cohen,S., Howlin,P., &. Hill, K. (1996). Can we teach children with autism to understand emoted emotion, belief or pretense[J]. Developmental Psychopathology,8,234-365.

[81] Hadwin,J., Baron-Cohen.S., Howlin. P., & Hill.S. (1997) Does teaching theory of mind have an effect on bailing to develop conversation in children with autism[J]. Journal of Autism and Developmental Disorders,27,519-537.

[82] Happy. G., & Firth. S. (1995). Theory of mind in autism. In E. Schopler, &. G. B. Mesibov (Eds.), Learning and Cognition in Autism[M]. New York: Plenum Press.

[83] Haring,T. G., & Breen,C. G. (1990,May). A peer mediated social network to enhance social integration for persons with severe disabilities. Paper Presented At the 16th Annual Convention of the Association for Behavior Analysis[C]. Nashville, TN.

[84] Harris,E. (1981). Comparison of auditory stimulus processing in normal and autistic adolescents[J]. Journal of Autism and Developmental Disorders,11,2,175-89.

[85] Harris G. J., Chabris C. F., Clark J., et al. Brain activation during semantic processing in autism spectrum disorders via functional magnetic resonance imaging[J]. Brain and cognition, 2006, 61: 54-68.

[86] Harris, N., Courchesne, E., Townsend, J., Carper, R., Lord,C. Neuro anatomic contributions to slowed orienting of attention in children with autism[J]. Cognitive Brain Research, 1999, 8: 61-71.

[87] Harris,P. L. (1991). The work of imagination. In A. Whiten (Ed.), Natural Theories of Mind,283-304[M]. Oxford: Blackwell.

[88] Hashimoto,T., Tayama,M., Murakawa,K., & Yoshimoto,T. (1995). Developed of the brainstem and cerebellum in autistic patients[J]. Journal of Autism and Developmental Disorders,25,1-18.

[89] Haviland,J. M., & Lelwica. M. (1987). The induced affect response: 10-week-old infantsresponses to three emotion expressions[J]. Developmental Psychology,23,97-104.

[90] Hendry, J., DeVito, T., Gelman, N., Densmore, M., Rajakumar, N., Pavlosky, W., et al. White matter abnormalities in autism detected through transverse relaxation time imaging[J]. Neuro Image, 2006, 29: 1049-1057.

[91] Hermelin,B., & O'Connor. (1985). Logic-affective states and non-verbal language. In E. Schopler & G. B. Mesibov (Eds.), Communication Problems in Autism,283-310[M]. New York: Plenum.

[92] Hobson,R. P. (1984). Early childhood autism and the question of egocentrism[J]. Journal of autism and developmental disorders,14,85-104.

[93] Hobson,R. P. (1989A). Beyond cognition: a theory of autism. In G. Dawson (Ed.), Autism: Nature. Diagnosis and Treatment,22-48[M]. New York: Guilford.

[94] Hobson,R. P. (1989b). On sharing experiences[J]. Development and Psychopathology,1,197-203.

[95] Hobson,R. P. (1991a). Methodological issues for experiments on autistic individuals' perception and understanding of emotion[J]. Journal of Child Psychology and Psychiatry,32,1135-1158.

[96] Hobson,R. P. (1991c). What is autism? In M. Konstantareas & J. Beitchman(Eds.)[J]. Psychiatric

Clinics of North America,14,1-17.

[97] Hobson,R. P. (1993). Autism and the development of mind,252-254[M]. Psychology Press.

[98] Hobson,R. P. , Ouston. J. , & Lee, A. (1988a). What's in a face? The case of autism[J]. British Journal of Psychology,79,441-453.

[99] Howlin. P. Autistic Spectrum Disorder[J]. Psychiatry. 2006, 9: 320-324.

[100] Hurley-Geffner,C. M. (1995). Friendships between children with and without developmental disabilities. In R. L. Koegel&J. K. Koegel (Eds.), Teaching Children With Autism, 105-125[M]. Baltimore, MD: Paul H. Brookes.

[101] Iacoboni M. , Woods R. P. , Brass M. , Bekkering H. , Mazziotta J. C. , Rizzolatti G. : Cortical mechanisms of human imitation[J]. Science 1999, 286: 2526-2528.

[102] Jolliffe T. , Baron-Cohen S. Are people with autism and Asperger Syndrome faster than normal on the embedded Figures Test [J]. Journal of Child Psychology and Psychiatry, 1997, 38: 527-534.

[103] Just M. A. , Cherkassky V. L. , Keller T. A. , et al. Functional and anatomical cortical under connectivity in autism: evidence from an fMRI study of an executive function task and corpus callosum morphometry[J]. Cerebral Cortex, 2004,127 (8): 1811-1821.

[104] Kanner,L. (1943). Autistic disturbances of affective contact[J]. Nervous Child,2: 217-250.

[105] Kanner,L. (1971)Follow up study of eleven autistic children originally reported in 1943[J]. Journal of Autism and Childhood Schziophrenia,1,119-145.

[106] Karen Pierce, Eric Courchesne: Evidence for a cerebellar role I reduced exploration and stereotyped behavior in autism[J]. Biol Psychiatry,2001,49: 655-664.

[107] Kasari,C. , Sigman, M. , Mundy, P. , & Yirmiya, N. (1990). Affective sharing in the context of joint attention interactions of normal autistic and mentally retarded children[J]. Journal of Autism and Developmental Disorders 20,87-100.

[108] Kayak, S. (1982). The Mental and Social Life of Babies[M]. London: Methuen.

[109] Kin, A. , Jones, W. , Schultz, R. , Volkmar, F. , Cohn, D. Defining and quantifying the social phenotype in Autism, American [J]. Journal of Psychiatry, 2002,159(6),895-908.

[110] Klein, C. (1930, reprinted 1975). The importance of symbol formation in the ego. In M, Klein, Love. Guilt, Reparation and Other Works,1921-1945,219-232[M]. London: Hearth.

[111] Klinger,L. G. , & Dawson. G. (1995). A fresh look at categorization abilities in persons with autism. In E. Schopler & G. Mesibov (Eds.), Learning and Cognition in Autism, 119-136[M]. New York: Plenum.

[112] Klinnert, M. D. , Campos. J. J. , Sorce, J. F. , Emde, R. N. , & Svejda, M. (1983). Emotions as behavior regulators: social referencing in infancy. In R. Plutchik & H. Kellerman (Eds.), Emotion: Theory Research and Experience, 2. Emotions in Early Development,57-86[M]. New York: Academic Press.

[113] Koegel, R. L. , & Koegel, L. K. (Eds.)(1995). Teaching Children With Autism. Baltimore[M]. Depaul H. Brookes.

[114] Krug,D. A. , Arick, J. , & Almond,P. Behavior checklist for identifying severely handicapped indi-

viduals with high levels of autistic behavior[J]. Journal of Child Psychology and Psychiatry, 1980, 21: 221-229.

[115] Freeman, B. J. ,& Ritvo, E. R. , The syndrome of autism: Establishing the diagnosis and principles of management[J]. Pediatric Annals, 1984, 13: 284-288.

[116] LeDoux J. E. Emotion circuits in the brain[J]. Annu Rev Neurosci, 2000, 23: 155: 3/184.

[117] Landry, R. , Bryson, S. Impaired disengagement of attention in young children with autism[J]. Journal of Child Psychology and Psychiatry, 2004, 45: 1115-1122.

[118] Developmental language delay[J]. Journal of Autism and Developmental Disorders,16,3: 335-49.

[119] Landry, S. H. , & Loveland, K. A. (1988). Communication behaviors and developmental languagedelay[J]. Journal of Child Psychology,29,621-634.

[120] Landry, S. H. , & Loveland, K. A. (1989). The effect of social context on the functionalcommunication skills of autistic children[J]. Journal of autism and Developmental Disorders,19, 255-268.

[121] Lane, R. D. , Nadel L. , Cognitive neuroscience of emotion[M]. NY: Oxford University Press,2000: 1-10.

[122] Leekam, S. R. , Lopez, B. , & Beatriz, M. C. (2000). Attention and joint attention in preschool children with autism[J]. Developmental Psychology,36,2,261-73.

[123] Leslie, A. M. (1987). Pretense and representation: the origins of "theory of mind"[J]. Psychological Review,94,412-426.

[124] Lewis, M. , & Brooks-Gunn, J. (1979). Social Cognition and the Acquisition of Self[M]. New York: Plenum Press.

[125] Lewis, M. , Sullivan, M. W. , Stranger, C. , & Weiss. (1989). Self development and self-consciousemotions[J]. Child Development,60,146-156. Lewis, M. , Sullivan, M. W. , Stranger. C. , & Weiss. (1989). Self development and self-consciousemotions[J]. Child Development,60,146-156.

[126] Lewis, V. , & Boucher, J. (1988). Spontaneous, instructed and elicited play in relatively able autistic children[J]. British Journal of Developmental Psychlogy,6,325-339.

[127] Lezak, M. D. (1995). Neuron-psychological assessment[J]. (3rd. Ed) Oxford University Press,650

[128] Lord, C. , & Keating, D. P (Eds.), Advances in Applied Developmental Psychology[M]. 165-229. NewYork: Academic Press.

[129] Lord, C. , & Hopkins, J. M. (1986). The social behavior of autistic children with younger and same-age non handicapped peers[J]. Journal of Autism and Developmental Disorders,16,249-262.

[130] Lord, C. , Runed, M. , Goode, S. , Heemsbergen, J. , Jondan, H. , Nawhood, L. & Schopler, E. (1989). Autism diagnostic observation schedule: a standardized observation of communicative and social behavior[J]. Journal of Autism and Developmental Disordesrs,19,185-212.

[131] Lord, C. , Rutter, M. & Lecouleur, A. (1994). Autism diagnostic interview-review-revised: A revised version of a diagnostics[J]. Journal of a diagnostic interview for caregivers of individuals with possible pervasive developmental disorders. Journal of Autism and Developmental Disorders,24,659-685.

[132] Lovans, O. I. , Schreibman, L. & Koegel, R. L. (1974). A behavior modification approach to the treatment of expression[J]. Journal of Autism Developed and Psychopathenia,4,111-129.

[133] Imitation and expression of facial affect in autism[J]. Development and Psychopathology,6,433-444.

[134] Loveas,O. I. (1987). Behavioral treatment and normal educational and in electoral function in young autistic children[J]. Journal of Consulting and Clinical Psychology,55,1,3-9.

[135] Mandler, J. M. (1992). How to build a baby: Conceptual primitives[J]. Psychological Review, 99, 4,587-604.

[136] Mandy,P. , & Sigma, M. (1989a). Specifying the nature of the social impair-mint in autism. In D. Dawson (Ed), Autism: Nature, Diagnosis and Treatment, 3-21. The Guilford Press, Marco, L, Mirella, D. The mirror neuron system and the consequences of its dysfunction(J) Nat Rev. Neurosci, 2006 7(12): 945-951.

[137] Mark, H. Johnson, Developing a social brain[J]. Journal Compilation C_2006 Foundation Acta P? diatrica /Acta P? diatrica 2007 96, pp. 3-5.

[138] Mcdbrien,J. , & Fenced. C. , (1992). Working with people who have severe laming difficulty and challenging behavior: A practical handbook on the behavioral approach[M]. BIMH Publications.

[139] Programming artistic children's peer interaction in an integrated earthy childhood setting using affection activities[J]. Journal of Applied Behavior Analysis,21,193-200.

[140] Meltzoff,A. N. , & Gopnik,A. (1993). The role of imitation in understanding persons and developing a theory of mind[M]. In S. Bmaron-Coohen. , H. Tager-Flusberg. & D. J. Cohen (Eds.),Understanding Other Minds: Perspectives From Autism,335-366. Ozford England: Oxford University Press.

[141] Meryerm Kaya, Serap Karasaliho The relationship between 99mTe-HMPAO brain SPECT and the scores of real life rating scale in autistic children[J]. Brain & Development,2002,24,77-81.

[142] Mesibov,G. B. (1996). Division TEACCH: A program model for working with autistic people and their families[M]. In M. C. Roberts(Ed.), Model Practices in Service Delivery in Child and Family Mental Health,215-230. Hillsdale. NJ: Erl-Baum.

[143] Mesibov,G. B. , Schopler,. E. & Hearsey,K. A. (1994). Structured teaching. In E Scholar & G. B. Mesihov (Eds.)[M]. Behavioral Issues in Autism,195-207. New York Plenum.

[144] Mexico, G. B. , & Shear,V. (1996). Full inclusion and students with autism[J]. Journal of Autism and Developmental 26,337-346.

[145] Meyer, L. , Eichinger, J. , & Park-Lee,S. (1987). A Validation of Program Quality indicators in Educational Services for Students With Severe Handicaps,[R]12,251-263.

[146] Mince, N. (1996). Brief report: Brain: Brain mechanisms in autism functional and structural abnormalities[J]. Journal of Autism and Developmental Disorders,26,205-209.

[147] Moore,C. (1996). Theories of mind in infancy[J]. British Journal of Developmental Psychology,14,19-40.

[148] Morton,S. , & Frith,S. (1995). Causal modeling: A structural approach to developmental psychopathology[M]. In D. Cicchtti & D. Jcohen(Eds.),Developmental Psychology, New York: John Wiley & Sons.

[149] Mundy,P. (2000). Understanding the core social deficits of autism[M]. In J. Scott, C. Clarke, & M.

Brady(Eds.), Students With Autism,18-20. San Diego: Singulat.

[150] Mundy,P., & Sigman,M. (1989). The theoretical implication of joint attention deficits in autism[J]. Development and Psychopathology,6,313-330.

[151] Mundy,P., & Sigman,M. (1989b). The theoretical implication of joint-attention deficits in autism[J]. Development and Psychopathology,1,173-183.

[152] Mundy,P., Sigman,M., Ungerer,J., & Sherman,T. (1987). Nonverbal communication and play correlates of language development in autistic children[J]. Journal of Autism and Developmental Disordrers,17,349-364.

[153] Mundy,P., Sigman,M., & Kasari,C. (1990). A longitudinal study of joint attention and language development in autistic children[J]. Journal of Autism and Developmental Disorders,20,115-128.

[154] Mundy, P., Sigma, M., & Kasseri, C. (1993). The theory of mind and joint attention in autism [M]. In S. Baron-Cohen, H. Tager-Flusberg, & D. Cohen (Eds.), Understanding Other Minds: Perspective From Autism, 181-203. Oxford University Press.

[155] Mundy, P., Sigma, M., & Kasseri, C. (1994). Joint attention, development level and symptom presentation in autism[J]. Development and Psychopathology,6,389-401.

[156] Mundy, P., Sigma, M., Angered, J., & Sherman, T. (1987). Play and nonverbal communication correlates of language development in autistic children[J]. Journal of Autism and Developmental Disorders, 17,349-363.

[157] Mundy, P., & Vaughan, A. (2002). Joint attention and its role in the diagnostic assessment of children with autism[J]. Assessment for Effective intervention,27,1-2,57-60.

[158] Murray,L., & Trevarthen. C. (1985). Emotional regulation of interactions between two-month-olds and their mothers[M]. In T. M. Field & N. A. Fox.(Eds.), Social Perception in infants,177-197. Norwood. NJ: Ablex.

[159] Neisser,U. (1988). Five kinds of self-knowledge[J]. Philosophical Psychonogy,1,35-59.

[160] Nelson,C. A. (1987). The recognition of facial expressions in the first two years of life: mechanisms of development[J]. Child Development,58,889-909.

[161] Nelson,C. A. (1993). The psychological and social origins of autobiographical memory[J]. Psychological Science,4,7-14.

[162] Odom, S. L., & Strain, P. S. (1986). A comparison of peer-initiation and teacher-antecedentinterventions for promoting reciprocal social interaction of autistic preschoolers[J]. Journal of Applied Behavior Analysis,19,1,59-71.

[163] Ornitz,E. M., & Ritvo,E. R. (1968). Perceptual inconstancy in early infantile autism[J]. Archives of Central Psychiatry,18,76-98.

[164] ONeill, R. E., Horner, R. H., Albin. R. W., Sprague. J. R., Storey, K., & Newton, J. S. (1997). Functional Assessment and Program Development for Problem Behavior: A Practical Handbook[M]. Brooks/Cole Publishing Company.

[165] Osterling, J., & Dawson, G. (1994). Early recognition of children with autism: A study of first birthday home videotapes[J]. Journal of Autism and Developmental Disorder,24,247-257.

[166] Otsuka, H., Harada, M., Mori, K. et al. Brain metabolites in the hippocampus-amygdala region and cerebellum in autism: an H-Mr spectroscope study[J]. Neuroradiology,1999,41,(7),517-519.

[167] Ozonoff, S., & McEvoy, R. (1994). A Longitudinal study of executive function and theory of mind development in autism[J]. Development and Psychoputhology,6,415-431.

[168] Ozonoff, S., & Miller, J. N. (1995). Teaching theory of mind: A new approach to social skillstraining for individuals with autism[J]. Journal of Autism and Developmental Disorders,25,413-433.

[169] Ozonoff, S., Pennington, B. F., & Rogers, S. J. (1991a). Executive function deficits in high-functioning autistic individuals: Relationship to theory of mind[J]. Journal of Child Psychology and Psychiatry,32,1081-1105.

[170] Ozonoff, S., Pennington, B. F., & Rogen, S. J. (1991b). Asperger's syndrome: evidence of an empirical distinction from high-functioning autism[J]. Journal of Child Psychology and Psychiatry,32,1107-1122.

[171] Ozonoff, S., Strayer, D. L., McMahon, W. M., & Filloux, F. (1994). Executive function abilities in autism and tourette Syndrome: An information processing approach[J]. Journal of Child Psychology and Psychiatry,35,1015-1032.

[172] Ozonoff S. Strayeer D. L. Futher evidence of intact working memory in autise[J]. Journal of Autism & Development Disorders, 2005,35,(3) 279-293.

[173] Pelphrey, K. A., Morris, J. P., Michelich, C. R., et al. Functional anatomy of biological motion perception inposterior temporal cortex fMRI study of eye, mouth and hand movement s[J]. Cereb Cortex, 2005,15: 1866-1876.

[174] Perner, J. (1991). Discussant's contribution to the Symposium on intention in the child's theory of Mind[R]. The 1991 Biennial meeting of the Society for Research in Child Development. Seattle, W. A.

[175] Perner, J., Leekam, S. R., & Wimmer, H. (1987). Three-year-olds difficulty with false belief: the case for a conceptual deficit[J]. British Journal of Development Psychology,5,125-137.

[176] Perner, J., Frith, U., Leslie, A. M., & Leekam, S. R. (1989). Exploration of the autistic child's theory of mind: knowledge, belief and communication[J]. Child Development,60,689-700.

[177] Povinelli, D. J. I., andau, K. R., & Perilloux, H. K. (1986). Self-Recognition in young children using delayed versus live feedback: evidence of a developmental asynchrony[J]. Child Development, 67, 1540-1554.

[178] Premack, D., & Woodruff, G. (1978). Does the chimpanzee have a theory of mind[J]. Journal of Comparative Behavioral Biology,107,347-372.

[179] Ralph Adolphs. (2006) The Social Brain[J]. ENGINEERING & SCIENCENO: No. 1: 14-19.

[180] Renner, P., Grofer Klinger, L., Klinger, M. Exogenous and endogenous attention orienting in autism spectrum disorders[J]. Child Neuropsychology, 2006, 12: 361-382.

[181] Riguet, C. B., Taylor, N. D., Benaroya, S., & Klein, L. S. (1981). Symbolic play in autistic Down's and normal children of equivalent mental age[J]. Journal of Autism and Developmental Disorders,11,439-448.

[182] Rimland,B. Infantile Autism:The syndrome and its implications for a neural theory of behavior[M]. New York: Appleton-Century-Crofts. 1964.

[183] Rimland,B. (1971). The differentiation of childhood psychoses: An analysis of checklists for 2218 psychotic children[J]. Journal of Autism and Childhood Schizophrenia, 1: 161-174.

[184] Rizzolatti, G. Craighero, L. The mirror neuron system[J]. Annu Rev. Neurosci,2004,27, (2): 283-291. and the consequences of its dysfunction[J]. Nat Rev. Neurosci.

[185] Robin I. M. Dunbar(1998) The Social Brain Hypothesis Evolutionary Anthropology[J]. Wiley-Liss, Inc. 178-190.

[186] Russell, J. , Jarrold, C. , Henry, L. , Working memory in children with autism and with moderate learning difficulties[J]. Journal of Psychology and Psychiatric, 1996,37, (6) 673-686.

[187] Rutter,M. (1968). Concept of autism: A review of research[J]. Journal of Child Psychology and Psychiatry,9,1-25.

[188] Rutter,M. (1978a). Diagnosis and definition[M]. In Rutter. M. & Schopler. E. (Eds.), Autism: A reappraisal of concepts and treatment,1-25. New York: Plenum.

[189] Rutter,M. (1978b). Etiology and treatment: Cause and cure. In Rutter. M & Schopler. E(Eds.), Autism: a reappraisal of concepts and treatment[M]. 327-335. New York: Plenum.

[190] Ruttenberg, B. A. ,Dratman, M. L. , Frankno, J. & Wenar,C. An instrument for evaluating autistic children[J]. Journal of the America and Academy of Child Psychiatry, 1966, 5: 453-478.

[191] Saxe, R. , Kanwisher, N. People thinking about thinking people. The role of the temporo-parietal junction in 'theory of mind'[J]. Neuroimage, 2003,19: 1835-1842.

[192] Sasso,G. M. , Mundshenk,N. A. , Melloy,K. J. , & Casey,S. D. (1998). A comparison. of orgam-is-mic and setting variables on the social interaction behavior of children with developmental disabilities and autism[J]. Focus on Autism and Other Development Disables,13,1, 2-16.

[193] Schmitz, N. , Rubia, K. , Daly, E. , Smith, A. , Williams, S. , Murphy, D. G. Neural correlates of executive function in autisticspectrum disorders[J]. Biological Psychiatry, 2006, 59: 7-16.

[194] Schopler,E. Van. , Burgundies,M. , & Bristol,s(Eds.), (1993). Preschool Issues in Autism. New York: Plenum. Schopler,E. , Reichler, R. J. DeVellis, R. E. , & Daly, K. Toward objective classification of childhood autism: Childhood Autism Rating Scale (CARS)[J]. Journal of Autism and Developmental Disorders, 1980, 10: 91-103.

[195] Schopler, E. & Reichler, R. J. Individualized assessment and treatment for autistic and developmentally disabled children[M]. Vol. I: Psycho educational profile. Baltimore: University Park Press. 1979.

[196] Schuler,A. , &. Prizant,B. (1985). Echolalia. In E. Scholar & G. Mexico. (Eds.), Communication Problems in Autism[M]. 163-184. New York: Plenum.

[197] Seiben,J,M. , Hogan, A. E. , & Mundy, P. C. (1982). Assessing interactional competencies: The early social-communication scales[J]. Infant Mental Health Journal,3,244-258.

[198] Shattuck. P. T. & Grosse. S. D. Issues Related To The Diagnosis And Treatment of Autism Spectrum Disorders[J]. MENTAL RETARDATION AND DEVELOPMENTAL DISABILITIES. 2007,

13：129-135.

[199] Sigman,M. D. , Kassari,C. , Kwon,J. H. , & Yirmiya,N. (1992). Responses to the negative emotions of others by autistic mentally retarded and normal children[J]. Child Development,63,796-807.

[200] Sigman,M. , & Ungerer,J. A. (1984b). Cognitive and language skills in autistic mentally retarded and normal children[J]. Developmental Psychology,20,293-302.

[201] Snow,M. E. , Hertzig,M. E. , & Shapiro,T. (1987). Expression of emotion in young autistic children[J]. Journal of the American Academy of Child and Adolescent Psychiatry,26,836-838.

[202] Sodian,B. , & Frith,U. (1992). Deception and sabotage in autistic, retarded and normal children[J]. Journal of Child Psychology and Psychiatry,33,591-605.

[203] Sorce, J. F. , & Emde,R. (1981). Mother's presence is not enough[J]. Developmental Psychology, 17, 737-745.

[204] Sorce,J. F. , Emde,G. N. , Campos,J. , & Klinnert,M. D. (1985). Maternal emotional signaling：Its effect on the visual cliff behavior of 1-year-old[J]. Developmental Psychology,21,195-200.

[205] Spicer,S. , & Racks, M. (1984). Visual self-recognition in autistic children：developmentalrelationship[J]. Child Development,55,214-225.

[206] Stonewall. , & Hogan,K. L. (1993). Structured parent interview for identifying young children with autism[J]. Journal of Autism and Developmental Disorders,23,639-652.

[207] Strain,P. S. (1982). Social Development of Exceptional Children[M]. Rockville. MD：Aspen Publishers.

[208] Strain,P. S. (1983). Generalization of autistic children's social behavior change：effects ofdevelopmentally integrated and segregated settings[J]. Analysis and intervention in Developmental Disabilitics,3,23-34.

[209] Swetteriham,J. S. (1996). Can children with autism be taught to understand false belief using computers[J]. Journal of Child Psychology and Psychiatry,37,157-166.

[210] Talay-ongan,A. , & Wood, K. U. (2000). Sensory sensitivities in autism：A possible crossroadsinternational[J]. Journal of Disability Development and Education,47,2,201-12.

[211] Tager-Flusberg,H. (1981). On the nature linguistic functioning in early infantile autism[J]. Journal of Autism and Developmental Disorders,11,45-56.

[212] Tager-Flusberg,H. (1985). The conceptual basis for referential word meaning in children with autism [J]. Child Development,56,1167-1178.

[213] Tager-Flusberg,H. (1989a). An analysis of discourse ability and internal state lexicons in a longitudinal study of autistic children[R]. Paper presented at the biennial meeting of the society for research in child development, Kansas City, April.

[214] Tager-Flusberg. H. (1989). Psycholinguistic perspective on language development in the autistic child [M]. In G. Dawson (Ed.), Autism nature. Diagnosis and Treatmen,92-115. New York Guilford.

[215] Tager-Flusberg H. Semantic processing in the free recall of autistic children：further evidence for a cognitive deficit[J]. British Journal of developmental psychology, 1991：417-430.

[216] Takashi Ohnishi, Hiroshi Matsuda, Toshiaki Hashimoto et al. Abnormal regional cerebral blood flow

in Childhood autism[J]. Brain,2000,123(9) 1838-1844.

[217] Toichi, M., Kamio, Y. Verbal association for simple common words in high-functioning autism[J]. Journal of autism and developmental disorders. 2001, 31(5): 483-48.

[218] Tomasello,M. (1992). The Social Bases of Language Acquisition[J]. Social Development,1,67-87.

[219] Townsend, J., Courchesne, E., Egaas, B. Slowed orienting of covert visual-spatial attention in autism: Specific deficits associated with cerebellar and parietal abnormality[J]. Development and Psychopathology, 1996, 8: 563- 584.

[220] Townsend, J., Courchesne, E., Covington, J., Westerfield, M., Harris, N. S., Lyden, P., et al. Spatial attention deficits in patients with acquired or developmental cerebellar abnormality[J]. Journal of Neuroscience, 1999, 19: 5632-5643.

[221] Ungerer,J. A. (1989). The early development of autistic children: Implications for defining primary deficits[M]. In G. Dawson (Ed.), Autism: Nature, diagnosis and treatmen,75-91. New York: Guilford.

[222] Ungerer,J. A., & Sigman,M. (1981). Symbolic play and language comprehension in autistic children [J]. Journal of the American Academy of Child Psychiatry,20,218-337.

[223] Valerie E. Stone. Simon Baron-Cohen, Andrew Caldeer,et al: Acquired theory of mind impairments in individuals with bilateral amygdale lesions[J]. Neuropsychologia, 2003,41. 209-220.

[224] Vygotsky,L. S. (1962). Thought and Language. (E. Hanfmann & G. Vakar,Trans.)[M]. Cambridge, MA: MIT Press.

[225] Vygotsky,L. S. (1978). Internalization of higher psychological functions. In M. Cole, V. John-Steiner,S. Scribner, & E. Soubermen (Eds.)[J]. Mind in Society: The Development of Higher Psychological Processes,52-57.

[226] Walks, S. J., & Hobson,R. P. (1987). The salience of facial expression for autistic children[J]. Journal of Child Psychology and Psychiatry,28,138-152.

[227] Weeks,S. J., & Hobson,R. P. (1987). The salience of facial expression for autistic children[J]. Journal of Child Psychology and Psychiatry,28,137-152.

[228] Wellman,H. M. (1990). The Child's Theory of Mind[M]. Cambridge: MIT Press.

[229] Werner,H. (1948). Comparative Psychology of Mental Development[M]. Chicago: Follett.

[230] Wetherby,A. M., & Gaines, B. H. (1982). Cognition and language development in autism[J]. Journal of Speech and Hearing Disorders, 47,63-70.

[231] Wetherby,A. M., & Prutting,C. A. (1984). Profiles of communicative and cognitive-social abilities in autistic children[J]. Journal of Speech and Hearing Research, 27,364-377.

[232] Wing. L. Asperger's Syndrome: A clinic account[J]. Psychological Medicine, 1981b, 11: 115-29.

[233] Wing,L., & Gould,J. (1979). Severe impairments of social interaction and associatedabnormalities in children: Epidemiology and classification[J]. Journal of Autism and Developmental Disorders, 9, 11-29.

[234] Wing,L., Gould,J., Yeates,S. R., & Brierley,L. M. (1977). Symbolic play in severely mentally retarded and in autistic children[J]. Journal of Child Psychology and Psychiatry,18,167-178.

[235] Winston, J. S., Strange, B. A., O'Doherty, J., et al. Automatic and intentional brain responses during evaluation of t rust worthiness of faces[J]. Nat Neurosci 2002, 5: 277-283.

[236] Yirmiya, N., Kasari, C., Sigman, M., & Mundy, P. (1989). Facial expressions of affect in autistic, mentally retarded and normal children[J]. Journal of Child Psychology and Psychiatry, 30, 725-735.

[237] Yirmiya, N., Sigman, M. D., Kasari, C., & Mundy, P. (1992). Empathy and cognition in high-functioning children with autism[J]. Child Development, 63, 150-160.

北京大学出版社
教育出版中心 精品图书

21世纪高校广播电视专业系列教材

电视节目策划教程（第二版）	项仲平
电视导播教程（第二版）	程 晋
电视文艺创作教程	王建辉
广播剧创作教程	王国臣
电视导论	李 欣
电视纪录片教程	卢 炜
电视导演教程	袁立本
电视摄像教程	刘 荃
电视节目制作教程	张晓锋
视听语言	宋 杰
影视剪辑实务教程	李 琳
影视摄制导论	朱 怡
新媒体短视频创作教程	姜荣文
电影视听语言——视听元素与场面调度案例分析	李 骏
影视照明技术	张 兴
影视音乐	陈 斌
影视剪辑创作与技巧	张 拓
纪录片创作教程	潘志琪
影视拍摄实务	翟 臣

21世纪信息传播实验系列教材（徐福荫 黄慕雄 主编）

网络新闻实务	罗 昕
多媒体软件设计与开发	张新华
播音与主持艺术（第三版）	黄碧云 睢 凌
摄影基础（第二版）	张 红 钟日辉 王首农

21世纪数字媒体专业系列教材

视听语言	赵慧英
数字影视剪辑艺术	曾祥民
数字摄像与表现	王以宁
数字摄影基础	王朋娇
数字媒体设计与创意	陈卫东
数字视频创意设计与实现（第二版）	王 靖
大学摄影实用教程（第二版）	朱小阳
大学摄影实用教程	朱小阳

21世纪教育技术学精品教材（张景中 主编）

教育技术学导论（第二版）	李 芒 金 林
远程教育原理与技术	王继新 张 屹
教学系统设计理论与实践	杨九民 梁林梅
信息技术教学论	雷体南 叶良明
信息技术与课程整合（第二版）	赵呈领 杨 琳 刘清堂
教育技术学研究方法（第三版）	张 屹 黄 磊

21世纪高校网络与新媒体专业系列教材

文化产业概论	尹章池
网络文化教程	李文明
网络与新媒体评论	杨 娟
新媒体概论（第二版）	尹章池
新媒体视听节目制作（第二版）	周建青
融合新闻学导论（第二版）	石长顺
新媒体网页设计与制作（第二版）	惠悲荷
网络新媒体实务	张合斌
突发新闻教程	李 军
视听新媒体节目制作	邓秀军
视听评论	何志武
出镜记者案例分析	刘 静 邓秀军
视听新媒体导论	郭小平
网络与新媒体广告（第二版）	尚恒志 张合斌
网络与新媒体文学	唐东堰 雷 奕
全媒体新闻采访写作教程	李 军
网络直播基础	周建青
大数据新闻传媒概论	尹章池

21世纪特殊教育创新教材·理论与基础系列

特殊教育的哲学基础	方俊明
特殊教育的医学基础	张 婷
融合教育导论（第二版）	雷江华
特殊教育学（第二版）	雷江华 方俊明
特殊儿童心理学（第二版）	方俊明 雷江华
特殊教育史	朱宗顺
特殊教育研究方法（第二版）	杜晓新 宋永宁等
特殊教育发展模式	任颂羔

21世纪特殊教育创新教材·发展与教育系列

视觉障碍儿童的发展与教育	邓 猛
听觉障碍儿童的发展与教育（第二版）	贺荟中
智力障碍儿童的发展与教育（第二版）	刘春玲 马红英
学习困难儿童的发展与教育（第二版）	赵 微
自闭症谱系障碍儿童的发展与教育	周念丽
情绪与行为障碍儿童的发展与教育	李闻戈
超常儿童的发展与教育（第二版）	苏雪云 张 旭

21世纪特殊教育创新教材·康复与训练系列

特殊儿童应用行为分析（第二版）	李 芳 李 丹

特殊儿童的游戏治疗	周念丽
特殊儿童的美术治疗	孙 霞
特殊儿童的音乐治疗	胡世红
特殊儿童的心理治疗（第三版）	杨广学
特殊教育的辅具与康复	蒋建荣
特殊儿童的感觉统合训练（第二版）	王和平
孤独症儿童课程与教学设计	王 梅

21世纪特殊教育创新教材·融合教育系列

融合教育本土化实践与发展	邓 猛 等
融合教育理论反思与本土化探索	邓 猛
融合教育实践指南	邓 猛
融合教育理论指南	邓 猛
融合教育导论（第二版）	雷江华
学前融合教育（第二版）	雷江华 刘慧丽
小学融合教育概论	雷江华 袁 维

21世纪特殊教育创新教材（第二辑）

特殊儿童心理与教育（第二版）	杨广学 张巧明 王 芳
教育康复学导论	杜晓新 黄昭明
特殊儿童病理学	王和平 杨长江
特殊学校教师教育技能	昝 飞 马红英

自闭谱系障碍儿童早期干预丛书

如何发展自闭谱系障碍儿童的沟通能力	朱晓晨 苏雪云
如何理解自闭谱系障碍和早期干预	苏雪云
如何发展自闭谱系障碍儿童的社会交往能力	吕 梦 杨广学
如何发展自闭谱系障碍儿童的自我照料能力	倪萍萍 周 波
如何在游戏中干预自闭谱系障碍儿童	朱 瑞 周念丽
如何发展自闭谱系障碍儿童的感知和运动能力	韩文娟 徐 芳 王和平
如何发展自闭谱系障碍儿童的认知能力	潘前前 杨福义
自闭症谱系障碍儿童的发展与教育	周念丽
如何通过音乐干预自闭谱系障碍儿童	张正琴
如何通过画画干预自闭谱系障碍儿童	张正琴
如何运用ACC促进自闭谱系障碍儿童的发展	苏雪云
孤独症儿童的关键性技能训练法	李 丹
自闭症儿童家长辅导手册	雷江华
孤独症儿童课程与教学设计	王 梅
融合教育理论反思与本土化探索	邓 猛
自闭症谱系障碍儿童家庭支持系统	孙玉梅
自闭症谱系障碍儿童团体社交游戏干预	李 芳
孤独症儿童的教育与发展	王 梅 梁松梅

特殊学校教育·康复·职业训练丛书（黄建行 雷江华 主编）

信息技术在特殊教育中的应用	
智障学生职业教育模式	
特殊教育学校学生康复与训练	
特殊教育学校校本课程开发	
特殊教育学校特奥运动项目建设	

21世纪学前教育专业规划教材

学前教育概论	李生兰
学前教育管理学（第二版）	王 雯
幼儿园课程新论	李生兰
幼儿园歌曲钢琴伴奏教程	果旭伟
幼儿园舞蹈教学活动设计与指导（第二版）	董 丽
实用乐理与视唱（第二版）	代 苗
学前儿童美术教育	冯婉贞
学前儿童科学教育	洪秀敏
学前儿童游戏	范明丽
学前教育研究方法	郑福明
学前教育史	郭法奇
外国学前教育史	郭法奇
学前教育政策与法规	魏 真
学前心理学	涂艳国 蔡 艳
学前教育理论与实践教程	王 维 王维娅 孙 岩
学前儿童数学教育与活动设计	赵振国
学前融合教育（第二版）	雷江华 刘慧丽
幼儿园教育质量评价导论	吴 钢
幼儿园绘本教学活动设计	赵 娟
幼儿学习与教育心理学	张 莉
学前教育管理	虞永平
国外学前教育学本文献讲读	姜 勇

大学之道丛书精装版

美国高等教育通史	[美]亚瑟·科恩
知识社会中的大学	[英]杰勒德·德兰迪
大学之用（第五版）	[美]克拉克·克尔
营利性大学的崛起	[美]理查德·鲁克
学术部落与学术领地：知识探索与学科文化	[英]托尼·比彻 保罗·特罗勒尔
美国现代大学的崛起	[美]劳伦斯·维赛
教育的终结——大学何以放弃了对人生意义的追求	[美]安东尼·T.克龙曼
世界一流大学的管理之道——大学管理研究导论	程 星
后现代大学来临？	[英]安东尼·史密斯 弗兰克·韦伯斯特

大学之道丛书

以学生为中心：当代本科教育改革之道	赵炬明
市场化的底限	[美]大卫·科伯
大学的理念	[英]亨利·纽曼
哈佛：谁说了算	[美]理查德·布瑞德利
麻省理工学院如何追求卓越	[美]查尔斯·维斯特

大学与市场的悖论	[美]罗杰·盖格
高等教育公司：营利性大学的崛起	[美]理查德·鲁克
公司文化中的大学：大学如何应对市场化压力	[美]埃里克·古尔德
美国高等教育质量认证与评估	[美]美国中部州高等教育委员会
现代大学及其图新	[美]谢尔顿·罗斯布莱特
美国文理学院的兴衰——凯尼恩学院纪实	[美]P.F.克鲁格
教育的终结：大学何以放弃了对人生意义的追求	[美]安东尼·T.克龙曼
大学的逻辑（第三版）	张维迎
我的科大十年（续集）	孔宪铎
高等教育理念	[英]罗纳德·巴尼特
美国现代大学的崛起	[美]劳伦斯·维赛
美国大学时代的学术自由	[美]沃特·梅兹格
美国高等教育通史	[美]亚瑟·科恩
美国高等教育史	[美]约翰·塞林
哈佛通识教育红皮书	哈佛委员会
高等教育何以为"高"——牛津导师制教学反思	[英]大卫·帕尔菲曼
印度理工学院的精英们	[印度]桑迪潘·德布
知识社会中的大学	[英]杰勒德·德兰迪
高等教育的未来：浮言、现实与市场风险	[美]弗兰克·纽曼等
后现代大学来临？	[英]安东尼·史密斯等
美国大学之魂	[美]乔治·M.马斯登
大学理念重审：与纽曼对话	[美]雅罗斯拉夫·帕利坎
学术部落及其领地——当代学术界生态揭秘（第二版）	[英]托尼·比彻 保罗·特罗勒尔
德国古典大学观及其对中国大学的影响（第二版）	陈洪捷
转变中的大学：传统、议题与前景	郭为藩
学术资本主义：政治、政策和创业型大学	[美]希拉·斯劳特 拉里·莱斯利
21世纪的大学	[美]詹姆斯·杜德斯达
美国公立大学的未来	[美]詹姆斯·杜德斯达 弗瑞斯·沃马克
东西象牙塔	孔宪铎
理性捍卫大学	眭依凡

学术规范与研究方法系列

如何为学术刊物撰稿（第三版）	[英]罗薇娜·莫瑞
如何查找文献（第二版）	[英]萨莉·拉姆齐
给研究生的学术建议（第二版）	[英]玛丽安·彼得等
社会科学研究的基本规则（第四版）	[英]朱迪斯·贝尔
做好社会研究的10个关键	[英]马丁·丹斯考姆
如何写好科研项目申请书	[美]安德鲁·弗里德兰德等
教育研究方法（第六版）	[美]梅瑞迪斯·高尔等
高等教育研究：进展与方法	[英]马尔科姆·泰特
如何成为学术论文写作高手	[美]华乐丝
参加国际学术会议必须要做的那些事	[美]华乐丝
如何成为优秀的研究生	[美]布卢姆
结构方程模型及其应用	易丹辉 李静萍
学位论文写作与学术规范（第二版）	李武 毛远逸 肖东发
生命科学论文写作指南	[加]白青云
法律实证研究方法（第二版）	白建军
传播学定性研究方法（第二版）	李琨

21世纪高校教师职业发展读本

如何成为卓越的大学教师	[美]肯·贝恩
给大学新教员的建议	[美]罗伯特·博伊斯
如何提高学生学习质量	[英]迈克尔·普洛瑟等
学术界的生存智慧	[美]约翰·达利等
给研究生导师的建议（第2版）	[英]萨拉·德拉蒙特等
高校课程理论——大学教师必修课	黄福涛

21世纪教师教育系列教材·物理教育系列

中学物理教学设计	王霞
中学物理微格教学教程（第三版）	张军朋 詹伟琴 王恬
中学物理科学探究学习评价与案例	张军朋 许桂清
物理教学论	邢红军
中学物理教学法	邢红军
中学物理教学评价与案例分析	王建中 孟红娟
中学物理课程与教学论	张军朋 许桂清
物理学习心理学	张军朋
中学物理课程与教学设计	王霞

21世纪教育科学系列教材·学科学习心理学系列

| 数学学习心理学（第三版） | 孔凡哲 |
| 语文学习心理学 | 董蓓菲 |

21世纪教师教育系列教材

青少年心理发展与教育	林洪新 郑淑杰
教育心理学（第二版）	李晓东
教育学基础	庞守兴
教育学	余文森 王晞
教育研究方法	刘淑杰
教育心理学	王晓明
心理学导论	杨凤云
教育心理学概论	连榕 罗丽芳
课程与教学论	李允
教师专业发展导论	于胜刚
学校教育概论	李清雁
现代教育评价教程（第二版）	吴钢
教师礼仪实务	刘霄
家庭教育新论	闫旭蕾 杨萍
中学班级管理	张宝书
教育职业道德	刘亭亭
教师心理健康	张怀春

现代教育技术	冯玲玉
青少年发展与教育心理学	张清
课程与教学论	李允
课堂与教学艺术（第二版）	孙菊如 陈春荣
教育学原理	靳淑梅 许红花
教育心理学（融媒体版）	徐凯
高中思想政治课程标准与教材分析	胡田庚 高鑫

21世纪教师教育系列教材·初等教育系列

小学教育学	田友谊
小学教育学基础	张永明 曾碧
小学班级管理	张永明 宋彩琴
初等教育课程与教学论	罗祖兵
小学教育研究方法	王红艳
新理念小学数学教学论	刘京莉
新理念小学音乐教学论（第二版）	吴跃跃
初中历史跨学科主题学习案例集	杜芳 陆优君
青少年心理发展与教育	林洪新 郑淑杰
名著导读12讲——初中语文整本书阅读指导手册	文贵良
小学融合教育概论	雷江华 袁维

教师资格认定及师范类毕业生上岗考试辅导教材

教育学	余文森 王晞
教育心理学概论	连榕 罗丽芳

21世纪教师教育系列教材·学科教育心理学系列

语文教育心理学	董蓓菲
生物教育心理学	胡继飞

21世纪教师教育系列教材·学科教学论系列

新理念化学教学论（第二版）	王后雄
新理念科学教学论（第二版）	崔鸿 张海珠
新理念生物教学论（第二版）	崔鸿 郑晓慧
新理念地理教学论（第三版）	李家清
新理念历史教学论（第二版）	杜芳
新理念思想政治（品德）教学论（第三版）	胡田庚
新理念信息技术教学论（第二版）	吴军其
新理念数学教学论	冯虹
新理念小学音乐教学论（第二版）	吴跃跃

21世纪教师教育系列教材·语文教育系列

语文文本解读实用教程	荣维东
语文课程教师专业技能训练	张学凯 刘丽丽
语文课程与教学发展简史	武玉鹏 王从华 黄修志
语文课程学与教的心理学基础	韩雪屏 王朝霞
语文课程名师名课案例分析	武玉鹏 郭治锋 等
语用性质的语文课程与教学论	王元华
语文课堂教学技能训练教程（第二版）	周小蓬
中外母语教学策略	周小蓬
中学各类作文评价指引	周小蓬
中学语文名篇新讲	杨朴 杨旸
语文教师职业技能训练教程	韩世姣

21世纪教师教育系列教材·学科教学技能训练系列

新理念生物教学技能训练（第二版）	崔鸿
新理念思想政治（品德）教学技能训练（第三版）	胡田庚 赵海山
新理念地理教学技能训练（第二版）	李家清
新理念化学教学技能训练（第二版）	王后雄
新理念数学教学技能训练	王光明

王后雄教师教育系列教材

教育考试的理论与方法	王后雄
化学教育测量与评价	王后雄
中学化学实验教学研究	王后雄
新理念化学教学诊断学	王后雄

西方心理学名著译丛

儿童的人格形成及其培养	[奥地利] 阿德勒
活出生命的意义	[奥地利] 阿德勒
生活的科学	[奥地利] 阿德勒
理解人生	[奥地利] 阿德勒
荣格心理学七讲	[美] 卡尔文·霍尔
系统心理学：绪论	[美] 爱德华·铁钦纳
社会心理学导论	[美] 威廉·麦独孤
思维与语言	[俄] 列夫·维果茨基
人类的学习	[美] 爱德华·桑代克
基础与应用心理学	[德] 雨果·闵斯特伯格
记忆	[德] 赫尔曼·艾宾浩斯
实验心理学（上下册）	[美] 伍德沃斯 施洛斯贝格
格式塔心理学原理	[美] 库尔特·考夫卡

21世纪教师教育系列教材·专业养成系列（赵国栋 主编）

微课与慕课设计初级教程	
微课与慕课设计高级教程	
微课、翻转课堂和慕课设计实操教程	
网络调查研究方法概论（第二版）	
PPT云课堂教学法	
快课教学法	

其他

三笔字楷书书法教程（第二版）	刘慧龙
植物科学绘画——从入门到精通	孙英宝
艺术批评原理与写作（第二版）	王洪义
学习科学导论	尚俊杰
艺术素养通识课	王洪义